マルクス、エンゲルスの国家論

大藪龍介

社会評論社

目次

あとがき

『マルクス、エンゲルスの国家論』再刊にあたって

本書は『マルクス、エンゲルスの国家論』、現代思潮社、一九七八年の再刊である。

二〇歳代に全力を尽くした新左翼セクトの活動に挫折した私は、復学した大学院を終えた後も定職に就かず、今後進み行く道についてあれこれ思い悩みながら、『資本論』を中心にマルクス理論を主体化する学習に取り組むとともに、マルクス、エンゲルスの国家論に関する従前の定説に批判的な研究を書き綴った。その諸論文をまとめたのが本書である。一大勢力を築いていた俗流マルクス主義に対する国家論の部面での挑戦であった。

無名で何の社会的地位もない小生の論稿を『マルクス、エンゲルスの国家論』として刊行いただいた、現代思潮社、石井恭二社長への深い感謝の念は今も忘れることがない。

本書はそれなりの好意的な評価を得て、私はマルクス主義理論研究の道に転進し、現在にいたった。

一九八九—九一年に二〇世紀社会主義思想・運動を領導してきたソ連・東欧の「社会主義」体制が瓦解する世界史的な大変動が生じ、マルクス主義は地に墜ちた。二〇世記マルクス主義の崩落は、ソ連・東欧諸国などの国家資本主義的な実相を社会主義と虚飾してきたおぞましい来歴に照らせば不可避的な成り行きであった。歴史の女神クレオの審判は公平である。

二一世紀の世界と日本の現状況は、貧富の格差の凄まじい拡大、民主主義の更なる形骸化、強(大)国に

よる弱肉強食の横行、人心操作イデオロギーの氾濫、地球環境の未曽有の破壊、等々、経済的、社会的、政治的、文化的危機を打開し変革するための新たな人間解放理論が緊切に要請されている。マルクス主義は、「マルクス・レーニン主義」と決裂するのみならず、「マルクス・エンゲルス問題」（マルクスとエンゲルスの理論的異同）や「カール・マルクス問題」（初期・中期・後期のマルクスの理論的変遷）を吟味し、更には〝本当のマルクス〟にも所在する限界や過誤を掴み取って、マルクス理論をも超え出る形での新規開拓を求められている。

マルクス主義と対面する若い世代の活動家や研究者が、旧来の伝習から離れ、マルクスやエンゲルスの古典的な理論の意義と限界を検分する基礎作業の足場の一つとして、『マルクス、エンゲルスの国家論』が役立つことを願っている。

本書の復刊に際し、書き改めて然るべき論点も少なくないが、初刊の理論展開には一切手を加えず、誤植や記述ミスの訂正に留めた。

出版不況の厳しい時勢下、再刊していただいた社会評論社、松田健二社長に厚くお礼を申し上げる。

二〇二四年三月三日

福岡の地にあって　　大藪龍介

第一章　若きマルクスの国家観の転回

若きマルクスは、いかに、ヘーゲル法哲学徒から脱却して、その独創的な思想、理論形成の道を切り開いたか。近代世界が成熟にむかい、深まりと広がりを増していくその渦のなかに後進的なドイツもまた否応なしに引き入れられていく時代を歴史的後景に、ドイツ古典哲学、イギリス古典経済学、フランス社会主義のいわゆる三つの源泉を創造的に継承し綜合して、マルクスが新しい革命的世界観の根幹を構築する過程は、数多くの論著において様々の観点から研究されている。マルクス、エンゲルスの国家論の追思惟を課題とするわれわれは、本章において、「ヘーゲル国法論批判」から「経済学・哲学草稿」にかけて、若きマルクスによる哲学、経済学、共産主義論の累層的に牽連しあった定礎と絡みあい、国家論に関する考察がいかなる発展的展開を遂げてゆくか、これを核心的に追跡する。この僅か一年程の間に、マルクスは、青年ヘーゲル派から決裂し、宗教から国家へ、政治的国家から市民社会へと学問的探求の軸心を下降させて、またドイツからフランス、更にイギリスへと論圏を拡延して、次々に視界に入ってくる近代世界像を解析し、かつそれを超克する実践的方位を展望して、ひたすらに突き進む。そして、この歩みは、第一にフランス革命史の研究、第二と第三には、共時的な経済学研究の開始と共産主義思想の受認とを契機として、ヘーゲル法哲学の問題圏から超出し、唯物史観としての国家観の下地を拵える行程に他ならない。

一　出発点としてのヘーゲル国家哲学批判

一八四三年夏、二五歳の青年マルクスは、ヘーゲル『法の哲学』第三部「人倫」第三章「国家」の第二六一節から第三一三節にわたって、逐条的な批判的評注を記す。今日「ヘーゲル国法論批判」と呼ばれているこの草稿は、マルクスの全思想的、理論的な自己形成の出立地を画する。

それまで青年ヘーゲル派の左翼に列していたマルクスは、前年からの『ライン新聞』を舞台にした政論活動において、一つには木材窃盗取締法やモーゼル地方の農民の状態などの物質的利害関係に関する論争、また一つにはドイツにも滲透してきたフランス社会主義の影響、こういった時代の先端的問題について、人間の自由の実現態としての国家や法を規準にした従前からの政治哲学的思惟をもってしては、明快な判断をくだせないことを思い知らされていた。現代的な諸問題が噴出しはじめたドイツの実状と対決しうるためには、これまでのドイツを支配してきた哲学的伝統を根底から批判的に克服しなければならなかった。こうして、プロイセン政府による圧迫を機に『ライン新聞』編集部から身を引いたマルクスは、経済的対立と社会主義という二つの懸案問題を抱えながら、急進主義的なヘーゲル法哲学徒から自己脱皮する最初の仕事として、「ヘーゲル国法論批判」を草するのである。

宗教の部面に始まったヘーゲル哲学にたいする批判は、フォイエルバッハの『キリスト教の本質』(一八四一年)や『哲学改革のための暫定的命題』(一八四二年)によって一つの極点に達していたし、ヘーゲル思弁哲学を唯物論的に覆したフォイエルバッハの諸著作は、ヘーゲルの思弁的原罪が未批判に残されていた当代の学問的状況において、理論的な革命を内に含んでいた。その成果に立地して、ヘーゲル哲学批判は、今や法哲学の部面に推し進められるべきであった。そしてまた、みじめなドイツ史を超えでて近代世界史との同時代性を保ちえているヘーゲル法哲学の批判こそは、ただにドイツ的現実にたいするのみならず、現代そのものにたいする対決の突破口でもあった。

それでは、マルクスによるヘーゲル国家哲学批判の根本的独自性は、どこにあるか。ヘーゲルは、その哲学体系のなかに歴史を引きいれ、ドイツ観念論哲学を完成する。但し、その歴史は、既定の思弁哲学にとっての素材にすぎない。法哲学においては、道徳、家族、市民社会、国家などは、抽象的概念の自己発展の諸階梯として、理念の諸肢体であり、国家哲学においても、論理が国家の証明に用いられるのではなくて、かえって国家が論理の証明に用いられる。だが、それによって、ヘーゲルの国家哲学、総じて法哲学は、「二重の歴史、すなわち秘儀的なそれと公開的なそれ[1]」を有している。マルクスは、この国家哲学の二重の歴史、秘儀的・思弁的な方面と公開的・経験的な方面のそれぞれにわたって、ヘーゲルの誤謬を剔抉してゆく。かかる二重の批判によって、マルクスは、公開的・外面的なヘーゲルの反動性は秘儀的・内面的なヘーゲルの進歩性に背くという青年ヘーゲル派の通念を打破する。のみならず、「政治についてほとんど述べていない[2]」フォイエルバッハをものりこえて哲学と政治を結合してゆくのである。

マルクスの理論的達成は、およそ、(一)、哲学的な唯物論への移行、(二)、市民社会と政治的国家の関係の唯物史観的把握の獲得、㈢、政治的国家の内部体制の分析、に区分できる。「ヘーゲル国法論批判」がマルクスの思想的、理論的形成の出発点としてもつ意義は、一個三重的である。最初に、㈠と㈡の論点について一瞥し、出発点におけるマルクスの思想、理論の発展方位を見ておこう。

『法の哲学』の「人倫」は、家族―市民社会―国家のトリアーデをなすが、国家は、現実的理念の進行過程の成果であると同時に最初のものでもあり、「おのれの概念の二つの観念的な圏である家族と市民社会におのれ自身を分か(3)」つ。国家の家族と市民社会にたいする関係を叙べたこの行に、「法哲学、またヘーゲル哲学一般の全秘密が蔵されている(4)」と看破して、マルクスは、こう批判する。「理念は主体化され、そして家族と市民社会との国家にたいする現実的な関係は理念の内的な、想像上のはたらきと解される。家族と市民社会は国家の前提であり、それらは元々アクティヴなものなのであるが、思弁のなかであべこべにされる(5)」。ここでも、批判は両面的である。すなわち思弁的側面について、「〔ヘーゲルは〕理念の主語であるところのものをそれの一つの産物、一つの述語にした。彼は、彼の思惟を対象から展開するのではなくて、かえって、己れ自身を仕上げ終わっている思惟、しかも論理の抽象圏のなかで己れ自身を仕上げ終わっている思惟にしたがって対象を展開する(6)」。これは、歴然とした「論理的汎神論的神秘主義(7)」に他ならない。とともに、経験的側面について、家族、市民社会と国家の関係も、ヘーゲルにおいては逆転している。「政治的国家は家族という自然的土台と市民社会という人工的土台なしにはありえないということであり、それらは国家にとって一つの欠くべからざる条件なのであるが、しかし、条件が条件づけられたものとして、規定するものが規定されるものとして、産出するものがそれの産物の産物として定立される(8)」。

周知のように、マルクスは、フォイエルバッハによるヘーゲル哲学批判を受け継ぐ。「存在は主語であり、思考は述語である。思考は存在から出てくるが、存在は思考からは出てこない。存在は、自分からかつ自分によってある」[9]。こうしたフォイエルバッハ唯物論に根本的に立脚し、それを適用して、ヘーゲル国家哲学における主語と述語の転倒を再転倒する。これによって、マルクスは、唯物論の大地を築くとともに、市民社会と政治的国家の関係についての唯物論的認識をもかたちづくる。だが、一つの問題が残る。ヘーゲルの市民社会・国家観の転倒は、フォイエルバッハ唯物論の適用によっては尽くされない。そこに独自に加わってはたらいている理論的武器は何か。視野を転じて換言すれば、こうである。政治的国家の内部体制論について詳細に繰り広げられる各論的な批判は、いかにして可能ならしめられているか。こうした経験的・現実的な歴史についてのヘーゲル批判の武器は、マルクスがこの当時から従事する近代の政治史ならびに政治思想の研究に求められる。

一八四三年夏のマルクスは、各国の歴史書、とりわけ近代フランスのそれ、およびルソー『社会契約論』、モンテスキュー『法の精神』、マキァヴェリ『国家論』などの政治学の古典、に大別できる研究ノート——その滞在の地名をとって、〝クロイツナハ・ノート〟と呼ぶ——を作成する[10]。広く認められているように、ドイツ古典哲学はフランス・ブルジョア革命のドイツ的理論としての意義を有しており、ヘーゲル国家哲学の原体験もフランス革命にあった。ヘーゲル国家哲学批判に立ちむかう若きマルクスも、フランス革命史とその思想的原理を対象的原圏として、国家論考を開始する。だが、フランス革命にたいするマルクスの理論的態度は、ヘーゲルのそれとは根本的に差異する。後に随所に示されるように、マルクスは、このフランス革命史研究に則って、ヘーゲルによる市民社会と国家の関係や国家の内部体制についての経験的、現実的説明を内在的に克服するのである。

ヘーゲル市民社会・国家観の唯物史観的転倒がいかにして可能ならしめられるかについて、今少し明瞭にしておこう。ヘーゲルは、特殊性と普遍性の分裂した人倫的理念の喪失態たる市民社会にたいし、特殊性と普遍性を統一した、より高次の共同体として国家を位置づけるが、そうした観点から、「国家は、各人が他人の生命、所有、恣意を侵害しないかぎりにおいて、各人の生命、所有、恣意を保護し安全にすることを使命とするにすぎず、したがって国家は強制機関とみなされるにすぎない、とする考え方[11]」、つまりはロックからスミスを経てベンサムに達する自由主義的な国家観を、欲求の体系たる市民社会の個人主義の原理に国家を従属させるものとして排斥する。マルクスはどうか?「政治制度は煎じつめたぎりぎりのところでは、私的所有の制度である。最高の政治的意向は、私的所有の意向である[12]」。マルクスは、自由主義国家観を未だそれとしては知らないが、ヘーゲルが蔑視する啓蒙主義や自由主義の政治思想を、近代的状態についての必然的な考え方として継承し、それをヘーゲル批判にも適用するのである。

ヘーゲルは、『精神現象学』において、近代の精神の発展史を、ベンサム的なイギリス功利主義の精神、ルソー的なフランス革命の精神、ドイツ的な道徳的精神、というように序列づけて総括しているが、マルクスの国家観形成における先行の国家諸理論の研究の経過は、ドイツ国家哲学、フランス啓蒙主義の国家論、イギリス自由主義国家論という順序を踏んでゆく。そして、二年程後に、マルクスが、これら先行の諸理論を一わたり摂取して、『ドイツ・イデオロギー』において唯物史観としての国家観をうちたてるとき、それらにたいする理論史的評価は、ヘーゲルのそれとはまったく逆の序列で与えられることになる。そうしたマルクスの国家観の発展方向は、「ヘーゲル国法論批判」において既に萌芽的に看取される。

要するに、マルクスは、フォイエルバッハ唯物論、それとならんでフランス革命に代表される近代政治史論、この二つを研究導線として、ヘーゲルの内面的な「論理的汎神論的神秘主義」の必然的な産物として外面的な無批判的実証主義を捉えつつ、ヘーゲル国家哲学の二重の誤りにたいする哲学的批判と国家論的批判を全面的に貫徹する。そして、いわば政治学・哲学草稿としてのヘーゲル国家哲学批判のこの在り方が、同時に、フォイエルバッハ唯物論ののりこえをもたらしてゆくのである。

さて、㈢の政治的国家の内部体制の分析は、君主権力論、統治権力論、立法権力論に分かれているヘーゲルの叙述に内在して、その論理の自己矛盾を衝いたり論理の逆手をとったりしながら、各節ごとに仔細に書き綴られる。われわれは、政治的国家の全体でありそれゆえに政治的国家の内部矛盾もまたむきだしに現われるとされている立法権力についての評注に限定して要覧し、出発点におけるマルクスの国家論的水位を検定することにしよう。

立法権力に関する批判的分析を、立法権力と憲法の相互に前提となり結果となりあう対立に着目することから、マルクスははじめる。立法権力と憲法、ないし憲法制定権力と憲法上の権力の二律背反を、ヘーゲルは、「法律が次々と作成されてゆくなかで、また普遍的な統治上の諸要件の性格が前進的であることによって、更に一層の発展を遂げる」[13]というように、憲法のなしくずし的な変化によって解く。しかし、この説明は、第一に、「歴史的に誤っている」[14]。憲法が次第に変ることはあったが、「新しい憲法は常に本式の革命を要した」[15]からである。漸次的移行ではなく飛躍的変化こそが、ここではヘーゲル弁証法から受け継がれるべきものである。そして、フランス革命の経験が示すように、立法権力が「国民の代表……類意志の代表」[16]として「諸々の大きな組織的、普遍的な革命をやった」[17]のである。だから、上記の対立は、こう解決されなければならない。「正しい問い方をするなら、これは、国民は自分たちのために新しい憲法を設ける権利があるかということに他ならぬ。これは無条件に肯定されねばならない」[18]。ヘーゲルの説明は、第二に、立法権力と憲法の対立を立法権力と統治権力、法とその執行のあいだの対立に置き換えたにすぎない。

立法権力と統治権力の衝突は、議会と官僚制の相克における後者の前者にたいする優越として、ヘーゲルによって説かれている。「国家の最高官吏たちの方が、国家の諸々の機構や要求の本性にたいして、一層深くて包括的な洞察を必然的に具えているとともに、この職務についての一層の優れた技能と習慣をも必然的に具えており、……議会なしでも最善のことを尽くすことができる」。[19] マルクスは、ヘーゲルが描いている国家の場合には、これがすっかり本当であることを承認する。この面からいえば、「議会的要素は、国家はすなわち国民の利益あるいは国民はすなわち国家の利益であるという、立憲諸国家の認められた法的な嘘である」[20]。統治権力の叙述において、現実的なものは理性的であるとするヘーゲルの無批判的な実証主義は極まっており、その官僚制論は、現にあるプロイセン官僚制の文字どおりの経験的記述である。まさしく、「ヘーゲルの咎められるべきなのは、彼が現代国家の在り方をあるがままに描くからではなくて、現にある姿を国家というものの在り方だと称するからである」[21]。

議会を官僚制にたいする単に一つの附属物とするヘーゲルの論述は、議会を「哲学的に、換言すればそれの独自の本質において考察する」[22] ものではない、とマルクスは批判する。ヘーゲル自身も、議会の独自の概念規定を、次のように明らかにしている。「議会は媒介機関として見なされる場合には、一方では政府一般、他方では特殊的な諸圏と諸個人に解体した国民、という両者の間に立っている」[23]。議会の存在意義は、媒介という機能にこそあり、この議会の働きによって、政府と国民のあいだの「対立そのものも、見かけだけのものに引きさげられているのである」[24]。しかしながら、ヘーゲルは、かの思弁的理論によって、対立の事実、現実的関係を仮象とか外観として言いあらわしているにすぎない。ヘーゲルが「極めて危険な偏見」[25] とする議会を政府に対立するものとなす見地こそ、真理である。「議会は、政府の側へむけては国民の立場をもつが、国民の側へむけては政府の立場をもつ」[26]。それは、「矛盾の存在」[27] であり、その矛盾は、和解的な調和矛盾ではなく、敵対的な闘争矛盾なのである。

ヘーゲルによれば、「国家体制ないし憲法は、本質的に媒介の体系」[28] であり、議会はその媒介の拠点であるが、それを批判してマルクスが解析する国家体制は、矛盾の体系であり、議会はその矛盾の焦点である。『『議会』のうちに現代の国家諸機構のあらゆる矛盾が凝集している。それがあらゆる方向で『媒介者』であるのは、それがあらゆる方向で『鵺』だからである[29]」。

また、ヘーゲルは論じる。議会が、国家にむけてだされた市民社会の代表として、君主と対立する場合には、「単に一致の可能性、したがって同時に敵対の可能性も存するこの抽象的立場は、それの媒介作用があらわれることによってのみ理性的関係となる[30]」。この理性推論のうちにも、ヘーゲル思弁哲学のまったくの超越性とまやかしがある。君主と議会の「一致の可能性」と「敵対の可能性」を、媒介の働きによって『一致の現実性』および『敵対の不可能性[31]』に転化させるのが、ヘーゲルの願いである。だが、「敵対の不可能性」ではなく敵対の現実性が、むきだしの実態である。『『立法権力』において、『議会』的要素としての市民社会と『政府的要素』としての君主勢力とが初めて現実的に、直接、実践的に対立するまでに気負い立ったのである[32]」。他面、「対立の媒介——ということは、糊塗ということに他ならぬ[33]」のであり、「鵺」的存在としての議会について見れば、「一致の現実性」は一致の幻想性である。「それは、政治的国家の、それ自身との一体性の幻想の設定されたかたちであり、実質的原理としてのこの一体性の幻想である[34]」。

ところで、ヘーゲルの国家論において、議会の媒介によって国家体制の内部的一体性が確保されるという場合、「立法権力のなかの議会という要素においては、私的身分が政治的な意義と働きをもつようになる[35]」。すなわち、市民社会の身分は、土地所有者、農民からなる「実体的身分」、手工業者、工業家、商人からなる「反省的身分」、それに官吏、軍人の「普遍的身分」、に区別されるが、官吏、軍人は、本来統治に献身する政治的身分として統治権力を担い、土地身分と実業身分は、それぞれに議会の第一院と第二院を構成する。君主を頂点にして、市民社会の三つの身分がそのまま政治的国家における政府と議会の両院を編制する仕組みである。ヘーゲルは、身分 Stände と議会 Ständerat の語源的連関にことよせて、市民社会の身分が同時に政治的身分でもある身分制議会を定立しているのである。ここに、国家においては特殊的なものが普遍的なものと結合する謎の解決がある。

身分制議会論は、ヘーゲルの理論的破綻を集中している。ヘーゲルは市民社会と政治的国家の分離という現代的状態を知っておりそれを前提にしながら、国家の一体性を成就させるために、御都合主義的に「市民的生活と政治的生活のいかなる分離をも望まない。[36]」これは、自家撞着である。市民的諸身分が市民的諸身分のままで政治的諸身分になるのは、市民社会の編成が政治的で市民社会と政治的国家が合体していた中世においてであった。身分制議会の定立において、ヘーゲルは「中世的立場へずり落ちる。[37]」それは、「一つの古い世界観を、或る新しい世界観の意味に解釈する無批判的な、まやかしのやり方[38]」である。

近代的状態にふさわしいのは、身分制ではなく代議制である。市民的領域と政治的領域を分離し、社会の地上的生活にあっては不平等で政治的世界の天国にあっては平等になるようにしたのは、フランス革命の事業であり、市民社会の原子論的在り方を表現する代議制は、近代国家に独自の特徴である。これらは、中世からの歴史的な前進である。「代議制は、一つの大きな進歩である。なぜなら、それは、現代の国家の状態のあけすけな、嘘いつわりのない、筋の通った表現だからである。それは、包み隠しされていない矛盾である[39]」。この点において明らかに、ヘーゲルは啓蒙主義や自由主義の政治理論より後退している。「彼が蔑むところの『もろもろのいわゆる理論なるもの』は、市民的諸身分と政治的諸身分の『分離』を要求するのであって、これは当然である。なぜならば、それらの理論は現代社会の一帰結を言いあらわしているのだからである[40]」。

フランスやイギリスで当代の政治的改革の本来の争点になっている選挙制については、どうか。ヘーゲルによれば、普通選挙制の考えは、「理性的形式によってのみ有機体をなすところの国家有機体のなかへ、理性的形式をいっさい抜きにして民主主義的要素を持ちこもうとするような考え方[41]」にすぎない。だが、「立法権力へ参与することは、政治的国家へ参与すること、己が存在を政治的国家の成員として、国家成員として証しし実現することである[42]」。市民社会と政治的国家の分離に相即的に市民と公民に分裂した近代的な人間が、この自己分割の割れ目を飛びこえて、市民から公民への「化体[43]」を実証するのは、政治への参加によってである。選挙・被選挙資格は、国家の成員、公民たることの不可欠の要件である。したがって、「数はここで無意義なものではない[44]」。「選挙――選挙する権利も選挙される権利も――の範囲〔の〕可能なかぎりでの一般化[45]」が必要である。

そして、自己矛盾的な存在としての議会の敵対の現実性に即位すれば、「議会的要素の増大ということにしてからが敵対的諸戦力のうちの〔国民の側の〕一戦力の物理的および知的増大[46]」であって、選挙・被選挙権の数量的増大の極は市民社会と政治的国家の分離・二元的一体性の完成であるとともに、市民社会と政治的国家双方の揚棄の課題生起でもある、とマルクスは想定する。「無制限な選挙および被選挙において、市民社会は初めて現実的に自己自身の捨象へ、換言すればそれの真に普遍的本質的な定在としての政治的定在へ高まっているのである。しかし、この捨象の完了は捨象の揚棄である。……選挙制度の改革は、抽象的政治的国家の内部にあってはこの国家の解消の要求であるが、しかしまた同様に市民社会の解消の要求でもある[47]」。

ヘーゲル国家論の功績は、市民社会と政治的国家の分離という近代的事象を摑み、政治的国家のいたるところに矛盾を見いだすところにある。矛盾の発見こそ、ヘーゲルの弁証法的論理の噴泉である。しかし、その誤謬は、神秘的思弁によってそれらの矛盾をみせかけのうえでのみ解消し、経験的現存を無批判的に追認するところにある。[48] マルクスは、ヘーゲルによる諸々の矛盾の摘示を受けとり、その矛盾的現実の成りたちを根拠にまで掘りさげて、近代国家への批判を徹底させる。このマルクスの方法的立場は、次のようにまとめられる。「今日の国家制度の真に哲学的な批判は、諸々の矛盾をただ指摘するだけでなく、それらの矛盾を明らかにし、それらの生成、それらの必然性を把握する。……この把握は……独自な対象の独自な論理を摑むところにある[49]」。

また、経験的歴史の認識についてのヘーゲルからのマルクスの理論的分岐の基底にあるものとして、国民にたいする姿勢も対照的である。ジャコバン独裁に政治的アナーキーを見たように、ヘーゲルにとって、原子論的な諸個人の集団としての国民は「形式なき群衆であって、その運動や行動はまさにそれがために、ひとえに原始的、無理性的で、粗暴かつ戦慄的[50]」である。だが、マルクスにとっては、ヘーゲルが災いとしか見なさず恐怖の念をもって眺めた無産の大衆こそ、近代を底辺から支えている存在であり、それゆえに近代的諸矛盾を解決する可能性を秘めている。「無産の状態と直接的労働、具体的労働の身分とは、市民社会の一つの身分をなすよりはむしろ土台をなし、市民社会の諸サークルはその上にのっかかり、その上で動く[51]」。

最後に、「ヘーゲル国法論批判」の出発点的な理論的流動性を凝縮する「民主制[52]」について検討しよう。フランス革命に象徴される近代史にたいするヘーゲルの態度は、君主権力によって統治権力、立法権力が個的な一体性へ総括される立憲君主制の理想化として集成される。「国家の立憲君主制への成熟は、実体的理念が無限の形式を獲得した近代世界の業績である[53]」。ヘーゲルは、反ジャコバン主義を教訓化し、立憲君主制への上からの改革として、フランス革命を受容するのである。これに対置して、また青年ヘーゲル派の政治理念であるブルジョア共和制からも区別して、マルクスが近代の歴史的事業に踏まえつつ更に近代的地平そのものの実践的止揚の意味をこめて立言するのが、「民主制」である。

「民主制」は、あらゆる国家体制の本質であり、「体制の類」(54)である。これにたいする君主制その他の国家体制は、類にたいしての種である。この「民主制」は、なによりも、人間を至上とし、国民を原理とする体制である。「ヘーゲルは国家から出発して、人間を主体化された国家たらしめ、民主制は人間から出発して、国家を客体化した人間たらしめる」(55)。「われわれは君主制において体制の国民をもち、民主制において国民の体制をもつ」(56)。体制が国民をつくるのではなくて、国民が体制をつくる。このように、「民主制」の立案にあたって、マルクスは、フォイエルバッハの人間主義に立脚し、ヘーゲルの国家主義から袂別している。

「民主制」はまた、市民社会と政治的国家の、現実的なものと抽象的なものの、内容と形式の分裂を統一する。それは、近代において現出している諸矛盾を解決した「真の国家」(57)である。「民主制においては、形相的原理が同時に質量的原理である。それゆえ民主制にして初めて普遍と特殊との真の一体性なのである」(58)。だが、ここで、ヘーゲルの立憲君主制とはまったく地平を異にした近代的現実の実践的打破の当為としてではあれ、マルクスは、市民社会の諸矛盾を人倫的共同体としての国家において揚棄するヘーゲルの図式を襲用していることになる。

政治的国家に関するヘーゲルの経験的、現実的説明を批判的に克服しているマルクスが、「民主制」においてヘーゲルの市民社会・国家観の形式を援用するのは、一つの背理である。市民社会が土台となって政治的国家を規定しているとすれば、市民社会と政治的国家の止揚の方位もまた市民社会の側に求められるべきではないのか。この辻つまの合わなさは、どこから生じているのか。

ここで、ヘーゲル国家哲学の唯物論的批判にあたってマルクスが依拠しているフォイエルバッハの国家論考に注意をむけよう。哲学上、宗教学上の根本的対立にもかかわらず、フォイエルバッハの国家論は、ヘーゲルのそれに近似する。「人間は、国家の根本本質である。国家は、人間の本質の実現され、完成され、顕現された全体性である。国家のなかで、人間の本質的な諸性質や諸活動は、特殊な諸身分において現実化されるが、しかし国家元首という人格において再び同一性へ還元される。……国家元首は、普遍的人間の代表者である」[59]。ドイツ・ブルジョアジーの政治的臆病さは、フォイエルバッハにも受け継がれていたのである。

マルクスは、ヘーゲル国家論の批判において、このフォイエルバッハの国家論からも一面では抜けだしながら、一面ではその人間学の強い影響下にある。そして、人間学的な国家論の位相において、逆に、人間の人間たるゆえんの一切を国家成員たることにおくヘーゲルの人間観をもまた踏襲している。「個人自身が客観性、真理性、人倫性をもつのは、彼が国家の一員であるときだけである[60]」と言うヘーゲルと同じように、マルクスは、市民と公民への近代的人間の分裂の解決を、公民の側に求めているのである。市民社会の成員と国家の成員は、「本質的に違った規定を有する……二重の主体[61]」であり、「政治的意義においては、市民社会の成員は彼の身分、彼の現実的な私的立場を脱する。もっぱらここにおいてのみ、彼は人間としての意義を有するにいたるのであり、換言すれば、彼の国家成員としての規定、社会的存在者としての規定が、彼の人間的規定として現われるのである[62]」。マルクスは、ヘーゲル、フォイエルバッハの系統を汲み、国家成員にあるべき人間の姿を求め、公民を真の人間と混同している。「民主制」は、他ならぬこうした人間観に相即する。

しかし、「民主制」は、フォイエルバッハの人間主義的国家論とヘーゲルの市民社会・国家観の交錯圏域において概念化されているだけではない。「民主制」に、私的自由と公的自由がそのなかにおいて同一化される政治体を構想するルソー『社会契約論』の影響を窺うこともできる。また、「立法権力は、フランス革命をやった[63]」。このブルジョア革命からの類推を見てとることもできる。これらの点では、「民主制」は〝クロイツナハ・ノート〟の所産でもある。

「民主制」は更に、「単にただ政治的たるにすぎぬ体制であることをやめる」(64)。あるべき国家にしてかつ社会として、国家ではない国家である。「近代のフランス人たちは、このことを、真の民主制においては政治的国家は亡くなるというふうに理解した」(65)。このかぎり、サン・シモン主義をはじめとする社会主義思想も、「民主制」の契機になっている。しかし、マルクスは、現存の共産主義思想にたいする批判的な態度を依然として保持しており、『独仏年誌』で発表される手紙で言う。「共産主義は、一つの教条的な抽象である。といっても私がここで念頭においているのは、なにか空想されたありうべき共産主義のことではなく、カベーやデザミやヴァイトリング等々が説いているような現実に存在する共産主義のことである。この共産主義はそれ自体、それの対立物である私有制度に感染した、人道主義的原理の特異な一現象にすぎない」(66)。既成の共産主義思想をこのように却けることで、マルクスは、近代そのものの超克の思念を「民主制」に仮託するのでもある。

こうして、「民主制」は、青年ヘーゲル派の陣列に属した一八四二年のマルクスでも、独自の共産主義論をかたちづくる一八四四年のマルクスでもなく、上述のような先行諸思想、諸理論を批判的に蓄積して独自の進路を踏みだした一八四三年のマルクスの過渡的な概念である。最初の批判は、それが克服しようとする批判の諸前提にとらわれるものである。「民主制」に表明されている真の国家を想定する国家観、それに相関して公民を真の人間と二重うつしする人間観、これらのヘーゲル法哲学の残影を、フランス革命史の一段と進んだ研究によって、また社会主義と並ぶ案件たる市民社会の理論的分析への取り組みによって、払拭することが、「ヘーゲル国法論批判」を草したマルクスに残される。

（1）マルクス「ヘーゲル国法論批判」、『マルクス＝エンゲルス全集』（大月書店）第一巻、二三七頁。本書において、Marx Engels Werke の邦訳たるこの『マルクス＝エンゲルス全集』からの引用は、以下、その巻数と頁数のみを記す。なお、引用文中の傍点は、すべて原文による。
（2）マルクスからルーゲへ、一八四三年三月一三日付けの手紙、第二七巻、三六二頁。
（3）ヘーゲル『法の哲学』第二六二節、『世界の名著　ヘーゲル』（中央公論社、一九六七年）、四九二頁。
（4）マルクス「ヘーゲル国法論批判」、二三八頁。
（5）同右、二三六頁。
（6）同右、二四四頁。
（7）同右、二三六頁。
（8）同右、二三七頁。
（9）フォイエルバッハ『哲学改革のための暫定的命題』、同『将来の哲学の根本命題』（岩波文庫、一九六七年）、一一六頁。
（10）Marx Engels Historisch-Kritische Gesamtausgabe（以下 MEGA と略記）Abt. 1, Bd. 1-2, SS. 118-136 にしたがえば、一八四三年七―八月、クロイツナハにおいて、マルクスは、二四の著作からの抜萃を含む五冊、二五五頁のノートを作った。このノートのⅠとⅢは「歴史・政治摘録」、Ⅱは「フランス史摘録」と標題され、ⅣとⅤには標題がない（ノートⅤには日付けもない）が、各ノートに抜き書きされた著作とこれらの標題のあいだに固有の関連性はない。抜萃された著作のリストは、以下のとおりである。ノートⅠ―Ⅱ、ハインリッヒ『フランス史』。ノートⅡ、ルートヴィヒ『最近五十年史』、ダルー『ヴェニス共和国史』、ラクルテル『王政復古後のフランス史』、ルソー『社会契約論』、バイユール『スタール男爵夫人遺稿「フランス革命の主要事件の考察」の研究』、ブルーアン『ポーランド』、モンテスキュー『法の精神』。ノートⅢ、ラッセル『ヘンリー七世以来のイギリス政治、憲法の歴史』、ラッペンベルク『イギリス史』。ノートⅣ、シュミット『フランス史』、シャトーブリアン『一八三〇年七月からのフランス』、同『シャルル十世の追放にかんする新提議』、ランシゾール『七月期の原因、性質、結末』、ヴァクスムート『革命期フランス史』、ランケ『宗教改革時代のドイツ』、ランケ編『歴史・政治誌』、リンガート『ローマ人の最初の征服以来のイギリス史』、ガイエール『スエーデン史』。ノートⅤ、プフィスター『ドイツ史』、メーザー『愛国主義者の幻想』、ジュフロイ『世襲原理とフランス、イギリスの貴族』、ハミルトン『北アメリカ合衆国の人間と慣習』、マキァヴェリ『国家論』。なお、〝クロイツナハ・ノート〟と違って、一八四二年のボン時代、マルクスが研究ノートに抜き書きした著作は、次のように、もっぱら宗教論に関する。マイネルス『一般宗教批判史』、バルベラック『教父道徳論』、ドゥブロス『呪物崇拝について』、ベッティガー『芸術・神話学の理念』、グルント『ギリシャ伝説・神話論』、フォン・ルモール『イタリア考』。a. a. O, SS. 114-118

(11) ヘーゲル『法の哲学』第二七〇節、五〇七頁。
(12) マルクス「ヘーゲル国法論批判」、三四〇頁。
(13) ヘーゲル『法の哲学』第二九八節、五五三―五五四頁。
(14) マルクス「ヘーゲル国法論批判」、二九三頁。
(15) 同右。
(16) 同右、二九四頁。
(17) 同右。
(18) 同右。
(19) ヘーゲル『法の哲学』第三〇一節、五五八頁。
(20) マルクス「ヘーゲル国法論批判」、三〇三頁。
(21) 同右、三〇一頁。
(22) 同右、三六四頁。
(23) ヘーゲル『法の哲学』第三〇二節、五六〇頁。
(24) 同右。
(25) 同右。
(26) マルクス「ヘーゲル国法論批判」、三〇七頁。
(27) 同右、三二六頁。
(28) ヘーゲル『法の哲学』第三〇二節補遺、五六一頁。
(29) マルクス「ヘーゲル国法論批判」、三〇七頁。

(30) ヘーゲル『法の哲学』第三〇四節、五六三頁。
(31) マルクス「ヘーゲル国法論批判」、三三四頁。
(32) 同右、三三〇頁。
(33) 同右、三三二頁。
(34) 同右、三三四頁。
(35) ヘーゲル『法の哲学』第三〇三節、五六一頁。
(36) マルクス「ヘーゲル国法論批判」、三二二頁。
(37) 同右、三五七頁。
(38) 同右、三二三頁。
(39) 同右、三一五頁。
(40) 同右、三一四頁。
(41) ヘーゲル『法の哲学』第三〇八節、五六六頁。
(42) マルクス「ヘーゲル国法論批判」、三六一頁。
(43) 同右、三一八頁。
(44) 同右、三六二頁。
(45) 同右、三六四頁。
(46) 同右、三六二頁。
(47) 同右、三六四頁。
(48) マルクーゼ『理性と革命』(岩波書店、一九六二年)第一部第六章のヘーゲル政治哲学論は、今日的なヘーゲル再評価にも一つの極点としての位置を占めるが、基本的に誤っている。①、根本視角として、「彼の弁証法は、当時の社会的現実と衝突せねばならなかった。」(序)とされる。しかし、弁証法はヘーゲルにおいては、無批判的であり、あるいは批判性はみせかけだけであり、それゆえ、現実にたいして妥協的であった。②、ヘーゲル国家論の真髄は、法の支配に求められる。「ヘーゲルは、この〔大学生連盟とハルラーとの〕両者に反対して、法の支配こそ、近代社会にふさわしい唯一の政治形態である、と主張した」(二〇二頁)。これは、ヘーゲルが描く立憲君主制国家における君主主権、また官僚制の議会にたいする優越を無視して、立憲制という一側面のみを強調している。③、ヘーゲルは、国家を市民社会の上位におくが、市民社会と国家のあいだの自然的な調和の崩壊を見通していたとされる。「ヘーゲルの国家の観念は、自由主義的な国家観や社会観の失敗をほとんど見とおした一つの哲学に由来するものである」(二四〇頁)。ヘーゲルの市民社会論や国家論は、観念的に先取りした先進諸国の自由主義的な社会や国家の否定的な諸相を越えようとする志向を秘めてはいた。だが、それらは、近代史の進路、ブルジョア的な社会や国家の歴史的な必然性と進歩性についての十分な理解を、逆に欠いていた。マルクスとの分岐線は、「一つの歴史的な生産形態の諸矛盾の発展は、その解体と新形成とへの唯一の歴史的な道である」(『資本論』、第二三巻、六三五頁)、この歴史のパラドックスの認識の差にある。マルクーゼは、本書において、ファシズムによるヘーゲル国家哲学のイデオロギー的利用に対抗して、ヘーゲル政治哲学の合理主義的、民主主義的な解釈を対置する。それはまた、ヘーゲル哲学を政治的反動として格づけし放逐したソ連邦での公式見解にたいする批判をも内意する。だが、われわれは、マルクーゼのヘーゲル政治哲学弁護論に、ファシズムとスターリニズムの狭間での現代知性の閉塞状況を見る。津田道夫『ヘーゲルとマルクス』(季節社、一九七〇年)も、そのなかで、議会を単に一つの派生物とするヘーゲルの識見を、現状の無批判的追認としてではなく、近代の議会制民主主義の欺瞞をあばきだしている先見の明として意味づける。しかし、近代の議会制民主主義国家――それは、ブルジョア革命後直ちに形成されるのではなく、ブルジョア革命によって成立した寡頭制的な〝議会主権〟国家の発展的転換として、民主主義的な闘争をつうじて形成される――における政府権力の優越は、政治的な自由、平等に立脚しないばかりかそれによって崩壊する絶対君主制国家における執行権力の優越とは、本質的に差異するのである。この書には、一八四三年のマルクス＝ヘーゲル関係の固着化によるヘーゲル理論の過大な読みこみが、一つの特徴的な線としてつらぬかれている。

(49) マルクス「ヘーゲル国法論批判」、三三二頁。
(50) ヘーゲル『法の哲学』第三〇三節、五六二頁。
(51) マルクス「ヘーゲル国法論批判」、三二〇頁。
(52) 同右、二六三頁。
(53) ヘーゲル『法の哲学』第二七三節、五二〇頁。
(54) マルクス「ヘーゲル国法論批判」、二六三頁。

(55) 同右。
(56) 同右。
(57) 同右、二八七頁、三二五頁。
(58) 同右、二六四頁。
(59) フォイエルバッハ『哲学改革のための暫定的命題』、一二三頁。
(60) ヘーゲル『法の哲学』第二五八節、四八〇頁。
(61) マルクス「ヘーゲル国法論批判」、三一二頁。
(62) 同右、三二一頁。
(63) 同右、二九四頁。
(64) 同右、二六五頁。
(65) 同右、二六四頁。
(66) マルクス「『独仏年誌』からの手紙」、第一巻、三八一頁。

二 政治哲学的考究の諸相

制限つきの活動の余地さえなくなったドイツに見切りをつけていたマルクスは、一八四三年一〇月、近代発祥の地であり新しい思想の実験の場と見られていたパリに移り住む。そして、マルクスの亡命とともに創刊された『独仏年誌』——以後続刊されなかった——に、「ユダヤ人問題によせて」と「ヘーゲル法哲学批判序説」を発表する。この二論文をとおして、マルクスはフォイエルバッハの唯物論、その宗教批判や人間学、また〝クロイツナハ・ノート〟や〝パリ・ノート〟[1]のフランス革命史論、などを主要な武器としつつ、対象的現実をなす政治的国家と市民社会を哲学的に観察し、それらを根底的に変革する実践的立場を確固不動に理論化する。

一九世紀初頭来のドイツでは、ユダヤ人への政治的差別という社会問題が生じており、国教を廃止してユダヤ教徒にもキリスト教徒と同等の公民権を与えるべきだとする自由主義的なユダヤ人解放の主張がおこなわれてきていた。ユダヤ人問題をしばしば取り上げた『ライン新聞』の論調も、それに添っていた。この自由主義的なユダヤ人解放、すなわち「公民としての解放、政治的な解放」[2]の熱望を急進主義的に批判して登場するのが、ブルーノ・バウアーの所論である。「ユダヤ人問題によせて」第一部は、このバウアーの独自なユダヤ人解放論の批判をつうじて論説される。

バウアーは、政治的解放が既に実現されているフランスにおいてもユダヤ人の解放は不徹底であることを捉え、ユダヤ人問題の解決には国家が宗教から解放されるだけではなくユダヤ人がユダヤ教から解放されるべきだと提議する。それは、後進的なドイツにおけるユダヤ人の解放は、単に政治的解放にとどまることなく、その限界を克服する人間の宗教からの解放と同時に遂行されねばならないとする新しい着想である。しかし、マルクスによれば、バウアーの問題の定式化は、宗教を根本に据えていることにおいて、政治的解放の限界を突破しえない。それどころか、政治的解放の枠内に落着するものでしかない。宗教は政治の原因ではないし、政治的解放の不徹底と矛盾は政治的解放それ自体の本質に根ざすからである。政治的解放そのものにたいする批判であってはじめてユダヤ人問題の解決は可能になるのである。

マルクスは、ユダヤ人解放論の最前端に位置するバウアーの所論における宗教と政治の関係を逆転させて、自分のユダヤ人解放論を切り開く。ユダヤ人解放を政治と宗教の関係において問題構制し政治を宗教に還元する、すなわち現世の問題を神学に移すバウアーとは反対に、宗教を政治に還元して政治的国家とその前提たる市民社会との関係の問題として構制しなおす、つまり神学を現世の問題に移すのである。そして、宗教からの人間の解放に代えて、国家からの人間の解放を立論する。「宗教にたいする政治的解放の関係の問題は、われわれにとっては、人間的解放にたいする政治的解放の関係の問題となる。われわれは、政治的国家を、宗教的欠陥とは切りはなして、それの現世的な構造について批判することによって、政治的国家の宗教的欠陥を批判する。国家と、ユダヤ教のようなある特定の宗教との矛盾を人間化して、国家と特定の現世的要素との矛盾にかえ、国家と宗教一般との矛盾を人間化して、国家とそれの諸前提一般との矛盾にかえるのである」[3]。国家そのものからの人間の解放が「人間的解放」として表現されるのは、政治的国家が市民社会を前提的基礎としており、政治的国家からの人間の解放は同時に市民社会からの解放でもなければならないという、「ユダヤ人問題によせて」第二部にかけての後論が措定されているからである。こうして、マルクスは、「ヘーゲル国法論批判」の「民主制」を「人間的解放」に換言する。

ここで、マルクスがバウアーを批判して宗教的偏執と政治的国家の矛盾を政治的国家と市民社会の現世的矛盾へと転置してゆく手立てを簡単に検討しておくと、マルクスは、一方で、人間が「ただ回り道によってだけ、ある中間項をとおしてだけ、自分自身を承認しているにすぎない」[4]、その媒介物であるという点で、宗教と国家を、更に第二部では貨幣をも、アナロガスに把握する。他方では、人権と公民権の二大区分を基準として現実を測る政治哲学的な思弁的きりもりによって、私的な権利に属する宗教を市民社会内部の一要素と見なす。したがって、政治的国家と市民社会の分裂、それに即応する公民と市民との分裂にいっさいを解消し、両者のいわば上下両極的な対抗的矛盾を描く。この政治的国家と市民社会の二極的分裂の図案の限界が克服され、宗教その他の要素にも固有の位置が与えられるには、市民社会の内面の経済学的考察を通過しなければならない。

マルクスは、「宗教からの国家の解放[5]」という政治的解放の一部面からその主部面をなす市民社会からの国家の解放に眼を転じて政治的解放の本質的限界をあばきだすが、それを何よりもよく体現しているのは、いわゆる人権である。そこで、フランスやアメリカ合衆国の人権宣言の条文を引き、人権に関して詳論する。

マルクスは、まず、一七九三年のフランスの「人および市民の権利の宣言」に謳われている「平等・自由・安全・所有」について論判する。が、その「平等」から「所有」までの人権についての批判的注解は、ヘーゲル市民社会論に準拠してなされる。「自由という人権は、人間と人間との結合にもとづくものではなく、むしろ人間と人間との区分にもとづいている。それはこうした区分の権利であり、局限された個人の、自己に局限された個人の、権利である[6]」。マルクスの市民社会に関する事象的知識は、未だヘーゲルのそれを超えるものではない。ヘーゲルを介して、ヘーゲル市民社会論に取り込まれた古典経済学的知見を示すにすぎない。それだけではなく、マルクスは、私的諸個人のアトミズムの体系としての市民社会と共同体としての国家というヘーゲルの構図を投射して、人権とそれとは区別された公民権とを論じる。「この人権の一部は、政治的な権利、すなわち他人と共同でしか行使されない権利である。共同体への参加、しかも政治的共同体つまり国家制度への参加が、その内容である。それらは政治的自由のカテゴリーに、公民権のカテゴリーに属する[7]」。

この人権論議に関して一番肝要なのは、フランスやアメリカ合衆国の人権宣言の研究が、ヘーゲルのそれが残存するマルクスの国家観に反省を促しその転回を衝迫する点にある。これらの人権宣言において、市民社会の成員が人間、人と呼ばれ彼の権利が人権と称されるのは、マルクスにとっては問題である。何故なら、それとは逆に、ヘーゲルをはじめとしたドイツの国家論の影響下で、マルクスは国家成員、公民のなかに真の人間を求めてきたのだから。「公民であることが、政治的共同体が、政治的解放者によって、このいわゆる人権の保全のための単なる手段にまで引き下げられたこと、したがって公民は利己的な人間の召使と宣言され、人間が共同的存在としてふるまう領域は部分的存在としてふるまう領域の下におしさげられ、結局、公民としての人間ではなしに市民としての人間が本来的な真の人間だと考えられたこと」[8]、これは、マルクスにとって一大謎として現われる。したがって、マルクスは、「なぜ政治的解放者の意識のなかでこの関係が逆立ちして、目的が手段として、手段が目的として、現われるかという謎」[9]を解かねばならない。再言すれば、市民社会およびその成員を目的として国家およびその成員を手段とする人権宣言が、目的と手段とを逆転させた謎を孕むと理解されるのは、マルクスが利己的人間の欲求の体系たる市民社会、その成員たる私人を手段としそれを高次的に止揚した人倫的共同体としての国家、その成員たる公民を目的とするヘーゲル法哲学の名残をとどめてきたからに他ならない[10]。マルクスが出立してきたドイツ法哲学の見地からすれば、イギリス、フランスの正統的な自然法理論を具現する人権宣言、その「政治生活は市民社会の生活を目的とした単なる手段にすぎないと〔いう〕宣言[11]」は、政治的解放者の「意識の……錯覚[12]」として映ずるのである。

この謎について、マルクスは、近代における政治的国家と市民社会、それに相即する国家成員と市民社会成員との関係の再認をもって解答する。中世にあっては、市民社会が直接に政治的性格をもち、政治的精神がこの古い市民社会の様々な袋小路に散逸していた。近代の市民社会と政治的国家とは、市民社会と国家が融合した中世的状態の政治革命にして市民社会の革命を意味する政治的解放によって、相互に分裂して出現する。そして、政治的国家は「市民社会、すなわち欲望と労働と私利と私的権利の世界を、自分の存立の基礎、それ以上基礎づけられない前提、したがって自分の自然の土台としてそれに臨む[13]」とするなら、国家の成員としての人間と市民社会の成員としての人間の関係もまた明らかである。「市民社会の成員としての人間、非政治的な人間は、必然的に自然的な人間としてあらわれる。人の権利は自然権としてあらわれる。なぜなら、自覚的な活動は政治的行為に注意を集中するものだからである[14]」。

この論述において、マルクスは、自分の主体的な見識を披瀝しているというよりは、むしろ人権宣言が立脚している理論構成を対象的に解説している。マルクス自身の主観的見解は、上に続けてすぐに、「現実の人間は利己的な個人の姿ではじめてみとめられ、真の人間は抽象的な公民の姿ではじめてみとめられる[15]」と言いなおし、また政治的人間の抽象化に関するルソーの言明を正しいとするところにあるようでもある。「ユダヤ人問題によせて」第一部では、既に「ヘーゲル国法論批判」で獲得された、市民社会を政治的国家の土台とすると把握がつらぬかれている反面では、国家を普遍とし市民社会を特殊とする認識、したがって公民を真の人間と二重うつしする理解も一掃されてはいないのである。

マルクスの理論的過渡性は、以下の一文にも明瞭に示されている。「完成した政治的国家は、その本質上、人間の類的生活であって、彼の物質的生活に対立している。この利己的な生活のいっさいの諸前提は、国家の領域の外に、市民社会の中に、しかも市民社会の特性として存続している。……人間が自分にも他人にも現実的な個人だと考えられている市民社会のなかでは、人間は一つの真でない現象である。これに反して、人間が類的存在だと考えられている国家のなかでは、人間はある仮想的な主権の空想的成員であり、その現実的な個人的生活をうばわれて、人間は非現実的な普遍性でみたされている[16]」。この前半部ではヘーゲルやフォイエルバッハ式の把握が持ち越されているが、その最後部では国家成員たることの空想性や国家の普遍性の非現実性が捉えられている。すなわち国家が共同体、普遍的なもの、国家成員が類的存在であるというのはイデオロギー的仮象にすぎないという認識が端緒的にかたちづくられつつある。但し、それが、国家イデオロギー一般ではなく特殊にドイツの国家イデオロギーに他ならないという点にまで反省が深化するとき、マルクスは、ドイツ的学問の地盤から飛翔した理論的新地平に到達する。

一面でヘーゲル法哲学の影を引摺ってきたマルクスは、フランスやアメリカ合衆国の人権宣言に立ちむかって、それに盛り込まれている市民社会・国家観、市民・公民観とのあいだに理論的矛盾を発見する。そして、その矛盾の解決をつうじて、自分に粘着してきたヘーゲル理論的残滓を一段と洗い落とす。人権宣言をとおして接見したイギリス、フランスの正統的自然法理論の市民社会・国家観と自分が立地してきたドイツの特殊的な自然法理論のそれとを対質し、双方を超克する理論的土壌を造成しはじめると言ってもよかろう。そうした思想的、理論的躍動の只中にあるために、マルクスの論旨は錯雑であり、時には前後撞着的でさえある。

イギリス、フランス流の自然法理論を体現する人権宣言への内在を通過したマルクスのドイツ法哲学的な市民社会・国家観、市民・公民観からの離反は、政治的解放の限界と人間的解放の意義を人間観としてまとめあげた、次のような地点にまで進む。「あらゆる解放は、人間の世界を、諸関係を、人間そのものへ復帰させることである。政治的解放は、一方では市民社会の成員への、利己的な独立した個人への、他方では公民への、精神的人格への人間の還元である。現実の個別的な人間が、抽象的な公民を自分のうちにとりもどし、個別的人間のままでありながら、その経験的な生活において、その個人的な労働において、その個人的な関係において、類的存在となったときはじめて、つまり人間が自分の『固有の力』を社会的な力として認識し、したがって社会的な力をもはや政治的な力の形で自分から切りはなさないときにはじめて、そのときはじめて、人間的解放は完成されたことになるのである[17]」。

この行文では、ルソー的語法が用いられているにもかかわらず、社会の全成員に自由を保障する力を政治的共同体に思念するルソーとは、理論的志向方位が全く逆である。マルクスは、ルソー『社会契約論』の政治的人間の抽象化に関する立言を肯定的に引証しているが、内実としては、ルソーから、そしてまたルソー的政治体の構想を受け継ぐヘーゲルから背離している。利己的に独立した私人と抽象的な公人とへ自己分裂した近代的人間の解放を、「現実の個別的人間が、抽象的な公民を自分のうちにとりもどす」ものとして、市民社会の成員の側において展望し、「政治的な力」ではなく「社会的な力」に、政治的国家ではなく市民社会のなかに、それらの近代的分裂を止揚する鍵が所在すると認定するからである。したがってまた、マルクスは、国家（生活）に関してのみならず市民社会（生活）に関しても、「類的存在」、他の箇所では「共同体」の概念を使用しはじめる。つまり、人間的解放を達成した場合の人間の普遍本質的存在を政治的国家ではなく市民社会の内奥に探索しはじめる。そうすることによって更に、本来の人間を労働する個即類的存在として洞見し、この人間の真の形態と近代的形態との区別も明確にする。こうして、依然として人間学的国家論の水位においてではあるが、ヘーゲル『法の哲学』の図面から、マルクスが最後的に離脱する跳躍台が築かれる。

同じバウアーの他の論文を批評する「ユダヤ人問題によせて」第二部では、第一部の到達点を踏まえて市民社会に論域が移され、貨幣を経済的な疎外の集中的体現物とする市民社会の経済哲学的研究にもとづいて、金力、拝金主義からの社会の解放として人間的解放が達成さるべきことが論示される。マルクスは、哲学的思考の域内においてであれ、政治的国家と市民社会の現世的対立を克服する要諦が隠れている市民社会そのものの批判的考察に転じ、国家論から経済学に接近するのである。

次に、「ヘーゲル法哲学批判序説」は、「ヘーゲル国法論批判」の書きなおしとして予定されていた論文の序説部である。この論説において、マルクスは、革命的熱情の充溢するドイツ解放論を政治哲学的に構築する。「ヘーゲル国法論批判」においてヘーゲルの現状肯定的姿勢と鋭く分岐したマルクスの現状否定的なそれは、後進的なドイツの根底的な革命の論理として固められ、ここに革命実践論の領域が切り開かれはじめる。

ドイツの解放を構案するにあたって、マルクスはドイツの現状を各方面にわたって一瞥しその後進性を弾劾するが、まず宗教的現状を確認する。「ドイツにとって宗教の批判は本質的にはもう終わっている。そして宗教の批判はあらゆる批判の前提である[18]」。神が人間をつくるのではなく人間が神をつくるのだという宗教批判の根本を据えたフォイエルバッハの功績の承認である。宗教は「民衆の阿片[19]」という広く人口に膾炙するに至る句を含んだ、ここでのマルクスの宗教批判については、しかし、次の事柄を忘れてはならない。マルクスは宗教批判の視座を定礎するが、それは、「あらゆる批判の前提」、すなわち天国からそれを生みだす地上へと批判を下降させていく過程の所産であって、宗教それ自体の内在的批判としては当然の限界を有している。地上の分析的認識が終局にまで下降して市民社会の内部構造が経済学的に理論化される地平から折返し的に上昇してきて、つまり経済的構造や政治的構造の科学的解明に後続して宗教を研究するとき、マルクス主義の宗教批判は終結しうる[20]。だが、それは、今のマルクスの論題ではない。マルクスは、宗教の批判に代わる政治的国家の批判、市民社会の批判の道を前進しなければならない。

マルクスによれば、ドイツは、他の近代諸国民が革命が敢行したのには反革命をもって応じ、反革命を蒙ったのにはそれを共にして、近代的発展を封じ込め後進性を堆積してきたから、その政治的現状は世界史の水準以下にある。だから、ドイツの政治的現状を否定したとしても、結果は時代錯誤を免れない。

注目すべき新事象として、マルクスは、ドイツの経済的現状の批判も述べはじめる。「フランスやイギリスでの問題は、政治経済か富にたいする社会の支配かであるのに、ドイツでは、国民経済か国民にたいする私有財産の支配かである。だからフランスやイギリスではいきつくところまでいきついた独占を揚棄することが問題であるのに、ドイツでは独占のいきつくところまでいきつくことが問題である[21]」。未だフランスとイギリスとの経済的発達が正確に捕捉されてはいない。経済的発展の段階と類型とが異なる両国が一括して評される。が、マルクスは、「政治的世界にたいする産業の、一般には富の関係が、近代の主要問題である[22]」と確言し、経済問題への理論的関心を徐徐に知識化しつつある。だから、従前からの歴史法学派に新しく加えてリストの保護関税論を、現状を正当化する理論として批判対象に挙げる。

政治的にも経済的にも後進的なドイツ国民が先進的な近代諸国民と等位しうる只一つのものとマルクスが判断するのが、「ヘーゲルによって最も徹底した、最も豊かな、最後的表現を得た[23]」法哲学である。「ドイツの哲学と国家哲学は、公式の近代的な現在と平価をたもっている唯一のドイツ史である[24]」。したがって、ドイツ法哲学の批判は、先進諸国たるフランスやイギリスが現に達している近代的状態の批判に照応する。「われわれドイツ人は自分たちの後史を思想のなかで、つまり哲学のなかで経験した。われわれは現代の歴史的な同時代人ではないが、その哲学的な同時代人である。ドイツ哲学はドイツ史の観念的な延長である。だから、われわれの実在の歴史の未定稿を批判するかわりに、観念の歴史の遺稿である哲学を批判するなら、われわれの批判は、現代がそれこそ問題だといっている諸問題のまっただなかにたつことになる[25]」。こうした学問的現状のゆえに、マルクスは、近代をも超克するドイツ解放の戦闘宣言をヘーゲル法哲学批判としておこなうのである。

ヘーゲルのもとで集大成された法哲学がドイツの経済や国家の実在的状態に限らずフランスやイギリスの近代史を観察して理論的に吸収しているのは事実であるが、その観念的先見性は国家哲学よりは社会哲学の領域に存する。そして、マルクスの高評がそのままあてはまるのは、ヘーゲルの法哲学すなわち哲学についてであって、法哲学、なかでも国家哲学、すなわち国家論についてではない。この時点でのマルクスによるヘーゲル法哲学の評価は、依然政治哲学的な大枠のなかでのみ思考している、あるいはヘーゲル法哲学が先取り的に複写している原物自体についての極めて制限された認識しか持ちあわせていない、マルクス自身の理論的形成段階と切り離せない。実際、マルクスは、程なくして経済学を研究しはじめるや、ヘーゲル法哲学の学問的な批判と継承を哲学の領域にしぼりあげ、唯物史観を形成するとともに、ヘーゲル国家論をドイツの政治的後進性のイデオロギー的表現として認識するに至る[26]。

さて、批判は根本に達すれば、批判を自己目的としない。実践を唯一の解決手段とする課題に突き当たる。ドイツ哲学がドイツが経験していない近代史を先取りして思弁しているとすれば、その学に対する根本的批判は、近代史そのものの実践的克服に転結しなければならない。「批判の武器はもちろん武器の批判の代わりをすることはできないし、物質的な力は物質的な力によってたおされなければならない。しかし、理論もそれが大衆をつかむやいなや物質的力となる[27]」。それでは、政治的解放も実現されていないドイツにおいて、政治的解放の中間段階を跳び越えた人間的解放の高みまでの命がけの飛躍を可能ならしめる理論と大衆とが果たして存在するか。これが、宗教、政治、経済、哲学の現状を一渡り検分したマルクスの設題となる。

マルクスは、ルッターの宗教改革以来の伝統を継いでフォイエルバッハの神学批判に終着している人間主義を根基にした理論として、人間的解放のラディカルな理論は現存すると考える。困難は、この人間主義的理論を担って革命を実践する大衆が現在のドイツ国民のなかには欠けていると思われる点にある。この難問に、マルクスは、クロイツナハ時代から取り組んでいるフランス革命史研究を一般化する形でアプローチする。

ブルジョア革命直後から一九世紀前半期のフランスでは、いわゆる伝統主義者の列から自由主義派までのイデオローグたちによる幾多のフランス革命論が競いあって生みだされた。マルクスは、それらをつうじて研究したフランス革命の力学をその主体的担い手の面から政治哲学的に改鋳して、自分の解放と一国民の革命とが合致する特殊な地位にある市民社会の階級を、ドイツの歴史においては公然と登場してはいないが、産業と一緒に形成されはじめているプロレタリアートとして考証する。「ラディカルな鎖につながれた一つの階級……市民社会のどんな階級でもないような市民社会の一階級、あらゆる身分の解消であるような一身分、その普遍的苦悩のゆえに普遍的性格をもち、なにか特殊な不正ではなしに不正そのものをこうむっているためにどんな特殊な権利をも要求しない一領域、もはや歴史的な権原ではなくただ人間的な権原だけをよりどころにすることができる一領域、ドイツの国家制度の帰結に一面的に対立するのではなくその前提に全面的に対立する一領域、そして結局、社会のあらゆる領域から自分を解放し、それをつうじて社会のあらゆる領域を解放することなしには、自分を解放することのできない一領域、一言でいえば、人間の完全な喪失であり、したがってただ人間の完全な回復によってだけ自分自身をかちとることのできる領域、……社会のこうした解消をある特殊な身分として体現したもの、それがプロレタリアートである」[28]。プロレタリアートという完全な否定態は、それ自身の否定によって完全な肯定態に転じうるのである。

ヘーゲルは官吏、軍人の「普遍的身分」に統治を託して無産大衆を無知のゆえに暴徒と化す賤民として蔑み、ヘーゲル左派は共和制を能動的精神の選ばれた少数人と没精神の大衆の対式をもって説いた。それらと袂を分かち、無産者の側に我が身を置きながらあるべき人間像を探求した「ヘーゲル国法論批判」以来のマルクスの人間観は、プロレタリアートの階級論として結実する。ヘーゲルの国家主義に理念的に対置された人間主義はプロレタリア的人間主義として具体化され、そうすることによってフォイエルバッハの抽象的人間主義を超越する質が判然とする。プロレタリアートの発見は、フォイエルバッハの人間学やヘーゲルの否定の弁証法、要するにドイツ哲学の成果の適用とフランス革命史の研究との統一によるだけでなく、パリに寄り集っている社会主義者たち、共産主義者たちの思想や活動との接触にも媒介的に促されている[29]のであってクロイツナハ時代からの理論上の発展を集約する。以後、マルクスは、「ユダヤ人問題によせて」までの市民と公民との人間学的関係論議としてでなく、プロレタリアートの階級論的考察に立脚した人間的解放の問題の考究へと傾動してゆく。国家論考に関しても然りである。

かくして、近代に達していないドイツにあって近代を観念的に経験している自然法哲学の地平をのりこえ、人間主義をつらぬく新しい哲学と近代を超えうる存在要件を備えるプロレタリアートとの一体化による普遍的、人間的解放を、マルクスは以下のように揚言する。この哲学とプロレタリアートとの相互結合こそ、思想が現実化されるだけでなく現実が思想へ迫る、ドイツ解放の形姿に他ならない。マルクスの人間的解放への信念は、こうして、現実的にして合理的となり、揺ぎないものとして理論的に定型される。「根本的なドイツは、根本から革命することなしには、どんな革命もおこなうことができない。ドイツ人の解放は人間の解放である。この解放の頭脳は哲学であり、それの心臓はプロレタリアートである。哲学はプロレタリアートを揚棄することなしには実現されえず、プロレタリアートは哲学を実現することなしには揚棄されえない[30]」。

「ヘーゲル法哲学批判序説」に、われわれは矛盾的現実を変革せんがために認識するというマルクスの理論構制の実践性を見る。それは、現実認識と現実変革との統一的理論の原図である。マルクスは、ドイツ解放の目的と手段の骨格を定式化することによって、同時にドイツを一部として眼前に開かれている近代的全世界にたいする根本的態度を理論的に確立する。ヘーゲルの現状肯定主義ともヘーゲル左派の批判的批判とも全く対照的な、この革命実践論的立場は、対象的現実をなす近代世界を否定的に扱うことによって、政治的国家や市民社会を総体性において把握し内的究極にまで分析し尽くすことを可能ならしめるマルクスの主体的拠点となり、これ以降の経済学研究や国家論研究に前提的に措定されるのである。

(1) パリ時代にマルクスが作成した研究ノートについては、まだ部分的にしか翻刻、公表されていない。今のところ、MEGA., Abt. 1, Bd. 3 に収録されている部分とマルクス・エンゲルス・レーニン研究所編『マルクス年譜』(青木書店、一九六〇年)とから、その一部を知る以外にない。『マルクス年譜』によれば、「一八四四年一月頃—三月　フランス大革命の歴史を熱心に研究し、とりわけ、ルーベ著〈回想録〉、ローラン夫人著〈後世の人々の訴え〉、モンガイヤール著〈フランス史〉、デムラン著〈フランスとブラバンの革命〉、公刊されている議会議事録、雑誌を読み、バブーフ、ルーヴァスール著〈回想録〉を研究し、国民議会史の執筆を計画する」(二八頁)。このフランス革命史研究は、クロイツナハ時代からの継続である。また、ほぼ同じ時期から、経済学の著作の抜萃とそれを点綴する評注からなる研究ノートが作成されはじめる。これについては、次節の注(1)を参照のこと。
(2) マルクス「ユダヤ人問題によせて」、第一巻、三八四頁。
(3) 同右、三九〇頁。
(4) 同右、三九一頁。
(5) 同右、三九〇頁。
(6) 同右、四〇二頁。
(7) 同右、四〇〇頁。
(8) 同右、四〇三頁。
(9) 同右、四〇四頁。
(10) ハーバーマス『社会哲学論集』(未来社、一九六九年)第一部第二章「自然法と革命」では、この「謎」は、マルクスがアングロ・サクソン系の自然法理論とルソーならびに重農学派に発する自然法理論とを区別していないことに由来すると解釈されている。
(11) マルクス「ユダヤ人問題によせて」、四〇四頁。
(12) 同右。
(13) 同右、四〇六頁。
(14) 同右。
(15) 同右。
(16) 同右、三九二—三九三頁。
(17) 同右、四〇七頁。
(18) マルクス「ヘーゲル法哲学批判序説」、第一巻、四一五頁。
(19) 同右。
(20) マルクス自身、後年、学問的に最高の傑作『資本論』において、こう言及する。「分析によって宗教的な幻像の現世的な核心を見いだすことは、それとは反対にそのつどの現実の生活関係からその天国化された諸形態を説明することよりも、ずっと容易なのである。後の方が、唯一の唯物論的な、したがって科学的な方法である」(第二三巻、四八七頁)。
(21) マルクス「ヘーゲル法哲学批判序説」、四一九頁。
(22) 同右。
(23) 同右、四二一頁。
(24) 同右、四二〇頁。
(25) 同右。
(26) その初期に限ってマルクスのヘーゲル国家論にたいする評価の変化を辿ると、㈠「ヘーゲル国法論批判」、「ヘーゲル法哲学批判序説」局面。政治哲学的に閉じられた理論的世界での高評。㈡「経済学・哲学草稿」局面。経済学研究の開始にともなう法哲学の高評の限定。㈢『ドイツ・イデオロギー』局面。唯物史観の形成にもとづくドイツ絶対主義国家のイデオロギーとしての捉え返し。これらが環をなしている。これ以後、エンゲルスに、次のようなヘーゲル国家論についての批評がある。「ドイツ精神の最も複雑な、だが同時に最も確かな温度計であるドイツ哲学も、ヘーゲルがその『法哲学』で、立憲君主制こそ、終局の、最も安全な統治形態である、と公言したとき、中間階級に味方することを声明したのだった。言い換えれば、ヘーゲルは、この国の中間階級が政権を握る日が近づいていることを宣言したのである」（『ドイツにおける革命と反革命』、第八巻、一五頁）。「『法の哲学』の終わりのところを見ると、絶対的理念は、フリードリヒ・ヴィルヘルム三世がその臣民たちに非常にしつこく空約束した身分代表制的君主制という形で、つまり、当時のドイツの小市民の状態にふさわしい、有産諸階級の制限された穏健な間接的支配という形で実現されるのだ、ということがわかる」（『ルードヴィヒ・フォイエルバッハとドイツ古典哲学の終結』、第二一巻、二七三頁）。なお、中期から後期にかけてのマルクスのヘーゲル国家論への態度については、本書第三章一節を参照のこと。

(27) マルクス「ヘーゲル法哲学批判序説」、四二二頁。
(28) 同右、四二七頁。
(29) 「社会主義的著述家たちが、プロレタリアートにこの世界史的役割を与える」（『聖家族』、第二巻、三四頁）と、やがて述べられる。
(30) マルクス「ヘーゲル法哲学批判序説」、四二八頁。

三　ヘーゲル法哲学からの離陸

国家を論材としてその解決もまた国家の枠内で図った「ヘーゲル国法論批判」から、宗教と国家を取り上げながら国家とともに社会に課題の解決を求めるに至った『独仏年誌』の二論文へ、マルクスは理論的研究の範域を拡大しつつその論軸を次第に下降させてきた。一八四四年一月末に、マンチェスターに滞在中のエンゲルスが『独仏年誌』に送ってきた「経済学批判大綱」ならびに「イギリスの状態　トマス・カーライル『過去と現在』」に接し、それを機縁にエンゲルスとの交流をはじめたマルクスは、ますます経済学への取り組みに駆り立てられる。政治的国家の土台をなしている市民社会、プロレタリアートを産出する産業構造が、今やそれとして分析されねばならない。こうして、マルクスは経済学の勉強に着手し、全生涯的な研究課題になる古典経済学批判の最初のノート、〝パリ・経済学ノート〟[1]を作成し「経済学・哲学草稿」を綴る。「論文『プロイセン国王と社会改革――一プロイセン人』にたいする批判的論評」は、それらの手稿群の執筆途次に記される。

「ヘーゲル法哲学批判序説」でのプロレタリアートの発見に予告されたかのように、一八四四年六月に勃発したシュレージェンの織物労働者たちの蜂起は、後進国ドイツにおけるプロレタリアートの最初の決起を告示する。それは、ドイツの深部に潜んで産業革命に入ろうとする資本主義経済の矛盾の社会的顕現である。この事件を政治的精神を欠く、単なる飢餓の一揆として貶めるアーノルト・ルーゲの論文への反論として、マルクスは、政治上の蜂起ではなく産業上の労働者蜂起という点に、このプロレタリア階級闘争の革命的な性格を判別する。

シュレージェンの織物工の決起が有する革命的意義を明らかにするために、マルクスは、イギリスとフランスの救貧政策を素材として市民社会と国家の本質的関係を例解するが、まずイギリスのそれを取り上げる。近代の主要問題に設定された政治的世界に対する富の世界の関係は、イギリスで最も単純明快な姿をとっているのである。「政治的国家と極貧状態との関係を知るには、イギリスを観察するのが一番確かな実験方法である」[2]。従来のマルクスの脳裡に描かれる近代は、なによりも大革命の栄光に輝くフランスの政治的世界であり、マルクスはフランスのブルジョア革命に対比してドイツの後進性を論難した。他方、イギリスはフランスよりも遅れた世界に属すると見られた。ブルジョア革命後輩出したフランスの自由主義派や純理派のイデオローグたちが経済的にも政治的にもイギリスを近代フランスの進路の手本と見なしたのとは相異して、ドイツでは半ば中世的というイギリス観が支配的であった。(3) だが、マルクスは、経済学研究への着手とともにイギリスを新しく観察しなおす。イギリス経済を近代世界の代表的存在として理解してくる。哲学から政治的国家へ、更に市民社会への理論的な関心と研究の焦点の次元的変動の過程で、マルクスの近代世界像は、その象徴がドイツ的思弁からフランス的政治へ、更にイギリス的経済へと変容し変貌しつつ、急速に豊富化し立体化しつつある。

イギリスとそれに続いてのフランスの救貧行政に関するマルクスの検討は、イギリスの一八三四年の改正救貧法とエリザベス朝の徒弟条令、他面ではフランスの大革命期における国民公会やナポレオンの救貧対策を一律に扱っており、政治的国家が市民社会にたいして及ぼす作用の歴史的発展段階や国の差異にもとづく違いにまでは認識を及ばしていない。が、それをつうじて、マルクスが証明しようとするのは、国家のあれこれの行政措置によって市民社会に生じた極貧状態という弊害を取り除くことの本質的不可能性である。

ところが、「国家が強力であればあるほど、したがってある国が政治的であればあるほど、その国家の原理のうちに、つまりその国家を自己の能動的で自覚的で公的な表現とする現行社会制度のうちに、社会的欠陥の原因を求めたり、社会的欠陥の一般原理をつかんだりすることを、ますますしなくなりがちである」(4)。何故か。国家の意識が倒錯した意識だからである。「政治的理解力がまさに政治的理解力であるのは、それが政治の枠内で考えるからこそである。政治的理解力は、鋭く、生きいきしていればいるほど、社会的欠陥をとらえることがますますできなくなる」(5)。その「政治的理解力」——これはルーゲの用語の転用である

――の古典的な実例として、マルクスは政治意志の全能を信じたというロベスピエールを挙げる。ここで摑まれる「政治的理解力」が「政治的理解力」たる所以は、マルクスがヘーゲル国家論の影響を払底するのに大きな効力を発揮する。何故なら、市民社会の諸矛盾のいっさいの解決を国家に委ねるヘーゲルはこの「政治的理解力」を学的に構成したのであり、その国家論的思弁は倒錯しているということが自ずと暴露されてこざるをえないからである。したがってまた、ルソー『社会契約論』からの離反をも一段と進める。

国家の救貧対策によって市民社会の極貧状態を失くせないのは、政治的国家が市民社会によって本来的に基礎づけられているという関係に因由するが、マルクスは、市民社会と政治的国家の関係を再確認するにとどまらず、経済学研究を介して、人間の真の存在、社会的本質をも市民社会のなかに探り当てる。「共同体」、「類的存在」などの概念の使用が国家の場面から市民社会の場面に移されつつある点は既に指摘したが、ヘーゲルやフォイエルバッハから継受したこれらの哲学的慣用語で、マルクスは、市民社会の本質的存在性を論じはじめる。(6)「労働者が孤立させられているこの共同体なるものは、政治的共同体とはまったく別の現実性と、まったく別の規模とをもった共同体である。労働者自身の労働によって彼らから切りはなされているこの共同体は、生活そのものである。つまり、肉体的および精神的生活、人間の倫理、人間の活動、人間の楽しみ、人間的本質である。人間的本質は人間の真の共同体である(7)」。

「政治的理解力」に関しての政治的意識の、それを思弁によって高めた国家論の、倒錯性を剔出する視点の定立に加えるに、市民社会の疎外された現実の奥底にこそ「人間の真の共同体」が潜んでいることの洞察、これによってもたらされるのが、ヘーゲル的な国家の普遍性、共同体性の擬制的なそれとしての捉えなおしであることは、容易に了解されよう。こうして、マルクスは、国家の普遍性の意味を真のそれから幻想的なそれへと転倒してゆく。

経済学批判をとおしての市民社会像の理論的整形への取り掛りにともなう国家像の改変の準備は、同時期に書かれている〝パリ・経済学ノート〟のなかにも見出される。「資本家の利潤から切りはなされた国の利潤なるものは一個の擬制である。なぜなら、国の名においてわれわれは資本家の総体を理解しているからである。問題は個々の資本家なのだから、資本家はふたたび、資本家の総体などは彼にとっては一個の擬制であって、彼が国 Land（注の訳書では国家）なのだ、したがって彼の利潤は国の利潤なのだと主張することができる。資本家の特殊利益が一旦国の利益として妥当することになれば、個々の資本家の特殊利益がどうしてすべての資本家の普遍的利益として妥当することになってはいけないか。資本家の特殊利益がもっている権利は国の普遍的利益にたいして与えられるものと同様であり、個々の資本家の特殊利益は、すべての資本家の共同利益にたいして、国（訳書では国家）の利益にたいして与えられるのと同様の権利をもっている、国民経済学の人工的な擬制である。国民経済学は、特殊利益と共同利益（訳書では普遍的利益）との対立から出発し、この対立にもかかわらず特殊利益は普遍的なものであると主張する(8)」。特殊利益と共同利益との矛盾にもとづいて特殊利益は普遍的なものとして押し立てられる、ヘーゲルの特殊・共同・普遍に関する論理をリカード経済学の評注に適用したこの論法は、更に整序されて『ドイツ・イデオロギー』における国家論考として展示される。

マルクスは、ドイツ哲学の諸概念的理論によって古典経済学を組みなおし、かつ古典経済学の摂取によって哲学的思弁を新しく鍛えなおして、独自の経済学と哲学を構成してゆくが、その過程で従来の政治哲学的国家論考も、経済学によって基礎づけなおし再構成してゆく。フランス政治史研究に続いて、経済学研究の開始は、それまでの国家論研究の経済学を介しての再考、更に積極的には古典経済学に随伴する自由主義的国家論の批判的摂取という形で、マルクスの国家観の転回を推し進める。ルーゲ論文への批判的論評には〝パリ・経済学ノート〟と同じく、古典経済学の最初の研究成果にもとづく若きマルクスの国家観の転回の一局面が折り込まれている。

人間の本質が市民社会の内部に伏在するという理解に相対応して、社会主義の肯定も初めて表明される。一年前には却けたヴィルヘルム・ヴァイトリングの共産主義思想を過度に賞揚しながら、マルクスは、「ヘーゲル法哲学批判序説」で宣明したドイツ・プロレタリアートの人間的解放の能力を「社会主義のためのドイツ・プロレタリアートのすぐれた素質」[9]と換言し、プロレタリアートと社会主義を結びつける。「哲学的な国民は、社会主義のなかにはじめて自分にふさわしい実践を見いだし、したがってプロレタリアートのなかにはじめて、自分を解放する活動分子を見いだすことができる」[10]。かかる理論上の新展開の背景では、ヴァイトリング指導下の義人同盟とのマルクスの交通も深まっている。ルーゲの所説を批判的に論評した論文の結論部では、プロレタリアートによる社会的にして政治的でもある革命の実践として実現される社会主義を、マルクスは次のごとく述定する。「革命はすべて従来の社会を解体する。そのかぎり、それは社会的である。革命はすべて従来の権力を打倒する。そのかぎり、それは政治的である。……いやしくも革命というもの——現存権力の打倒と従来の諸関係の解体——は一つの政治行為である。だが革命なしには、社会主義は実現できない。社会主義は破壊と解体とを必要とするかぎりで、右のような政治行為を必要とする。しかし、社会主義の組織活動がはじまり、その自己目的、その精神が現われるようになると、社会主義は政治的ヴェールをかなぐりすてる」[11]。

「ヘーゲル国法論批判」の「民主制」は、「ユダヤ人問題によせて」での「人間的解放」への置換を経、社会本質論の経済学・哲学的研究に促迫されて、ここに社会主義へ止揚される。その社会主義は政治的性質をもたないと、マルクスは言明する。同じ時期の「経済学・哲学草稿」のなかでは、こう論じられている。「家族、宗教、国家、法、道徳、科学、芸術等々は、生産の特殊なあり方にすぎず、生産の一般的法則に服する。だから私有財産の積極的止揚は、人間的生活の獲得として、あらゆる疎外の積極的止揚であり、したがって人間が宗教、家族、国家等々からその人間的な、すなわち社会的な現存へと還帰することである」[12]。社会主義の実現は国家を揚棄するのである。

「民主制」から社会主義へ、この面からもヘーゲル国家論の残影は拭い去られる。経済学研究の開始が国家の仮象性をその発生根拠から照明したとすれば、社会主義の首肯は国家の非目的性をその消滅結果から逆照明する。こうして、社会主義の論示は、マルクスの国家観の転回を最終的に確定する契機となり要因となる。

明らかに、「論文『プロイセン国王と社会改革――一プロイセン人』にたいする批判的論評」には、『ライン新聞』編集部を去って以来のマルクスの懸案であった経済問題と社会主義に関する態度決定のための理論的追求が達した一応の結論が盛り込まれている。とともに、この二つの案件の解決に媒介されて、「ヘーゲル国法論批判」にはじまったヘーゲル国家論の批判的研究が帰着する先もおよそ示されている。われわれが見抜いてきたように、この論文には、「ヘーゲル国法論批判」において克服しきれなかったヘーゲルの市民社会・国家観、人間観からマルクスが最後的に袂裂する局面が内有されているのである。このことは、次のように事柄を論じれば、一層明白になろう。

市民社会と政治的国家の本質的関係を実証するのに、マルクスは何故、救貧行政を論材に選んだか。われわれはヘーゲル『法の哲学』、その市民社会論における失業貧民にたいする救恤事業に関する論点に想到する。ヘーゲルは救貧問題の解決も結局市民社会の国家共同体への止揚のうちに説く。マルクスは、同一の素材を使って、ヘーゲルの市民社会・国家観にそれを逆倒した自分の市民社会・国家観を対置しつつ、ヘーゲルとは全く異なった解決を提示するのである。まさしくルーゲ論文批判の過程には、『法の哲学』再批判が内在する。「政治的理解力」批判はその焦点である。どうして、再批判が必要とされたか。救貧問題を含む市民社会論の批判を課題として持ち越しているという事情の他に、「ヘーゲル国法論批判」の理論上の限界、とりわけ「民主制」にまつわる欠陥の自覚、これであろう。

ところで、ヘーゲル国家論への全面的批判の貫徹、これは同時にフォイエルバッハ国家論の克服をも意味する。マルクスは、当分、一八四五年初めに「フォイエルバッハにかんするテーゼ」を草するまで、フォイエルバッハ唯物論を賞賛しつづける。しかし、フォイエルバッハには欠けている経済学研究に踏み出し、フォイエルバッハのそれをも包含しうるヘーゲルの国家論を批判的に克服するといった諸点で、既にフォイエルバッハ唯物論を実質的にのりこえて進んでいる。

「論文『プロイセン国王と社会改革――一プロイセン人』にたいする批判的論評」は、それの前後にわたって書かれる「経済学・哲学草稿」とともに、ヘーゲル、フォイエルバッハはもとより、スミス、ジェームズ・ミル、リカード、更にバブーフ、ヴァイトリングなど、当代最高の哲学、経済学、社会主義論の諸先学と格闘し、それらの諸成果を貪欲に吸収し再構成して、マルクスが独自の理論体系の骨格を組み上げる最初の里程標である。

政治的国家から市民社会への論点下降の形で追求されるマルクスの経済問題と社会主義への態度決定は、それが時事問題の批評のうちに示されたルーゲ批判論文とは違って、「経済学・哲学草稿」では理論的に深められて展開される。だが、その経済学、共産主義論、哲学それぞれに関する手稿の吟味はわれわれの直接の論題ではない。経済学研究の開始と社会主義の認定がマルクスの国家論考にいかなる発展的変化をもたらすかについては、既に分析したから、われわれは「経済学・哲学草稿」の検討を、マルクスの国家論研究の進展過程により強い意味連関を有する〝序文〟に制限する。

「経済学・哲学草稿」の〝序文〟で、マルクスは、この期間の理論的研鑽を顧みながら、当面の研究課題に関連して、このように述べる。「すでに私は『独仏年誌』のなかで、ヘーゲル法哲学批判というかたちで法学および国家学の批判をおこなうことを予告しておいた。印刷にまわすため、その仕上げをすすめているうちに、〔ヘーゲル法哲学という〕思弁にたいしてだけむけられている批判と、その〔ヘーゲル法哲学がとりあつかっている〕種々の素材そのものの批判を混ぜあわすことは、まったく不適当であり、〔議論の〕展開をさまたげ、理解を困難にするものだということが明らかとなった。……それゆえ、私は、べつべつの独立したパンフレットで、法、道徳、政治などの批判をつぎつぎにおこない、そして最終的に、一つの特別の著作のなかで、ふたたび全体の連関や個々の諸部分の関係をつけ、最後にあの素材の〔ヘーゲルによる〕思弁的な取扱いにたいする批判を加えるよう試みるつもりである。こういう理由から、本書では、国家、法、道徳、市民生活などと国民経済との関連については、ただ国民経済学それ自身が職務上からこれらの対象に触れている範囲だけしか触れられていないことに気づかれるであろう(13)」。

マルクスは「国民経済」とそれに続く「法、道徳、政治」などの各論的、そして総論的批判、更にヘーゲルの哲学的思弁の批判を、それまでに進めてきた研究を総括し発展させて、さほど長くない時日のうちに遂行しうると考えている。しかし、実際には、最初の課題たる経済の批判的研究にさえ厖大な労力と年月を費さねばならず、ライフ・ワークは経済学研究に終わって、道徳、国家、法などの個別研究は遂に学問的に結晶させられるまでに至らない結果になる。ともあれ、この壮大な著述計画は達成されることがないとはいえ、マルクスは、その思想的生誕の母胎であったヘーゲル法哲学にたいする批判を推しつめて経済学批判に辿り着き、そこから反転して道徳、国家、法などの個別的再論にむかい、そうすることにより社会諸科学の体系的構築を眺望する地点に立つ。そこにまた、ヘーゲル『法の哲学』の思弁的構成にたいして放った「独自の対象の独自の論理をつかむ」という方法的批判の帰結として、ヘーゲル法哲学の解体、その全論域にわたる超克を内意させる。

ヘーゲル『法の哲学』との全面的対決は、もはや媒介的である。天上の批判に代えて地上の批判に主眼を定めたマルクスの前には、ヘーゲル市民社会論の批判が残されていた。だが、ヘーゲル法哲学の思弁にたいする批判とそれが取り上げている種々の対象的素材にたいするそれとの区別が明言されているように、今では、ヘーゲル市民社会論自体ではなく、それに取り入れられていた古典経済学が研究の対象である。すなわち、〝パリ・経済学ノート〟以来、ヘーゲル市民社会論批判は、ヘーゲル自身がその一部を研究した古典経済学にたいする批判のうちに包摂される。

われわれの関心事である国家論についてはどうか。マルクスが予定の一つに挙げている国家ないし政治の批判の内実が問題である。その国家論的批判の内容は、一八四五年の初頭に『政治学および国民経済学の批判』の出版計画に関係して記される政治学批判の部の梗概からするならば、クロイツナハ時代からのフランス政治史の研究にもとづきそれの総まとめとして考案される。つまり、「ヘーゲル国法論批判」以後ドイツの後進的な政治的現状の批判の武器の一つとして用いられてきた近代フランス国家史論の開示である。国家についても、マルクスはヘーゲルの理論構成から解き放たれ、ヘーゲルが最大の政治的関心を寄せたフランスのブルジョア革命によって生まれ出た国家そのものの研究を積極的に理論化しようとしているのである。

他面、哲学については、ヘーゲルそのものが残される。マルクスは「ヘーゲル哲学の真の誕生地でありその秘密であるヘーゲルの『現象学』(14)に遡源して、ヘーゲル哲学批判に取り組む。要するに、ヘーゲル法哲学の批判は哲学の面に集中され、ヘーゲル哲学にたいする批判的研究は、当面スミス中心の古典経済学批判ともフランス国家史論にイギリス自由主義国家論が微妙に交叉しはじめる国家論研究とも別の課題として独立する。かくして、唯物史観およびその一部をなす国家観の形成を予備しつつあるマルクスは、哲学的な紐帯をしっかりと確保しながら、ヘーゲル『法の哲学』、一般にドイツ法哲学の地盤から離陸する。

（1）前記の〝パリ・ノート〟のうちの経済学に関するものを、こう呼んでおく。MEGA., Abt. Bd. 3, SS. 409—583 にしたがって、この〝パリ・経済学ノート〟（邦訳　マルクス『経済学ノート』、未来社、一九六二年）について、国家論研究への関連を拾えば、ベンサム『刑罰の報償の理論』、デステュット・ド・トラシィ『イデオロギー要論』が含まれていること、スミス『国富論』については自由主義的国家論が述べられている第五篇はノートから省かれていること、そして本節のなかで取りあげるリカード『経済学と課税の原理』に関する評注の行、位であろう。

（2）マルクス「論文『プロイセン国王と社会改革――一プロイセン人』にたいする批判的論評」、第一巻、四三二頁。

（3）〝クロイツナハ・ノート〟のランシゾール『七月期の原因、性質、結末』（ベルリン、一八三一年）からの要点的抜書きにも、その一例が窺える。「イギリスの王制は国民主権にではなく固有の権利にもとづいている。イギリス議会は封建的諸身分の団体である。上院は土地貴族の代表である。際立った身分的諸関係。フランスの上院は、イギリス的大土地所有を欠いているし、国王の任命によって組成されてもいない。下院は法定選挙権によって選出される」（MEGA., Abt. 1, Bd.1—2, S. 127）。エンゲルスが、一八四二年末『ライン新聞』に載せた〝半封建的なイギリス〟についての報告に関しては、本書第二章二節を参照。

（4）マルクス「論文『プロイセン国王と社会改革――一プロイセン人』にたいする批判的論評」、四三九頁。

（5）同右。

（6）「人間の実在的区別にもとづいた人間と人間との統一、抽象の天国から現実の地上へと引きおろされた人類の概念、それこそ社会の概念でなくて何でしょうか!!」（第二七巻、三六九頁）と、マルクスは、一八四四年八月一一日付けのフォイエルバッハ宛の手紙に記している。
(7) マルクス「論文『プロイセン国王と社会改革――一プロイセン人』にたいする批判的論評」、四四五頁。
(8) マルクス『経済学ノート』、六三―六四頁。
(9) マルクス「論文『プロイセン国王と社会改革――一プロイセン人』にたいする批判的論評」、四四二頁。
(10) 同右。
(11) 同右、四四六頁。
(12) マルクス『経済学・哲学草稿』(岩波文庫、一九六四年)、一三二頁。
(13) 同右、一一一―一一二頁。
(14) 同右、一九三頁。、

第二章

唯物史観としての国家観の形成

一　マルクスのフランス国家考と〝国家批判プラン〟

一八四四年八月末、パリのマルクスをエンゲルスが訪れる。二人の会合により、それぞれ独自の道を歩んできた両者の意見のあらゆる理論的分野での一致が判明する。マルクスとエンゲルスは、こうして、終生変わることなく続くことになる、プロレタリアート解放のための理論上、実践上の比類なき協力を開始する。彼らは、最初の共同作業として、バウアー兄弟を先頭にした青年ヘーゲル派にたいする論争の書たる『聖家族』を著わす。エンゲルスは分担部分を諷刺的な小文にとどめるが、マルクスは、プルードンの経済学の論評、バウアー一派の、だが根本的にはヘーゲルの思弁的哲学の批判、国家および人権についての論議、フランス政治史の分析、フランス唯物論史の素描、といった重要な論目を、この共著に盛りこむ。これらのなかから、マルクスの国家論考の発展的展開を示す題目を取りだして検討しよう。

最初に、クロイツナハ時代からのマルクスの政治学研究の主題であるフランス政治史の分析をめぐって三点を摘記する。

その第一点は、フランス・ブルジョア革命を最も急進的に推進したロベスピエールなどのジャコバン（左）派＝山岳派についての評である。「ロベスピエール、サン‐ジュスト、および彼らの党が没落したのは、真の奴隷制の基礎のうえに立った古代の、現実的＝民主主義的な共同体を、解放された奴隷制、すなわち市民社会にもとづく近代の精神的＝民主主義的な代議制国家と混同したためである。近代的市民社会を、すなわち産業と一般的競争の、自己の目的を自由に追求する私的利害の、無政府状態の、自分自身を疎外する自然的・精神的個性の社会を——人権として承認し、裁可しなければならず……それと同時にこの社会の政治的な頭部を古代ふうにつくろうと欲するとはなんたる大きな錯覚であろう！[1]」。こうした「テロリストの錯覚[2]」への批判は、フランス革命の実現後に新しく現われた自由主義派のバンジャマン・コンスタンによるルソー国家論批判として先鞭がつけられていた。コンスタンは、ルソーやマブリの古代共和国をモデルにした政治体の構想は、産業と交通が発達した近代には適合しないことを明らかにし、その古代的自由と近代的自由の混同を戒めたのであった。思想史の面からすれば、このフランスの自由主義的ブルジョアジーの政治的精神をマルクスは踏まえているわけである[3]。

第二点として、上の思想史的評価は、次のようなフランス革命史分析に対応する。「ロベスピエールが倒れたあとに、それまで自分の力以上のことをしたがり、度はずれになっていた政治的啓蒙が、やっと散文的に実現されはじめたのである。総裁政府の統治のもとで、市民社会は力強い生命の流れとなって奔出した……。市民社会はブルジョアジーによって積極的に代表される。こうして、ブルジョアジーがその支配をはじめる[4]」。マルクスは、ジャコバン派の恐怖政治《テルール》に、革命の急進化の局面を、ジャコバン派の没落後、革命の過程で宣言され立法化された〝産業の自由〟その他が実行に移されて市民社会の新たな発展が始動した総裁政府時代に、革命の正常な軌道の定着を、見てとっている。

第三点は、一八三〇年七月革命を区切りとしたフランス国家の新しい発展段階への移行への認識である。「一八三〇年になって、やっとブルジョアジーはその一七八九年の願望を実現した。ただ区別されるのは、彼らの政治的啓蒙がいまや完了したこと、彼らが立憲的代議制国家のうちに、もはや国家の理想も、世界の救済も、一般的・人間的目的も、得ようと努める気がなく、むしろ国家を彼らの排他的権力の公的表現として、彼らの特殊的利害の政治的承認と認めたことである」[5]。一八三〇年七月までは、ナポレオンの革命的テロリズムや復古王制の反革命に対抗しつつ、ブルジョアジーが市民社会を代表して政治的理想主義に燃えていた時代であったが、一八三〇年七月からは、ブルジョアジーが国家を手中に収めて自らの階級的利益を実現する公的権力として役立てている時代に入った、というのである。当時にあって七月革命は、大革命に続いて、新紀元の到来として迎えられていた。

ユダヤ人問題をめぐっての論争を総括した国家・人権論では、市民社会の利己主義的な状態を基礎にして国家が成立するとともに、その国家が市民社会の状態を人権として宣言するという関係において、人権の利己的、市民的性格が再確認される。「近代国家が自然的土台としたのは、市民社会、ならびに市民社会の人間、すなわち、私的利害と無意識の自然必然性という絆によって人間と結ばれているにすぎない独立の人間、営利活動と彼自身ならびに他人の私利的欲望の奴隷である。近代国家は、そのようなものとしての自らのこの自然的土台を普遍的人権のかたちで承認した[6]」。

この人権論議に関連して、「ユダヤ人問題によせて」の再論にとどまらない理論的前進が、フランス政治史分析に結びついた近代国家そのものの歴史的発展段階の把握として獲得される。すなわち、マルクスは、人権宣言が単に政治的啓蒙でありその理論と実践が背離している段階の近代国家と、人権宣言が実現される段階の近代国家とを、発展段階的に区別する。前者が未発展、未完成の近代国家であるのにたいし、後者は「発展した近代国家」[7]、「完成された近代的国家制度」[8]である。換言すれば、近代国家自体が「半分の政治的解放から全解放へ、立憲国家から民主主義的代議制国家に高まる」[9]。あるいはまた、「民主主義的代議制国家〔は〕完成された近代国家」[10]であり、「立憲主義の諸矛盾〔は〕、一般的にいって近代的代議制国家と古い特権国家の矛盾」[11]である。このように、マルクスは、中世国家を「未完成の国家」[12]、近代国家を「完成された国家」[13]として論じた水準から、この完成された歴史的国家としての近代国家そのものの生成から完成への段階的発展と形態的転換を摑むところにまで、政治史認識を豊かに発展させつつあるのである。

近代国家の歴史的段階的発展の識別にともない、市民社会と政治的国家の関係についての唯物史観的提題も、以前のブルジョア革命当時のそれから一八三〇年以降の時代的事象に現実的背景を移して構案されてくる。但し、近代市民社会そのものの段階的発展は、未だ分別されない。「民主主義的代議制国家と市民社会の対立は、公的な共同体と奴隷制の古典的対立の完成である」[14]。近代における市民社会と政治的国家の分離は、この段階において最も十全に出現するし、その関係態様は、古代以来の社会と国家の関係の本来的に完成した形態である。こうした理解を含め、マルクスは、完成段階の近代、つまり世界史的に近代の最盛期にむかって躍動している一八四〇年代の同時代的な考察へ、理論的態勢を整えてゆく。

デカルト以来の合理主義とベーコンにはじまるイギリス経験論の二つの系譜の交流として概述されたフランス唯物論の歴史については、後論との関係上、ヘーゲルとベンサムに関する箇所に留目しておこう。「一八世紀のフランス啓蒙思想、ことにフランス唯物論のためにうちまかされた一七世紀の形而上学は、ドイツ哲学、ことに一九世紀のドイツ思弁哲学として、勝ち誇った、実質的な復興を体験した。ヘーゲルがそれを、天才的な仕方で、それ以後のあらゆる形而上学およびドイツ観念論と結合して、一つの形而上学的王国を建設し〔た〕[15]」。「〔フランス唯物論は〕エルヴェシウスがこの唯物論に着せた着物を着て、その母国であるイギリスにさまよい帰ってきた。ベンサムはエルヴェシウスの道義の説にもとづいて、彼の十分に理解された利害の体系を建設した[16]」。ヘーゲルとベンサムに言及されたこの二つの文を重ねると、イギリスに還流してきた一八世紀のフランス唯物論の掉尾を飾るベンサムとむしろそれをものりこえた一九世紀ドイツ観念論を完成したヘーゲルという哲学史的評価が浮かびでる。この哲学史に占める両者の位置は、そのまま政治理論史に転置されるであろうか？　これへの解答は、程なく『ドイツ・イデオロギー』のなかで示されよう。

さて、マルクスは、一八四五年にはいってすぐに、プロイセン政府の圧力をうけたフランス政府によってパリを追放され、ブリュッセルに移住するが、移動の直前、以下のごとき覚書を記すとともに、ダルムシュタットの出版業者レスケとのあいだに『政治学および国民経済学の批判』という二巻本の出版契約を交わす。『政治学および国民経済学の批判』は、「経済学・哲学草稿」の序文で言明された経済とそれに続く政治の批判の筆述計画を引き継ぐもので[17]、以下の覚書は、その政治学批判の部の梗概であろう。「（一）近代国家の成立史あるいはフランス革命。政治制度の思いあがり――古代国家との混同。市民社会にたいする革命家たちの関係。市民的制度と国家制度へのすべての要素の二重化。（二）人権の宣言と国家の憲法。個人的自由と公的権力。自由、平等および統一。人民主権。（三）国家と市民社会。（四）代議制国家と憲章。立憲代議制国家、それは民主主義的代議制国家。（五）権力の分割。立法権力と執行権力。（六）立法権力と諸々の立法団体。諸々の政治クラブ。（七）執行権力。中央集権と位階制。中央集権と政治的文明。連邦制度と産業主義。国家行政と自治体行政。（八の一）司法権力と法。（八の二）国籍と人民。（九の一）諸々の政党。（九の二）選挙権。国家と市民社会との揚棄のための闘争[18]」。

〝パリ・ブリュッセル・ノート〟[19]にあるこの覚書は、(一)と(二)のブルジョア革命期から(四)の七月王制期に至るブルジョア国家の歴史、(五)から(八)までのブルジョア国家の内部構造、そして(九)のブルジョア国家にたいする実践的態度、に大別できるが、明らかに、フランス国家を念頭におき、これまでになされてきたフランス政治史研究の総まとめとして案出されている。その項目の幾つかは、「ヘーゲル国法論批判」における政治的国家の内部体制論、「ユダヤ人問題によせて」における人権宣言の論評、『聖家族』におけるフランス政治史分析など、既に論述された論点の再構成の延長線上で考察されよう。

Marx Engels Werke では「市民社会と共産主義革命」と名づけられているが、一八四三―四四年のマルクスの国家論考を集成しているこの覚書を、われわれは、経済学研究が古典的な経済学の批判であるにたいし、古典政治学よりも国家そのもの、その歴史と構造に研究の軸を据えているという意味で〝国家批判プラン〟と呼ぼう。このプランは、無論、マルクスの国家論研究の初発的な産物である。[20]〝国家批判プラン〟を草した直後から、経済学研究の進捗にともない、マルクスの国家論考は新たな旋回を遂げてくるし、研究対象たるフランス国家についても、未完成のブルジョア国家から完成したブルジョア国家への推転、つまり産業革命という社会経済的な地殻変動に対応するブルジョア国家の構造的転換は、漸くはじまりかけているにすぎない。同じフランス国家に関する研究に限っても、客観的対象の成熟とともに、その歴史、構造、そして革命論的態度のすべての面で格段に発展したレベルでの分析が、一八五〇年代から遂行されてゆくのである。

『政治学および国民経済学の批判』について、出版契約から一年半経過した一八四六年八月の時点で、マルクスは、国民経済学批判を内容とする第一巻は既にほぼ出来あがっていたので程なく書き改め、その後にすぐ第二巻を続ける旨、レスケ宛に通知している。政治学批判の部は、その第二巻に編入する心積りであったのだろう。しかし、翌月にはレスケの側からの出版断念の連絡をうけ、この予定は実現されない。この間、マルクスは、一八四五年七月から八月にかけ、エンゲルスと一緒にイギリスを旅行している。その後は、『政治学および国民経済学の批判』の著述を後廻しにして、『ドイツ・イデオロギー』の執筆に取り掛る。こうした経緯で『政治学および国民経済学の批判』の原稿書きは遅滞したのだが、〝国家批判プラン〟を梗概とする政治学批判の巻は、結局は起稿化されたふしもなく完全なプラン倒れに終わる。それは、何故だろうか。外的事情はさしおき、問題は、この点の理論内在的原因にかかる。

マルクスにとって、最初のイギリス訪問は、経済学との第二回目の系統的な出合いをもたらす。旅行中の文献渉猟により未見の論域に次々に接し古典経済学の深遠さを改めて知ったマルクスは、自らの経済学批判が緒についたにすぎないことを痛感せしめられたに違いない。〝パリ・経済学ノート〟と「経済学・哲学草稿」の下準備はあっても、自己了解の線を越えて公刊しうる程の書を短日月にまとめあげるのは、容易ではなかったであろう。「私の著作の第一巻のほぼ書きあげられた原稿は既に長期間ここにありますので、もう一度文体も内容も書き改めないことには、印刷させないでしょう。いうまでもないことですが、勉強し続けている著述家が六ヶ月前に書いたものを六ヶ月後にそのままの語句で印刷させることはもうできません[21]」。先のレスケ宛の手紙のなかでの、かかる情況弁明は、この時期のマルクスの経済学研究の急成長ぶりを物語ってもいよう[22]。

国民経済学批判の部がそれでもパリ時代からの研究の発展的連続性を保ちうるのに比し、政治学批判の部は屈曲した影響を蒙る。〝国家批判プラン〟は、フランス国家考の理論的開示である。ところが、他方で経済学研究への沈潜過程は、同時に古典経済学と一体的な自由主義国家論に関する知見の浮上過程である。イギリス国家考によって自由主義的国家像に親しんでいるエンゲルスとの共同活動も、その傾向を促進するし、マルクスが訪れたイギリスの地では、ちょうど、経済的にも政治的にも自由主義の思想と運動が一大勢力を振るってもいた。こうして、マルクスの国家論研究は、フランス政治史の考察にもとづくそれに、自由主義国家論から引きだされるそれが加わって、双方の理論的調整を必要とするようになる。このように、われわれは推察する。

実際、イギリス旅行後、『政治学および国民経済学の批判』に優先して書かれる『ドイツ・イデオロギー』における国家論は、〝国家批判プラン〟とは異なった位相で展開される。フランス政治史研究にもとづく国家論考も、唯物史観としての国家観の理論的開示にあっては、その構成の一要素として止揚されているのである。その『ドイツ・イデオロギー』における国家論の検討のためには、だが、この時期までのエンゲルスの国家論考の発展過程を概観しておくことが必要である。

（1）マルクス＝エンゲルス『聖家族』、第二巻、一二七頁。こうした政治思想史的批評とは別に、ジャコバン独裁が果した政治史的意義について、後年のマルクスは論じている。「フランスでは、恐怖政治は、その強力な打撃によって封建制の廃墟をフランスの土地からいわば呪文で追いはらうのにだけ役立たなければならなかった。臆病で用心深いブルジョアジーは、何十年かかっても、この仕事を完成できなかったであろう。だから、民衆の血なまぐさい行動だけが、彼らの道を開いてやったのである」（「道徳的批判と批判的道徳」、第四巻、三五六頁）。「あのフランスの恐怖政治の全体は、ブルジョアジーの敵である絶対主義や封建制度や素町人をかたづける平民的なやり方に他ならなかった」（「ブルジョアジーと反革命」、第六巻、一〇三頁）。但し、これらの恐怖政治の論評においては、ジャコバン主義とサン・キュロット主義との区別はなされていない。

（2）同右、一二八頁。

（3）ルソー『社会契約論』におけるイギリス代議制への痛烈な批判――これはヘーゲルによるイギリス議会制批判として

も受け継がれている――とは反対に、ブルジョア革命後出現する自由主義派や純理派のイデオローグたちは、イギリスの議会政治にフランスの政治的進路を見る。ルソー国家論のマルクス主義的継承として重要なのは、『社会契約論』よりも『人間不平等起源論』であろう。

(4) マルクス＝エンゲルス『聖家族』、一二八頁。

(5) 同右、一二九頁。

(6) 同右、一一八頁。

(7) 同右、一二二頁。

(8) 同右。

(9) 同右、一二〇頁。

(10) 同右、一一九頁。

(11) 同右、一二〇頁。

(12) マルクス「ユダヤ人問題によせて」、第一巻、三九五頁。

(13) 同右。

(14) マルクス＝エンゲルス『聖家族』、一二一頁。

(15) 同右、一三〇頁。

(16) 同右、一三七頁。

(17) 「経済学・哲学草稿」の序文は、「経済学・哲学草稿」の第三草稿の途中に見いだされるもので、『政治学および国民経済学の批判』とかなりのつながりを有していよう。ちなみに、この序文は、MEGA., Abt. 1, Bd.2では、『政治学および国民経済学の批判』のそれとして扱われている。

(18) マルクス「市民社会と共産主義革命」、第三巻、五九六頁。

(19) 一八四四―四七年に作成されたこのノートも、『聖家族』から『ドイツ・イデオロギー』に至る過程のマルクスの理論的関心の対象と範域を窺い知る資料として貴重である。MEGA., Abt. 1, Bd. 3, SS. 547―550 の紹介を整理すれば、①、経済学の読書ノート。その著作のリストは、大体において、前の〝パリ・経済学ノート〟、および後の〝ブリュッセル・ノート〟のそれと重複する。②、「現象学のヘーゲル的構成」、「フォイエルバッハに関するテーゼ」の哲学上の要綱メモ。③、「市民社会と共産主義革命」、すなわちわれわれが言う〝国家批判プラン〟。④、ベンサム『議会改革問答』、同『高利弁護論』、ゴドウィン『人口研究』、ドルバック、エルヴェシウス、等の記名。⑤、モレリィ、マブリ、バブーフ、ブオナロッティ、フーリエ、サン・シモン、コンシデラン『社会の運命』、オーエン、等の記名、にわたる。

(20) この覚書について、トレッキー『マルクス＝エンゲルス国家論』(新興出版社、一九五四年)は、『ドイツ・イデオロギー』での国家論と一体的に扱い、それが著述されるに至らなかった理由を探るのではなく、「もしもマルクスがこの草案を実行に移したとしたならば、ブルジョア国家にたいして全面的な批判的分析を加えたであろうし、またその当時のマルクスが到達した国家一般に関する結論が体系的に述べられたであろうような、優れた理論的労作が生みだされたであろうことは疑いのない」(八六頁)と想像する。柴田高好『マルクス国家論入門』(現代評論社、一九七三年)は、この覚書を、ヘーゲル国家論批判の一所産と捉えつつ、「マルクスにおける政治学批判の原型」(六二頁)にまで固定化する。また、滝村隆一『マルクス主義国家論』(三一書房、一九七一年)も、この覚書について、青年ヘーゲル派批判に関するものとし、爾後のマルクスの国家論述は「基本的にはこのプランにしたがって遂行された」(一六四頁)と評する。これらの見解は、いずれも的はずれである。今後のマルクスの国家論研究は、この覚書にそって展開されるのでもないし、マルクスの国家論的到達は、『資本論』を書いた後に、一八四三―四五年当時の研究を復元する姿で描かれるのでもない。

(21) マルクスからレスケへ、一八四六年八月一日付けの手紙、第二七巻、三八七頁。

(22) イギリス旅行をはさんで一八四五年二月から一八四六年に書き溜められる〝ブリュッセル・ノート〟は、基本的に経済学ノートである。このノートに抜き書きされた諸文献――マルクス『経済学ノート』、一九七―二一一頁を参照――の一覧によっても、マルクスの経済学研究の一段の充実が確かめられよう。

二　エンゲルスのイギリス国家考

若きエンゲルスの新しい世界観創成の軌跡を、国家論に照準をあわせながら、一八四二年一一月、二二歳のエンゲルスが、父親が経営する紡績会社に勤務すべく、マンチェスターに赴く時点から辿ることにしよう。イギリスに渡ってすぐ、エンゲルスは、イギリス印象記ともいうべき簡単な五篇の通信記事を、『ライン新聞』に送る。折しも、産業革命完成直後のイギリスでは、旧来の土地貴族にたいする新興の、だが経済的には既に圧倒的な支配力を誇る産業資本家階級の穀物法撤廃運動が大々的に繰り広げられていたし、他方では、この両支配階級にたいする労働者階級の「人民憲章」を掲げた闘争も最大の昂揚期を迎えており、この二重的な階級闘争の激化はまた、ウイッグ党、トーリ党、更にはマンチェスター派などの急進派、それにチャーティストの三つ巴、四つ巴の党派的な分裂抗争となって現出していた。これら眼前の公然たる諸階級と諸党派のあいだの対抗の諸事実についてのエンゲルスの最初の批評は、エンゲルスがそれまでに培ってきた思想的、理論的な傾向と水準を窺い知ることができる点でかえって興味をひく。

エンゲルスは、一面で、（半）封建的なイギリスという、ドイツに通有のイギリス観を披瀝する。「イギリスのような国、その政治上の孤立性と自足性とのために大陸にくらべて、結局は数世紀遅れている国家、自由とはただ気ままであるとのみとり、すっぽり中世にはまりこんでいる国家……封建主義がこんなに不断の力で存続し、事実のうえだけでなく世論のうちにもそのまま残っている国がいったいどこにあろうか？」[1]。だからまた、現在の党派間の対立においてはトーリ党を「まったく中世的な徹底した反動党な政党」[2]と評するし、自由貿易の時代に達しているイギリスの工業的発展、その世界市場に君臨する地位についての無理解を表明する。「禁止関税制度が廃止されただけで、イギリスはたちまちこれらの〔ドイツとフランスの〕商品の洪水にあい、これによってイギリスの工業は致命的な打撃をうけるであろう」[3]。つまるところ、エンゲルスも未だ、フランス革命を中心にもっぱら政治的な部面で近代史を考察し、物質的利害関係を卑しいものとして扱うドイツ的な史観の痕跡をとどめている。「いわゆる物質的利害は、歴史のうえではけっして自立した指導的目的として現われることはできず、常に、あるいは無意識的にあるいは意識的に、歴史進歩の糸を導く原理に奉仕するということは、ドイツでは自明なことだが、頑迷なイギリス人には呑みこませにくい事柄である」[4]。

しかし、他面では、「イギリスでは革命がおこりうるであろうか? またはおこりそうだろうか?」[5]、これを最たる関心にして、「イギリスの社会的・政治的福祉の人為的全構築がその上に立っている脆弱な土台」[6]に着目している。一年程後に明らかにされる共産主義考によれば、エンゲルスは、一八四二年秋、つまりイギリス来住の直前に、モーゼス・ヘスの感化をうけて、「政治的改革では不十分で……共有制にもとづく社会的革命」[7]を唱える共産主義の思想をとるようになったという。そして、この共産主義の立場から、労働者階級に浸透しているものの合法的な方法にとらわれているチャーティスト運動の線上でではなく、全般的な失業と飢餓の破局のなかからプロレタリアが現存の諸関係を暴力的に変革する仕方で、イギリスの社会革命は不可避である、と結論的に主張する。「イギリスでおこることのすべての場合のように、主義ではなく利害関係がこの革命の口火を切り、これをやりとげるであろう。利害関係からはじめて主義が発展しうるのだ。すなわち、革命は、政治革命ではなく、社会革命であるだろう」[8]。

このように〝半封建的なイギリス〟の確認にもかかわらず社会革命を断言するという、自己矛盾的な理論的傾向を内に残して、エンゲルスのイギリスの現状認識ははじまる。以降、産業社会の典型的な栄光と悲惨が万面開化している、この資本主義的な最先進国のただなかにあって、エンゲルスは、その生きた実状の見聞を重ね観察を深めて、あるいはチャーティスト運動や社会主義運動と交流し経済学の諸文献を研究して、近代史についての本質的理解に達し、イギリスについての先入観を一掃するとともに、共産主義についての早熟な観念をも新たに発展させてゆく。

半年程を経て、第二次のイギリス報告にあたる「ロンドンだより」では、エンゲルスは、政治的な諸党派の対立をその基盤たる社会諸階級の分裂から説明している。「イギリスでは、政党と社会層および社会階級とは一致している。つまり、トーリ党は貴族および信心にこりかたまった、公教会の厳密な正統派と同一であり、ウイッグ党は工場主や商人や非国教徒、大体において上層の中間階級からなり、下層の中間階級はいわゆる『急進派』をなし、最後にチャーティズムはその勢力を労働者、プロレタリアのなかにもっている。社会主義はけっして封鎖的な政党をなしているのではなく、全体として下層の中間階級とプロレタリアから成りたっている(9)」。更に、このなかのチャーティズムと社会主義を取りあげて、文献的知識に依存した観想的なドイツの共産主義——共産主義思想のドイツへの移植に貢献したロレンツ・フォン・シュタイン『現代フランスの社会主義と共産主義』について、エンゲルスは今では、「気のぬけたみじめな書物(10)」と評する——とは異なり、社会的な嵐にもまれ労働者大衆のなかに根づいているチャーティストやオーエン派の実践運動の様子に多大の注意を払っている。

これから更に半年後には、エンゲルスは、オーエン派およびチャーティストの機関誌・紙に「大陸における社会改革の進展」を寄稿して、自らの共産主義考を明らかにする。「財産の共有制を基礎として社会的諸関係を徹底的に変革する(11)」共産主義は、「いずれかの国民の特殊な境遇からの帰結ではなくて、近代文明の一般的事実のなかにある前提から、ひきだされぬわけにはいかない、一つの必然的な帰結なのだ」[12]。エンゲルスは、このように摑んで、サン・シモン、フーリエ、バブーフ、カベー、プルードン、それにヴァイトリング、青年ヘーゲル派の人々など、フランスとドイツの多彩な社会主義、共産主義の教説を批判的に紹介しながら、イギリス、フランス、ドイツそれぞれの共産主義思想の起源の相違を、次のようにまとめている。「イギリス人は、彼ら自身の国における悲惨と退廃と貧窮との急速な増大によって、実際的にこの結論に達した。フランス人は、はじめに政治的な自由と平等を求め、そしてこれが不十分であることを知ると、彼らの政治的要求に社会的自由および社会的平等をつけくわえるというようにして政治的にこの結論に達し、ドイツ人は、第一原理にもとづいて推理することによって哲学的に共産主義者になった」[13]。

このうちで、ドイツの「哲学的共産主義」[14]は、ヴァイトリング派の労働者的共産主義とは別に、「新ヘーゲル哲学の極めて必然的な帰結」[15]として共産主義に辿り着いた系流であるが、この共産主義者としてエンゲルスが挙げている人々のなかで、共和主義をとったルーゲはもとより、マルクスも未だ既定の共産主義にたいして反対しているので、この時点ではヘスとエンゲルスがこれに該当するにとどまろう。そして、ドイツの哲学的共産主義の生まれであるとはいえ、「学者共産主義者」[16]とは育ちを異にするエンゲルスは、イギリス社会主義への親近を表明する。「われわれは、われわれの基本的諸原理を人間の知識のあらゆる部分を包括する一つの哲学体系〔たるヘーゲル哲学〕から受けとったのだから、それらの原理はわれわれに〔イギリスの場合よりも〕広い基礎を与えているけれども、しかし、実践に関連し、社会の現状の諸事実に関連するすべてのことにおいて、われわれは、イギリスの社会主義者たちがわれわれよりもずっと先に進んでいて、ほとんど何も仕残したものはないということを知っている」[17]。ドイツ的原理・思索とイギリス的事実・実践の綜合統一、これが、エンゲルス固有の共産主義の思想的輪郭をかたちづくる。

続いて、エンゲルスは、ルーゲとマルクスの編集になる『独仏年誌』に「国民経済学批判大綱」を掲載する。イギリスでの国民経済上の論争の焦点になっているスミスの自由貿易論やマルサスの人口論に着目することから経済学の諸文献批判を進めたエンゲルスは、この論稿で、商業的な致富学として生まれてきた国民経済学を私的所有の経済学として批判的に分析し、現存する社会的諸悪を私的所有の必然的な諸結果として解明する。「経済学上のルッターであるアダム・スミス[18]」に代表される自由主義経済学は、諸々の経済法則を展開した功績を有しているが、私的所有の正当性を疑うことはなかった。だが、私的所有の支配によって、各人は細分化されたアトムとして孤立し、土地所有者、資本家、労働者は万人の万人にたいする敵対的な競争関係におちいり、ひいては商業恐慌や失業など、「関与者の無意識に立脚する自然法則[19]」が破壊的に荒れ狂う状態が生じる。そこではまた、「公的関係は私的所有のために存在しているにすぎない[20]」。

『独仏年誌』をかざった今一つの論文「イギリスの状態　トマス・カーライル『過去と現在』」は、「イギリスの状態　一八世紀」、「イギリスの状態　国家構造」とあわせて、一八四四年初めに連続的に執筆される。このイギリス三部作の第一論文で、ありあまる富のなかでの極貧、窮民の暴動、働かざる地主貴族の栄華、拝金主義にはまりこんだ産業家、更には公然たる買収選挙と国会寄席、等々を鋭く告発したカーライル[21]の著書の批評をつうじ、類例のない諸矛盾が堆積している現今のイギリスの実態を描きだしたエンゲルスは、第二論文において、この社会的諸害悪や政治的欺瞞に満ちあふれた現状の歴史的根拠を、彼自らが適格にも「産業革命[22]」と造語して呼ぶ、一八世紀後半から進行してきた産業の革命的変革のうちに究明し、その具体的な様相、経過と諸結果について詳しく分析する。更に、第三論文では、一八三二年の第一次選挙法改正以後も土地貴族や工場主、商人などの有産者階級の手中に独占されている国家の内部構造について、また出版、集会、結社の自由などの個人的な諸権利の階級的性格について解明する。この一連の論文を通観して、イギリスの経済ないし社会、国家、学問にわたる包括的な研究の成果を摘録しよう。

まず、イギリス産業革命の世界史的な意義の省察である。「イギリスは、前世紀の中頃以来、他のどんな国よりも大きな変革をこうむったのである。――この変革が静かにおこなわれればおこなわれただけ、その結果は一層豊かなものとなった。だから、この変革は、恐らくはフランスの政治革命やドイツの哲学革命よりも先に、実践上でその目標を達するだろうと思われる。イギリスの革命は、社会革命である。……社会革命こそ真の革命であって、政治革命も哲学革命も必ずここに通じるのである」[23]。社会革命としての産業革命は、ドイツの「哲学革命」はもとよりフランスの「政治革命」よりも、近代史において巨大な意味を有する「より普遍的な革命」[24]であり、フランスやドイツも今後の発展において必然的に経過すべきところのものである。こうした認識が、「哲学革命」や「政治革命」を基準にして近代の歴史を把握するドイツ歴史哲学やフランス啓蒙主義の歴史観の否定的克服を含意することは、言うまでもないだろう。他面では、勿論、半封建的というイギリス観は一変しており、イギリスは、経済的、社会的に、またそうすることによって政治的にも、近代の最先進国として位置づけられる。「社会関係の点では、イギリスは確かに他のすべての国々にはるかに先んじている」[25]。のみならず、「イギリスが、北アメリカも含めた全世界で最も自由な国、つまり不自由さが最も少ない国だということは、いなみがたい」[26]。もっとも、後に痛烈に暴露されるように、その自由とは富者の特権にすぎないのだが。

これに随伴して、エンゲルスは、イギリスがつとに経験していたブルジョア革命についても反省し、当時においてあるいは無視され、あるいは伝統ある国制にたいする悪逆な謀叛として見下げられていたピューリタン革命の先駆的な意義を、恐らくはウィリアム・ゴドウィンのイギリス革命史研究から、発掘する。以下の記述には、但し、革命の諸党派の類比に誤りを含んでいる。「一七世紀のイギリス革命は、そのまま一七八九年のフランス革命の手本であった。フランスで憲法制定議会、立法議会、国民公会として現われた三つの段階は、『長期議会』においてもたやすく区別できる。立憲君主制から民主制へ、軍事専制へ、王制復古へ、そして中道革命への推移は、イギリスでもはっきりときわだって現われている。クロムウェルはロベスピエールとナポレオンを一人で兼ねており、ジロンド党、山岳党、エベール派ならびにバブーフ派に対応するものは、それぞれ長老派、独立派、平等派である」[27]。

ところで、「近代イギリスのすべての諸関係の基礎であり、社会的運動全体の推進力」[28]である産業革命は、その一つの結果として私的所有、商品を人間生活の支配力たらしめ、「政治的要因がしだいに社会的要因によって克服され、社会的要因に奉仕させられている」[29]状態をつくりだしたが、科学や学問の歴史にはいかなる影響をもたらしたか。一八世紀の学問を特徴づけていた百科全書の思想、ないし自然法理論は、諸科学を連関させたが、それらを並置したにすぎなかった。産業革命の始期におけるスミスの『国富論』は、国民経済学上の革命であるとともに、新しい学問体系への門出をも画した。「所有の支配は、必然的に、まず第一に国家にその鋒先をむけて、これを解体させるか、それとも――国家なしではやはりやっていけないので――空洞化するかしなければならなかった。アダム・スミスが、産業革命と同じときに、この空洞化の仕事をはじめた。……彼は、政治や政党や宗教や、あらゆるものを経済的カテゴリーに還元し、そうすることで、所有を国家の本質と認め、致富を国家の目的と認めた」[30]。スミスに続いてゴドウィンがエンゲルスにより取り上げられているが[31]、産業革命の成熟期にあってスミス以来の理論的傾向を極点にまで発展させたのは、ベンサムである。「ベンサムは、同時代の国民的傾向に一致して、個別的利益を普遍的利益の基礎とし、とりわけ後年彼の門弟ミルによって展開された命題、人類愛は達識の利己主義に他ならない、という命題のうちで、個別的利益と普遍的利益の同一性を承認し、『公益』を最大多数の最大幸福ととりかえ、こうして、こ握するのである。

したがって、エンゲルスは、産業革命以来の歴史の趨勢の考察にもとづき、スミス、ベンサムの功利主義の社会・国家観を受け継いで、国家の原理をなしているのは究極的に私的所有であるとの見方に立つ。「一体イギリスを統治しているのは誰なのか？——統治しているのは所有である(33)」。土地貴族と資本家階級による寡頭支配は、財産による選挙、被選挙資格の制限に明瞭なように、「所有の暴政(34)」に他ならない。そして、こうした観点から、議会の優越のもとに君主制的要素や内閣が有機的に編制された国家権力の機構的構造の現状を、細部にわたって描写するが、これについては、第四章に廻して別の角度から取り扱うことにする。

ここでは、他に、イギリスの将来にかかる独自の民主主義とその民主主義を過渡にした国家そのものの消滅についての洞見を挙げておかねばなるまい。フランス革命で宣言された自由と平等が偽善にすぎなかっただけではなく、より発展した状態にあるイギリス人の自由な諸権利もその一つ一つが有産者の特権的な性格を刻みこまれている。エンゲルスは、このようなブルジョア民主主義の階級性と擬制性を超えた異質の民主主義を、チャーティスト運動など、現に推進されている労働者階級の独自な民主主義のための闘争に学んで、現存の国家をのりこえる政治的進路として推考する。「イギリスの間近い将来は、民主主義であろう。だが、なんという民主主義であろう！　それは、君主制と封建制とに対立したフランス革命の民主主義ではなくて、中間階級と所有とに対立するような民主主義である。……イギリスにおける貴族制にたいする民主主義の闘いは、富者にたいする貧者の闘いである。イギリスが指向している民主主義は、社会的民主主義である(35)」。

これによって、「国家としての国家は没落㊱」する。だが、この民主主義は、国家そのものを廃棄する社会主義への不可避的な経過段階である。「この段階も一つの過渡にすぎず、この過渡はなお試みるべき最後の純政治的な手段であって、そこからは、ただちに一つの新しい要素が、あらゆる政治的事物をのりこえた一原理が、発展してくるにちがいない。この原理とは、社会主義の原理である㊲」。

このイギリスの新しい未来を切り開く主体として、エンゲルスは、労働者階級を明確に定立する。「イギリス国民のうちで大陸に知られていない部分だけが、すなわち労働者、イギリスの賤民、貧民だけが、いかにも粗野で堕落しているにもかかわらず、真に尊敬に値する。イギリスを救う力は、彼らのうちからでてくる。今後陶冶されるべき素材は、彼らのうちにある㊳」。イギリスの死活問題は、労働者階級の終局的運命の問題に他ならないのである。

最後に、「国民経済学批判大綱」以来、フォイエルバッハ唯物論、直接には『哲学改革のための暫定的命題』の影響が現われてくるが、エンゲルスは、共産主義の立場においてフォイエルバッハ人間学を受けいれる。「純人間的・一般的な基礎から出発する見地㊴」、「社会主義者は、人間一般でなければならない㊵」、「人類の自由な自己結合㊶」、等のように、フォイエルバッハの人間学を摂取して、共産主義思想を哲学的にも基礎づけるのである。青年ヘーゲル派に属したもののヘーゲル法哲学への内在とそれからの脱却のための苦闘をさほど経ていないエンゲルスにとって、フォイエルバッハの哲学的影響はより直接的である。しかしまた、エンゲルスにとっては、哲学的思惟が占める比重はそれほど大きくない。「歴史はわれわれにとっては唯一にしてすべてであり、歴史を高く評価する点では、これまでの他のどんな哲学的流派も、ヘーゲルでさえも、われわれの右に立つものではない。ヘーゲルにとっては、歴史は、結局、彼の理論的計算問題にたいする検算の役を果たすべきものにすぎなかった㊷」。現実の歴史の実証的、科学的な分析的研究が、エンゲルスの思想、理論形成の発展軸をなしているのである。

かくして、イギリス滞在一ヵ年に前後した「大陸における社会改革の進展」からイギリス三部作に至る共産主義論、経済学、それにイギリス現状分析論にかかる基本論点において、エンゲルスは、新しい世界観の骨格を築きあげる。そして、この後、一八四四年夏、ドイツへの帰途にパリに立ち寄って、マルクスとのあいだに理論的見解の全面的な合致を発見して、今後の共同活動を約しあうのである。

ヴッパータールに帰ったエンゲルスは、『聖家族』の分担箇所を執筆する一方、共産主義運動に参加し、共産主義に関する二、三の小論を記すが、翌年三月にブリュッセルに移ってマルクスと合流する前に、『イギリスにおける労働者階級の状態』を書きあげる。産業革命の最も重要な結果として誕生し、その窮乏と貧困、非人間的な生活によって国民的な意義どころか世界史的な意義を体現しているイギリスの労働者階級の状態を、入手できるかぎりの文書を利用しながら全面的に叙述し、もって社会主義の正当性を事実によって証明しようとした、この労作については、しかし、以下のような記述に、スミス、ベンサム流の自由主義国家論の批判的継承を確認するにとどめて、『ドイツ・イデオロギー』における国家論の討究へと進もう。「ブルジョアジーは、その所有と自分の意のままになる国家権力をつうじて発揮できるいっさいの力を駆使して、自分の利益を守っている(43)」。「需要と供給、欲求と提供、supply and demand これらは、イギリス人の論理が全人間生活を判断するさいの公式である。……自由競争は、なに一つ制限を、なに一つ国家の監督を欲しない。国家全体が自由競争にとっては重荷なのであり、自由競争はまったくの無国家状態において最も完全なものとなるであろう。この状態においては……各人は思うぞんぶん他の人々を搾取することができるのである。しかし、ブルジョアジーは、自分にとって自由競争と同じように必要なプロレタリアートを抑圧するためだけでも、国家がなくては困るから、そこで彼らは、国家をプロレタリアートの方にさしむけて、自分からはできるだけ遠ざけておこうとするのである(44)」。

(1)エンゲルス「国内危機」、第一巻、四九七―四九八頁。
(2)エンゲルス「政党の立場」、第一巻、五〇二頁。
(3)エンゲルス「国内危機」、四九九頁。
(4)同右、四九七頁。
(5)同右。
(6)エンゲルス「国内危機についてのイギリス人の見方」、第一巻、四九五頁。
(7)エンゲルス「大陸における社会改革の進展」、第一巻、五三七頁。
(8)エンゲルス「国内危機」、五〇一頁。
(9)エンゲルス「ロンドンだより」、第一巻、五〇九頁。
(10)同右、五一九頁。
(11)エンゲルス「大陸における社会改革の進展」、五二三頁。
(12)同右。
(13)同右。
(14)同右、五三八頁。
(15)同右。
(16)エンゲルス「大陸の運動」、第一巻、五四二頁。
(17)エンゲルス「大陸における社会改革の進展」、五三九頁。
(18)エンゲルス「国民経済学批判大綱」、第一巻、五四七頁。
(19)同右、五五九頁。

(20) 同右、五四七頁。

(21) カーライルの著論は、後年のマルクス＝エンゲルス『共産党宣言』のなかでは、「なかば哀歌で、なかばは風刺、なかばは過去の余韻で、なかばは未来への威嚇であり、ときには辛辣で機智に富んだ、刺すような批評でブルジョアジーの肺腑をつくこともあるが、近代史の進路を理解する能力を欠いている」「封建的社会主義」（第四巻、四九六頁）の部類として批評される。

(22) エンゲルス「イギリスの状態　一八世紀」、第一巻、六一七頁。

(23) 同右、六〇四頁。

(24) 同右、六〇六頁。

(25) エンゲルス「イギリスの状態　トマス・カーライル『過去と現在』」、第一巻、六〇三頁。

(26) エンゲルス「イギリスの状態　イギリスの国家構造」、第一巻、六二四頁。

(27) エンゲルス「イギリスの状態　一八世紀」、六〇八頁。

(28) 同右、六二〇頁。

(29) 同右、六〇九頁。

(30) 同右、六二一頁。

(31) 「ウィリアム・ゴドウィン（『政治的正義』、一七九三年）が共和制の政治制度を根拠づけ、またJ・ベンサムと同じころに功利の原理……をうちたて、国家は害悪なり、というその命題によって、国家の本質そのものに攻撃を加えた」（「イギリスの状態　一八世紀」、六二一頁）。「最近の二人の偉大な実際的哲学者であるベンサムとゴドウィン、特にゴドウィンは……プロレタリアートのほとんど独占的な財産である」（『イギリスにおける労働者階級の状態』、第二巻、四七五頁）。ゴドウィンについての、こうしたエンゲルスの批評は、批判的に捉えなおされるべきものであろう。「僕がこの本〔ゴドウィン『政治的正義』〕を抜き書きしたのは、ずっと以前の、僕がまだ非常にものを知らなかったときのことで、いずれにせよもう一度よく読んでみなければならない。だから、この本のなかに僕が当時見いだした以上のものがひそんでいるということも、ないとは言えない」（エンゲルスからマルクスへ、一八四五年三月一七日付けの手紙、第二七巻、二五頁）。

(32) エンゲルス「イギリスの状態　一八世紀」、六二一頁。

(33) エンゲルス「イギリスの状態　イギリスの国家構造」、六三三頁。
(34) 同右。
(35) 同右、六四九頁。
(36) エンゲルス「イギリスの状態　一八世紀」、六一一頁。
(37) エンゲルス「イギリスの状態　イギリスの国家構造」、六四九頁。
(38) エンゲルス「イギリスの状態　トマス・カーライル『過去と現在』」、五七二頁。
(39) エンゲルス「国民経済学批判大綱」、五四五頁。
(40) エンゲルス「イギリスの状態　トマス・カーライル『過去と現在』」、六〇二頁。
(41) エンゲルス「イギリスの状態　一八世紀」、六一一頁。
(42) エンゲルス「イギリスの状態　トマス・カーライル『過去と現在』」、五九八―五九九頁。
(43) エンゲルス『イギリスにおける労働者階級の状態』、四四七頁。
(44) 同右、五一一―五一二頁。

三　『ドイツ・イデオロギー』における国家論

未完に終わった大作、『ドイツ・イデオロギー』において、マルクスとエンゲルスは、ヘーゲル哲学大系のみならずフォイエルバッハの直観的唯物論にも批判の鋒先をむけて、彼らがそのなかから生まれ育ってきたドイツ哲学の覚識を決算し、実践的唯物論に立脚した革命的な世界観をうちたてる。この『ドイツ・イデオロギー』に関し、多方面にわたって開示される世界観上の諸論題のなかから、われわれは、唯物史観の一部をかたちづくる国家観、唯物史観としての国家観に範囲を絞って検討する。

マルクスとエンゲルスの持分を明記しない共著たる『ドイツ・イデオロギー』については、最近年、唯物史観の形成にあたっての両人の理論的寄与如何をめぐり、注目に価する問題の提起と解決が試みられてきた[1]。われわれは、それらの達成に学びつつ、『ドイツ・イデオロギー』における国家論の持分問題を取りあげ、唯物史観の形成の地点でのマルクス主義の創始者たちの国家論上の協力関係の解明を試みる。この持分問題の国家論的アプローチは、また、諸説が乱れている初期マルクスの国家論の軌跡と到達水位を見定めるのにも、新たな照明を投じるであろう。

最初に、第一章「フォイエルバッハ」のなかから、エンゲルス筆跡の基底稿の欄外にマルクスが加えた比較的に長文の注記や覚書を挙げて、持分の争われる余地のないマルクスの国家論考を捉えよう。

その一として、基底稿の第一ブロック（新版の第一章Ⅱ）において、社会的分業の結果、特殊利益と共同利益との矛盾にもとづいて、国家が共同利益の幻想的な姿態として自立すると論じはじめられる箇所に、マルクスは、以下のように注記している。「諸個人は、ただ彼らの特殊な besonder 利益、彼らにとって、彼らの共同の gemeinschaftlich 利益とは一致しない利益のみを追求するからこそ、〈またおよそその普遍的なもの Allgemein というのは、共同性の幻想的な形態 illusorische Form der Gemeinschaftlichkeit であるからこそ、〉その普遍的なものは、彼らにとって《疎遠な》、彼らから《独立な》もの、それ自体再び特殊な、独自な《普遍》利益とみなされるのである。あるいは民主制の場合のように、諸個人自身、この分裂のうちで動かざるをえない。それだから他面では、共同の、および共同と幻想される利益にたいして、たえず実際上対立して現われる諸特殊利益の実践的闘争は、国家という幻想上の《普遍》利益による実践的介入と制御を必要としている」[2]。〈〉内はエンゲルスによる加筆[3]であるが、新MEGAの試作本ではこの加筆は、Marx Engels Archivでの扱い[4]と同じように、基底稿間に移されている。その場合、われわれが傍円を附した「その普遍的なものは」は「その共同の利益は」ととることが可能になり、論旨は整合的で明晰になる。漸次明らかにするように、持分問題からすれば、エンゲルスの挿入句はマルクスの論考にしたがう性格のものである。

その二は、基底稿の第二ブロック（新版第一章Ⅲ）にあるマルクスの注記である。「（普遍性にかなうものは、㈠、身分にたいする階級、㈡、競争、世界交通等、㈢、支配階級に属する人数の大量性、㈣、共同の利益の幻想——ことの始まりにおいては、この幻想は真実であった、㈤、イデオローグたちの虚偽観念と分業、である）[5]」。

その三としては、基底稿の第三ブロック（新版第一章Ⅳ）の末尾に、マルクスの手になる覚書がある。三つに分かれるが、初めから二つの関連部を引こう。「分業の科学への影響。国家、法、道徳等における抑圧の役割。法律において、ブルジョアは、まさに階級として支配するがゆえに、自己に普遍的表現を与えねばならない[6]」。「なぜイデオローグたちは、すべてを逆立ちさせるか。……法律家、政治家（為政者一般）、道徳家、宗教家。一つの階級内での、このようなイデオロギー的小区分について、㈠分業による職業の自立化。各人は、自分がたずさわる仕事を真実なものとみなす。彼らは、彼らの仕事と現実とのつながりについて幻想をいだくが、それは、じつは当の仕事の性質そのものによってひきおこされるものであるだけに、それだけいっそう必然的な幻想である。諸関係が、法律学、政治学、等々のなかで——意識のなかで——諸概念となるのである[7]」。

マルクスは、近代に即位し[8]、精神的生産の見地から[9]、いわゆる上部構造の全体を視野に収める方法的構えで、論点を摘示している。その国家論脈は、およそ、特殊利益と共同利益との分裂——階級としての支配——支配階級内部での分業によるイデオローグたち——幻想上の普遍利益としての国家——法律による普遍性の表現、といった論理的連繋において辿られよう。この理論系は、後述のように、ドイツで支配的な国家論の唯物論的転倒の所産であり、その眼目は、国家の共同性が擬制的なそれにすぎない点の剔出にある。

これと同系の国家に関する論述は、「フォイエルバッハ」章の基底稿、その第三ブロックにも存在する。近代市民社会のうえに築かれている似非共同体的結合に共産主義的な諸個人の真の共同社会的連合が比定される節では——実はマックス・シュティルナー批判を内意して——、こう関説される。「従来の共同体〈の代用物〉〈Surrogat der〉Gemeinschaft すなわち国家等においては、人格的自由は、支配階級の生活諸関係のうちでそだった諸個人にとってのみ、そしてまさに、彼らがこの階級に属する諸個人であったかぎりにおいてのみ、存在したにすぎない。いままで諸個人がそこへ結集していた擬制的共同体 scheinbare Gemeinschaft は、いつでも彼らから離反して、彼らに対立していた。しかも同時に、それはある階級の他の階級にたいする団結であったから、被支配階級にとっては、それはただたんにまったくの幻想的共同体 illusorische Gemeinschaft であったばかりでなく、一つの新しい桎梏でもあった[10]」。〈〉内はエンゲルスの追記[11]である。これに続く節では、エンゲルスが追補[12]した一文中で、「諸個人にたいして自立化したものとみえる擬制的共同体[13]」と規定されている。

簡単に言って幻想的な共同体としての国家、以後第一のそれと呼ぶことにするこの理論系を、われわれは、その前提となっている分業や階級等の理解いかんから相対的に区別し、エンゲルスによる筆記の場合にも、マルクスの国家論考、ないしマルクスの考案にしたがってエンゲルスとの共有になった国家論考と判断する。形成史的に顧みても、人倫的共同体というヘーゲルのそれをはじめとするドイツの国家論の超克こそ、その独自な思想的、理論的自己形成の道を歩きはじめて以来のマルクスの国家論上の主題に他ならなかったからである。

一八四三—四四年のパリにおいて、マルクスが、ドイツ哲学、イギリス経済学、フランス社会主義というわゆる三つの源泉を構造的に連関づけて創造的に継承しマルクス主義の根幹部をかたちづくる過程は、国家論固有の観点からすれば、それらの構成部分の累層的な形成を媒介契機として、ヘーゲルの国家論にたいする唯物論的批判を徹底しそれをのりこえる行程であった。ここでは、マルクスによる第一の国家論系の予備を直様に現わす記述を二つ示そう。「ヘーゲル国法論批判」のなかで、マルクスは、『法の哲学』第二七〇節の「国家の目的が普遍的利益そのものであり、政治的国家体制の実体としてのこの普遍的利益のうちには特殊的利益も保持されている」[14]という行に関して、「普遍的利益とそのなかでの特殊的諸利益の保持、これがすなわち国家目的」[15]と解釈し、また、第二九一節の評注では統治に従事する「普遍的身分」について、「偽りの普遍性、幻想的な普遍性Pseudo-allgemein, illusorisch-allgemein しかもたない身分」[16]と喝破する。更に、「パリ・経済学ノート」のリカード評注のある行で、マルクスは言う。「国民経済学は、特殊利益と共同利益との対立から出発し、この対立にもかかわらず特殊利益は普遍的なもの Allgemeinheit であると主張する」[17]。

その後、マルクスは「フォイエルバッハに関するテーゼ」を草するが、『ドイツ・イデオロギー』における国家論考が、第一章の批判対象であるフォイエルバッハの克服をも内意することは言うまでもない。フォイエルバッハの国家観は、哲学上、宗教論上の基本的対立にもかかわらず、ヘーゲルのそれの圏内に納まる。「単独な個人は、人間の本質を、道徳的存在としての自分のうちにも、思考する存在としての自分のうちにも、もたない。人間の本質はただ、共同体 Gemeinschaft のうちに、すなわち、人間の人間との統一のうちにのみ含まれている」[18]。

これに、シュティルナーの国家論の批判が新しく加わる。マルクスには、シュティルナー『唯一者とその所有』への反論の必要性に追われている事情がある。『ドイツ・イデオロギー』第三章「聖マックス」は、その書への全面的な、冗長とさえ言えるほどの論駁からなるが、われわれが先に「幻想的共同体」等の規定を拾いあげた「フォイエルバッハ」章の基底稿の第三ブロックは、その第二ブロックとともに、「聖マックス」章から転入されたと見なされている。『唯一者とその所有』は、ヘーゲルの徒の理論的一掃という口上にもかかわらず、ヘーゲル理論の焼きなおしの一面を有し、それは国家観に著しい。「我々は、連帯して、互いに他者のうちなる人間を守るのだ。このとき、我々は、連帯のうちに必要な保護を見出し、我々連帯するもののうちに、人間の尊厳を知り『人間』として連帯する一つの共同体 Gemeinschaft を見出すのだ。我々の連帯は国家であり、我々連帯する者はすなわち国民なのだ。国民あるいは国家としての我々の共同性のなかで、我々は人間であるにすぎない。……我々の公的生活もしくは国家生活こそが、一の純粋に人間的な生活なのだ[19]」。

直接にはフォイエルバッハ、シュティルナーの、通時的にはヘーゲルの、まさしくドイツで繁茂しているイデオロギーとしての国家論の唯物論的転倒として導きだされる第一の国家論系は、市民社会の経済学的分析を前提にして、特殊・共同・普遍に関するヘーゲルの論理[20]を批判的に適用しつつ、ドイツ的な国家イデオロギーを国家そのものの幻想的な共同性に発するものとして論じかえす点に成立する。

ところで、エンゲルスはイギリスの自由主義的な国家の現状と理論の批判的考察を主題にした国家論研究を進めてきており、第一の国家論系に関する論及を欠いている。特徴的な記述を明らかにしよう。「国民経済学批判大綱」のなかで、「すべてを所有することが各個人の利益であるが、各人が平等に所有することが社会の利益である。こうして一般的利益と個人的利益 allgemeines und individuelles Interesse とは、真正面から対立する[21]」。「イギリスの状態　一八世紀」で、「彼〔ベンサム〕は、諸対立の克服に真剣にとりくまず、主語を述語に、全体を部分に従属させ、こうして万事を逆立ちさせている。彼は、はじめには、一般的利益と個別的利益 allgemeines und einzelnes Interesse とは分離できないと言いながら、あとでは一面的にまったくの個別的利益を固執している」[22]。これらは、フォイエルバッハ哲学の適用によるスミスやベンサムの功利説、その個人的利益と社会全体の利益の調和の論理にたいする批判であり、マルクスが常用して『ドイツ・イデオロギー』において整形される、特殊利益と共同利益との分裂にもとづいて共同利益は普遍的なものとして押し立てられるという国家に関する論点とは、問題の構制においても用語においても差異する。

　こうしたことから、最初に引用したマルクスの欄外注記が加えられた基底稿の箇所は、次のように論じはじめられていたが、国家論にかかわるかぎり、マルクスの論考を受けたものと考えられる。「まさにこの特殊利益と共同利益との矛盾から、共同の利益は国家として、現実的な、個別的でありまた総体的である利益 Einzel-und Gesamtinteresse から切りはなされた自立した姿をとる。同時にそれは、幻想のうえでだけ共同性の姿をとる」[23]。また、この文中の「個別的でありまた総体的である利益」という語句とこの一文の直前にある「分業と同時に、各個人あるいは各家族の利益 das Interesse des einzelnen Individuums oder einzelnen Familie と、相互に交通しあうすべての諸個人の共同の利益とのあいだの矛盾が生ずる」[24]という表現とに注意するならば、この一連の箇所は、マルクスとエンゲルスそれぞれの論理が切磋琢磨されつつ、なお、微妙なずれを残している部面のように思われる[25]。

　第一の国家論系がマルクスの持分だとすれば、その論述はエンゲルス筆跡の基底稿や追記にも見られるのだから、『ドイツ・イデオロギー』の下書き以前および途中に、両者のあいだで理論上の同一性を緊密化する作業が相応になされたと逆推される。また、持分問題の究明には、筆跡やパラグラフごとにふりわけるだけでなく、同一の筆跡やパラグラフであっても、分業、家族、私的所有、階級、国家等々の各論題ごとに、前後縦横に働く多眼的視角からアプローチすべきことになる。

『ドイツ・イデオロギー』には、前述の国家論系とは異なるもう一つの国家論系が存在する。その第二の論考の持分を判別しつつ二つの国家に関する論理の結びつきを捉えるには、第三章「聖マックス」に眼を転じて、シュティルナー批判が細やかに繰り広げられるなかにまとめられている国家論にかかわる記述を扱っておくのが適当である。この章は、一部ワイデマイヤーを除きエンゲルスの筆記になるが、第二章「聖ブルーノ」とともに、マルクスによる増補・修正を経た清書稿であり、持分が判定できなくとも両者が共有するに至った国家論上の地平をおよそ確かめることができる。㈠、ドイツの現状分析、㈡、国家・法律についての唯物論的見解、㈢、功利主義理論についての論説、この三つの題目がこの章から取り出されよう。

第一の題目たるドイツの現状の分析はワイデマイヤーの筆跡であるが、エンゲルスがほぼ同じ時期に「ドイツの状態」で類似の論述をおこなっており、それが下地になっていると思われる。まず注目されるのは、ドイツ市民階級の歴史の概述にあたって、フランスのブルジョア革命とイギリスの産業革命が及ぼす二重の外圧に触れている点である。「フランスのブルジョアジーは、これまでの歴史では最も巨大な革命によって支配者に躍進しそしてヨーロッパ大陸を征服した。また、既に政治的に解放されていたイギリスのブルジョアジーは、産業を革命し、インドを政治的に服従させ、他の全世界を商業的に服従させた」[26]。マルクスの場合にも、フランス革命と並んでイギリス産業革命の世界史的な意義が認識されてくるのである。二つの革命の影響が重なりあう環境下のドイツの歴史的現状のスケッチのなかでは、発展の遅れた市民階級の無力と沈滞、その地方的偏屈、その階級的利害の四分五裂などの政治的結果として、絶対主義国家の久しき滞留が述べられ、それとともに、かのドイツの国家論はこの歴史的現実から発生するところのイデオロギーとして捉えかえされる。長文にわたるが、引用しておこう。「とてつもなく不具にされた、なかば家父長的な形態でここにあらわれた絶対王制の時期のあいだに、分業によって公的利害の管理にあたることになった特殊な領域が一つの変則的な独立性を得……この独立性は近代的官僚制においてなお一層おしすすめられた。国家は、こうして見かけは自立的な一つの権力にまで構成されたのであって、他の諸国では過渡的でしかないこの地位――過渡段階――を、ドイツでは今日に至るまで保持している。国家のこうした地位から説明されるものとしては……ドイツで流布している国家についてのあらゆる幻想や、またこの国で理論家たちが市民にたいしてもっている見せかけの独立性……がある[27]」。

これに関連して、「聖マックスにとっては、ブルジョアが公民の真実であるのではなく、公民がブルジョアの真実なのである[28]」というシュティルナー批判の行がある。このシュティルナーの見解は、マルクス自身が一時期体現しつつ脱却してきたそれでもあるが[29]、今では、国家公民を目的視する見識は、「ドイツ的であると同じく神聖でもある見解[30]」とされ、まさしくドイツ的なイデオロギーとして一蹴される。

第二の題目は、意志を法の土台とするシュティルナーに力を法の基礎とするマキァヴェリ、ボーダン、ホッブズなどの近代ヨーロッパ理論家たちを対比しつつ、後者の見方を継承する形で提示される。「諸個人の単なる『意志』にはけっして依存していない彼らの物質的な生活、交互に制約しあう彼らの生産様式と交通形態、これこそ国家の実在的な土台であ〔る〕……。これらの諸関係のもとで支配している諸個人は、彼らの力が国家として制定されなければならないということは別としても、これら一定の諸関係によって制約された彼らの意志に、国家意志、法律としての、一般的な表現を与えなければならない[31]」。ここでは、意志としての法(権利)に社会はよって立つとするシュティルナーの観念論的な社会・国家観の批判的転倒として、諸個人の支配は同時に「一つの平均的支配[32]」としてうちたてられなければならず、物質的に支配している諸個人の共同の生活諸条件にもとづく意志を、国家をとおして、万人に通用するものとして普遍化したのが、法律に他ならない、このように強調されるのである。

第三の功利主義理論についての論説は、上の二つの題目に関する論述の基準としての意味をもつとともに、マルクスとエンゲルスそれぞれのスミスやベンサムに連関した研究を前提に有しており、両人が共有に達する過程が確かめられた題目である。この論説を、われわれは三つの論点に再編して敷衍的に解釈する。

まず、その経済的、政治的背景と結びついた功利主義理論の歴史的、階級的性格に留目しよう。功利主義理論は、ドイツとは違って順調な発達をとげているブルジョアジー、なかんずくイギリスのそれの理論である。「この理論がホッブズおよびロックとともに生まれでたのは、第一および第二のイギリス革命、つまりブルジョアジーが政治権力を略取した最初の進撃と同時であった[33]」。ホッブズとロックにより創始された理論は、大陸に渡り、台頭しつつあるフランスのブルジョアジーの進歩的な哲学的理論になる。「エルヴェシウスとドルバックのもとではこの学説の一つの理想化が見出されるが、これは革命前のフランス・ブルジョアジーの反対派的立場とまったく照応している[34]」。ここまでは、「闘争しているまだ未発展なブルジョアジーに対応[35]」しているが、「支配している発展したブルジョアジーに対応している[36]」のが、ベンサムの功利主義理論である。「ここではフランス革命と大工業の発展のあとで、ブルジョアジーは、もはや一つの階級としてではなく、自己の諸条件が全社会の条件であるような階級として登場する[37]」。このように、功利主義理論は、ブルジョアジーの前進と歩調をともにし、その発達の諸段階に一致して発展をとげる。

次に、功利主義理論の内容面に立入る。「功利説の本来の科学は経済学[38]」である。その経済学は、「ホッブズ、ロック、ヒュームのような普遍的教養のある人々[39]」のもとでは「百科全書的知識の一部分[40]」にすぎない。自然法理論のなかで功利主義理論は誕生するが、この時代には、経済学は一方では哲学と他方では他の社会諸科学と未分化に統一されている。〝功利〟も〝自然〟のモメントとして包摂されている。エルヴェシウスとドルバックの学説は、「実証的内容を奪われた普遍性[41]」を特色にしており、それが等閑に付した経済的内容は、同じ時代の重農学派によって展開される。「経済学は、重農学派によって初めて一つの特別な学問に高められ[42]」る。ところで、経済学の独立は、同時に諸科学の個別的独立、科学と哲学との分化をもたらす。「経済学は、特殊な専門科学として、爾余の、政治的、法律的等々の諸関係が経済的関係に還元されたかぎりにおいて、それらの関係を自分のなかに取り入れた。しかしそれは、すべての諸関係をこのように自分のもとに包摂することを、これらの諸関係の一面にすぎないと考えたし、したがって他の点では、それらの諸関係に経済とは別な、ある独立な意義をもたせたままであった[43]」。その典型は、スミスの学問的世界であろう。そこでは、『道徳感情論』、『法学講義』、『国富論』が位層的に独立する。スミスは自然法理論の形をとどめるが、社会＝国家契約論はヒューム以来既に否定されており、自然法理論の実質的解体に踏みだしている。〝自然〟は〝功利〟に世俗化されている。次の段階では、いっさいの諸関係は〝功利〟に従属させられる。「現実に存在するすべての関係を功利関係のもとに完全に包摂し、この功利関係を爾余のすべての諸関係の唯一の内容にまで高めること、これはわれわれがベンサムにおいて初めて見出すところである[44]」。ベンサムとその学派は、スミスにより与えられていた経済学的前提を仕上げ、経済的関係に規定された道徳的、政治的、法律的等の諸関係を経験科学的に理論化して、功利主義の社会諸科学体系を階統連関において編成する。自然法理論は公然と否定され、ホッブズ、ロック以来豊かに培われてきたものが経済学を基軸とした社会諸科学として全面的に開花する。

最後は、功利主義理論の学問的意義に関する。それは「少なくとも、あらゆる現存の諸関係と社会の経済的基礎との連関を指示するという長所をもっていた[45]」。功利主義理論は、発達してゆくブルジョアジーの立場から現実の世界を批判にかけて社会的諸事実をあらわにするが、更に進んでは全社会の利益を一身に担う国民的階級に高まったブルジョアジーの存在条件を論理構成する。「功利説はもともと初めから公益説の性格をもっていた。けれどもこの性格が初めて内容豊かなものになったのは、経済的諸関係、特に分業と交換をとりいれることによってである〔スミス〕。分業において個々人の私的活動は公益的となる。ベンサムの公益性はひっきょう、一般に競争において実現される公益性と同じものに帰着する。地代、利潤、労賃の経済的諸関係をひきいれることによって、個々の階級の一定の利用関係がはいりこんできた〔リカード〕。……ここまでは功利説は一定の社会的諸事実とそりが合っていた[46]」。しかし、ブルジョアジーの利益を代弁する功利主義理論による実相の描出は、ブルジョアジーの前進を妨げる諸関係だけを批判するという制限された視野にとどまる。ブルジョアジーとその存在諸条件が十分な発達をとげると、それは次第に批判的性格を失い現存状態の単なる弁護論に転落してゆく。ベンサムから後は、多かれ少なかれそうである。

ところで、以上のような論説におけるベンサム功利主義理論の発達したブルジョアジーの理論としての位置づけと他面でのヘーゲル国家論のドイツ絶対主義国家のイデオロギーとしての把握に示されるように、ヘーゲル『精神現象学』における「有用性」＝ベンサム的なイギリス功利主義の原理、「絶対的自由」＝ルソー的なフランス革命の原理、「道徳的精神」＝ヘーゲル的なドイツの君主制国家という精神の発展の序列づけは、『ドイツ・イデオロギー』では完全に転倒される。そうした『ドイツ・イデオロギー』の到達水位を理解するのにも、功利主義理論についての細論は、要点をなす。実際にまた、ここでの功利主義理論についての理論史的評価が、以後のマルクスの経済学批判の基準となるとともに、政治学批判の基準ともなるのである。

われわれが言う第二の国家論系は執筆過程上の連関を有する「フォイエルバッハ」章の第三ブロックと「聖マックス」章に述べられている。代表的な記述を示そう。「資本は、共同体所有物というういっさいの外観をぬぎすて、私的所有の発展への国家のどのような干渉もすべて排除した、純粋な私的所有である。この現代の私的所有に対応するのが、現代の国家であり、この国家は、税をつうじて徐々に私的所有者たちによって買いとられ、国債制度をつうじて完全に彼らの手のうちにおちこみ、その国家の存立が取引所での国債証券のあがりさがりのなかで、私的所有者たち、すなわちブルジョアジーによって国家に与えられる商業信用にまったく牛耳られるようになっている。ブルジョアジーは、もはや身分ではなくて一つの階級なのであるから、もはや局地的にではなく、国民的規模で自己を組織せざるをえず、彼らの平均的利害に一つの普遍的形式を与えざるをえない。私的所有が共同体から解放されることによって、国家は市民社会の外に、市民社会とならんで立つ独自な存在となった。しかしながら、国家とは、ブルジョアが、外へむかっても内へむかっても、彼らの所有と利益とを相互に保証しあうために〈必要とした〉組織形態に他ならない。……最近のフランス、イギリス、アメリカの文筆家たちは、口をそろえて、国家は私的所有のためだけに存在するという見解を述べている[47]」(〈〉内は、エンゲルスの追記[48])。「ブルジョアは国家というものにおいて彼らの所有の擁護を組織した[49]」。「ブルジョアは、彼らの私的利益に干渉することを国家に許さないのであって、彼ら自身の安全と競争の維持とに必要なだけの力をしか国家に与えない[50]」。

第一のそれとの共通の論項を省けば、私的所有——私的所有を擁護する組織としての国家——租税や国債をつうじてのブルジョアジーによる国家の掌握——自由放任政策、が主な環節をなすこの国家論系は、明らかに、イギリスで最も隆盛している自由主義国家論の継承に立っている。マルクスもエンゲルスも共産主義とそのもとでの国家の揚棄について論じてきているから、ブルジョア国家を必要悪としてであれ永遠視する点を却け、それが私的所有を守るために組織されその市民社会にたいする活動はリーストであるという考察の点で、自由主義国家論を解体的に摂取するのである。両人が経済学の中心と見なしているスミスの『国富論』は、所有の不平等から発生し貧者の攻撃から富者を保護するために存立する国家について論じる。「高価あるいは広大な財産の獲得は、必然的に、市民政府の樹立を要求する」[51]。「市民政府は、それが財産の安全のために設立されるかぎり、じっさいは金持を貧乏人にたいして防衛するために、あるいは、いくらかの財産をもつ人々をまったくなにももたない人々にたいして防衛するために、設立されるのである」[52]。

マルクスとエンゲルスの国家論上の持分が異なるとすれば、第一のそれとは展相が相違する第二の国家論考を、エンゲルスのそれ、ないしエンゲルスのイニシアティブによるマルクスとの共有分とわれわれは判断する。その理由は、基本的に、『ドイツ・イデオロギー』の共同著述にかかるまでのエンゲルスの国家論研究の特質にある。エンゲルスは、一八四二―四四年にイギリスに滞在し、この世界に先がけて産業革命を達成したばかりの資本主義的に最も発展した国の経済的発達、階級分化と階級闘争、社会的貧窮の赤裸々な実状を実見し、またチャーティスト運動やオーエンの社会主義に接して、マルクスに先行して経済学を研究し共産主義を受け入れている。したがって、ブルジョア国家に関する認識も、イギリスの現状や理論を題材に、自由主義国家論を批判的に継承してきたからである。

この国家論系を、しかし、両人のまったくの共有分と考えることもできる。その開始時点はエンゲルスに遅れたにせよ、マルクスもまた、急速に経済学研究を推し進め自由主義国家論にも精通するに至っているし、爾後のマルクスとエンゲルスの国家論述の発展的展開を、初期マルクス主義を締めくくる位置にある『共産党宣言』まで辿って、その新たな地平から逆に評定するならば、第二の国家論系についてのマルクスの共有度は、相対的に高くなるからである。この『共産党宣言』における国家論考までの概観は、次節で明らかにする。

ともあれ、『ドイツ・イデオロギー』における国家の論理をめぐっては、イギリス国家とその理論の研究以上に射程を延ばした論議を開陳してきていないエンゲルスに比し、ヘーゲル国家論批判に出立して近代フランス国家史からイギリスの自由主義国家論にまで研究を行き渡らせてきているマルクスの方が、はるかに豊饒な理論圏を体得しているのは確かである。

最後に、相互の学問的研鑽を練り合わせて『ドイツ・イデオロギー』を著述したマルクスとエンゲルスが共有しあう国家論の水準は、いかに評さるべきだろうか。従前の国家論研究の総決算としてそこに展示された二系列の国家論は、一つはヘーゲル以下のドイツの国家論の建設的批判の、他の一つはスミス、ベンサムに代表される自由主義国家論の否定的継承の、成果である。だが、前者も古典経済学批判を基礎に有しているから、二つの国家論系は、経済学研究において基底的に連なり、市民社会論のレベルでは交互に滲透しあっている。市民社会論に基礎づけられ、他方では共産主義論に措定された唯物史観としての国家観の素因形での、だがそれゆえにかえってその導出の批判的素材と理論的意想の豊かな相での提示、これが、『ドイツ・イデオロギー』の国家論の性格であろう。そして、この原質を更に研磨するという課題を、特にマルクスに残すものと言うことができよう。

（1）広松渉『マルクス主義の成立過程』（至誠堂、一九六八年）、同『エンゲルス論』（盛田書店、一九六八年）第六章。望月清司『マルクス歴史理論の研究』（岩波書店、一九七三年）第三章。これらについての全面的な批評は別の機会に俟たなければならないが、本節では、国家論という限定的な領域で、それらにたいする異説を提示する。

（2）マルクス＝エンゲルス『ドイツ・イデオロギー』、『ドイツ・イデオロギー新版』（合同新書、一九六六年）、六六―六七頁。

（3）MEGA., Abt. 1, Bd. 5, S. 572

（4）Marx Engels Archiv., Bd. 1, S. 250

(5) マルクス＝エンゲルス『ドイツ・イデオロギー』、一〇三頁。
(6) 同右、一七〇頁。
(7) 同右、一七一頁。
(8) 特殊利益と共同利益の分裂、そして共同利益の幻想的な共同体としての自立という論法自体、階級としての支配がなされ、市民社会と国家が分離している近代的事象に則って立案されている。
(9)「フォイエルバッハ」章の基底稿第三ブロックでは、こう述べられている。「支配階級を構成する諸個人は、他のいろいろなものとともに意識をもち、だから思考する。それゆえ、彼らが階級として支配し、一歴史時代の全範囲を規定するかぎり……思考する者、思想の生産者というあり方でも支配し、彼らの時代の思想の生産と分配を規制するのである」(九六頁)。支配階級による思想の生産と精神的支配に関するこの一節は、マルクスの論脈に合致する。なお、「物質的生産力に応じて社会的諸関係を生産する人間は、更にまた、諸観念、諸カテゴリーをも、すなわち、この社会的諸関係そのものの抽象的観念諸表現をも生産する」(マルクスからアネンコフへ、一八四六年一二月二八日付けの手紙、第四巻、五七〇頁)。
(10) マルクス＝エンゲルス『ドイツ・イデオロギー』、一三七―一三八頁。
(11) MEGA., Abt. 1, Bb. 5, S. 581
(12) A. a. O., S. 582
(13) マルクス＝エンゲルス『ドイツ・イデオロギー』、一四九頁。
(14) ヘーゲル『法の哲学』第二七〇節『世界の名著　ヘーゲル』、四九八頁。
(15) マルクス「ヘーゲル国法論批判」、第一巻、二四八頁。
(16) 同右、二八七頁。
(17) マルクス『経済学ノート』、六四頁。
(18) フォイエルバッハ『将来の哲学の根本命題』(岩波文庫、一九六七年)、九四頁。
(19) シュティルナー『唯一者とその所有』(現代思潮社、一九六七年)、上巻、一三一頁。
(20)「概念というとき、人々は普通、抽象的な普遍をのみ考えている。したがってまた、人々は普通、概念を普遍的な表象と定義している。かくして、人々は、色、植物、動物等々の概念について語り、そしてそれらの概念がどうしてつくられるかといえば、色、植物、動物等々は様様であって各々はその特殊性 Besonderheit によって互いに異なっているのであるが、この特殊性を除去し、それから共通なもの Gemeinschaftlich を固持することによってつくられる、と考えている。……しかし、概念の普遍 Allgemein は、それにたいして特殊が独立の存在をもっている共通なものとは違う。それは、自ら特殊化するものであり、他者のうちにありながらも曇りない姿で自分自身のもとにとどまっているものである。認識にとっても実践にとっても、単に共通なものを真の普遍と混同しないことが大切である。」(ヘーゲル『小論理学』、岩波文庫、一九五一―五二年、下巻、一二八頁)。

(21) エンゲルス「国民経済学批判大綱」、五五七頁。

(22) エンゲルス「イギリスの状態 一八世紀」、六二一頁。

(23) マルクス＝エンゲルス『ドイツ・イデオロギー』、六五頁。

(24) 同右。

(25) 望月清司「『ドイツ・イデオロギー』における二つの共同利害論」(平瀬己之吉編『経済学 歴史と現代』、時潮社、一九七四年)は、マルクスとエンゲルスとの共同利害論の相違を視軸に、この一連の箇所の論述を検討し、エンゲルスの共同利害が支配階級の特殊利害であるのにたいし、マルクスのそれは歴史貫通的な諸個人の共同利害であるという解釈から、国家の論理をも裁断する。しかし、該当箇所の主題である国家論を、そこに適用されている特殊・共同・普遍の弁証法的論理との関係でそれとして捉えるならば、エンゲルスに共同利害を特殊利害に解消させ、マルクスには逆に共同利害を特殊利害から切断させたりする詮索は生まれないであろう。

(26) マルクス＝エンゲルス『ドイツ・イデオロギー』、第三巻、一八八頁。

(27) 同右、一九〇頁。

(28) 同右、一九二頁。

(29) 本書第一章一―二節参照。

(30) マルクス＝エンゲルス『ドイツ・イデオロギー』、第三巻、一九二頁。

(31) 同右、三四六―三四七頁。

(32) 同右、三四七頁。

(33) 同右、四四一―四四二頁。

(34) 同右、四四二頁。
(35) 同右、四四五頁。
(36) 同右。
(37) 同右。
(38) 同右、四四二頁。
(39) 同右、四四五頁。
(40) 同右。
(41) 同右、四四四頁。
(42) 同右。
(43) 同右。
(44) 同右。
(45) 同右、四四六—四四七頁。
(46) 同右、四四六頁。
(47) 同右、『ドイツ・イデオロギー新版』、一六五—一六六頁。
(48) MEGA., Abt. 1, Bd. 5, S. 583
(49) マルクス＝エンゲルス『ドイツ・イデオロギー』、第三巻、三七九—三八〇頁。
(50) 同右、三七九頁。
(51) スミス『国富論』『世界の大思想　社会・宗教・科学思想篇3』（河出書房新社、一九六一年）、下巻、一六五頁。
(52) 同右、一六九頁。

四　唯物史観としての国家観の展開

『ドイツ・イデオロギー』以降、形成された唯物史観に立脚して、マルクスは、経済学に、またそれにもとづく革命論に理論的研究を集中する。『哲学の貧困』から『共産党宣言』へとつらぬかれるマルクスの研究主題は、『ドイツ・イデオロギー』で論示された生産諸力と交通形態の矛盾と共産主義革命とを結んで経済学的に発展させた線、すなわち、近代的な生産諸力と生産諸関係の矛盾、その発現としての恐慌、そして階級闘争とその爆発点たる革命、これらの連関構造の経済学的ならびに革命論的な解明である。この近代市民社会の新しい高次の社会への移行の必然性の経済学的論証と革命論的予測とにはさまれて、この期間のマルクスの国家論説は存立する。国家論は、経済学と革命論にたいして、いわばサブ・テーマ化する。

〝パリ・経済学ノート〟以来の蓄積に踏まえて経済学上の重要な諸点をプルードンへの論争として初めて科学的に示す『哲学の貧困』の刊行は、マルクスが、今や、市民社会を解剖する経済学を基礎科学に据えたことを意味する。一八四七年のこの著書で、経済学批判を主題としリカード経済学を古典経済学の最高の体系として扱いはじめる影響として、マルクスは、近代社会の経済的編成の科学的研究が帰着する諸階級論に連接し、プロレタリアートの共産主義革命による新しい社会の展望に結合して、国家に関説する。政治学批判のレベルでは、古典経済学に付随する自由主義国家論の解体的摂取の進捗である。「労働者階級は、その発展の過程において、諸階級とその敵対関係を排除する一つの共同社会をもって、古い市民社会に置き換えるであろう。そして、本来の意味での政治権力はもはや存在しないであろう。なぜなら、まさに政治権力こそ、市民社会における敵対関係の公式の要約だからである。そうなるまでは、プロレタリアートとブルジョアジーのあいだの敵対関係は、階級対階級の闘争であって、この闘争がその最高表現に達するとき、それは全面的革命となる」[1]。

マルクスの国家論考の理論史的源泉の自由主義国家論への傾斜は、「道徳的批判と批判的道徳」に明瞭に現われている。「今日のブルジョア的所有関係は、ブルジョアジーがその所有関係を守るために組織した国家権力によって『維持』されている」[2]。マルクスは、〝安価な政府〟の視点を借用した君主制批判も述べる。「君主制は、他のすべての国民形態と同じように、物質的側面からすれば、直接にはただ租税の形でだけ労働者階級に重荷をかけている。租税は、経済的に表現された国家の定在である。……君主制は莫大な費用がかかる。これは疑うべくもない」[3]。少し後になれば、ドイツ三月革命の渦中で、マルクスはエンゲルスとともに、イギリスのブルジョアジーの歴史的経験に学んだ納税拒否闘争を組織するが、これをめぐって、次のようにも説明する。「商工業が発展するにつれて、国王たちはますます多額の金を必要とするようになりました。だが、それにつれて第三身分、すなわち市民身分もますます発展していき、ますます多額の資金を動かすようになったのです。それにつれて、彼らは租税を手段としてますます多くの自由を国王たちから買いとりました。これらの自由を確保するために、彼らは、その貨幣給付を一定の期限で更新する権利を保留したのです。――これが、租税の承認・拒否権なのです」[4]。

他方、エンゲルスは、時局評論を主にしており、国家に関するさしたる論述を残さない。ただ、ヨーロッパ諸国の時局に関する諸論評のなかで、一八三〇年七月革命以来、「フランスの統治が大金融貴族、つまり大ブルジョアジーの掌中」[5]に移り、「イギリスの中間階級も、〔一八三二年の〕選挙法改正法案によって同じくこの目的を達した」[6]というように、およそ一八三〇年代にはいるとともにフランスやイギリスでは、資本家階級が、その経済的支配力を基礎にして、政治権力をも掌握する時代に達したという認識を示している点に留目しておけばよいだろう。この期間の主著にあたる一八四七年の『共産主義の原理』においても、ブルジョア国家の構造を簡単に特徴づけるにとどまっている。「〔ブルジョアジーは〕社会のなかで第一階級に成りあがったように、政治的形態においてもまた自ら第一階級たることを宣言した。彼らは、代議制の採用によってこれをなしとげたのだが、代議制というのは、法律の前でのブルジョア的平等、すなわち自由競争の法律的承認にもとづくのであって、ヨーロッパ諸国では立憲君主制の形で採用された。この立憲君主制のもとでは、一定の資本をもった者、したがってブルジョアだけが選挙権をもっており、これらのブルジョア選挙人が代議士を選び、これらのブルジョア代議士が納税拒否の権利を使ってブルジョア政府を選ぶのである(7)」。

さて、『共産党宣言』は、国際的な共産主義組織の綱領的文書として、一八四八年の諸革命の直前に発表された、マルクスとエンゲルスの共著である。この著論では、「これまでのすべての社会の歴史は、階級闘争の歴史である(8)」という劈頭の有名な定言に象徴される階級闘争論的記述を基調に、国家は、階級関係、階級闘争、階級支配に密着して考察される。相異なる諸階級の存在を解剖したスミスや、特にリカード、それに加えて、諸階級相互間の闘争として近代史を叙述したティエリやギゾーなど、これらイギリスの古典的な経済学やフランスの立憲王制期の歴史学の功績を統一的に継承する(9)地盤のうえで、国家に関してもまた立論されるのである。二つの論述を拾いだそう。

ブルジョアジーは中世都市の城外市民に胎生して、地理上の諸発見の時代に商業の繁栄をもたらし、次いでマニュファクチュアに代わる機械制の大工業を出現させ、全地球上を市場として開発してきたが、その、経済的発展段階におうじたブルジョアジーの政治的発展行程について、簡略に述べられている。「彼らは、封建領主の支配のもとでは抑圧された身分であり、コミューンにあっては武装した、自治権をもつ組合であり、あるところでは独立の都市共和国をつくり、あるところでは君主国のなかで納税義務を負う第三身分となっていた。次いでマニュファクチュア時代には、身分的君主国または絶対君主国において貴族にたいする平衡力であり、一般に大君主国の主要な基礎であった。そして遂に、大工業と世界市場とがつくりだされてからは、近代の代議制国家において独占的な支配を闘いとった。近代の国家権力は、ブルジョア階級全体の共同事務を処理する委員会にすぎない[10]」。このなかで、『共産主義の原理』においてはもっと明確であったのだが、大工業を誕生させた産業革命の結果としてブルジョア国家が成立したように記述されている。これは、「だいたい、ブルジョアジーの経済的発展についてはイギリスを、その政治的発展についてはフランスを、典型的な国として取りあげている[11]」という、近代の経済史と政治史とについての接木的な理解がなされていることによろう。

他方、ブルジョアジーの支配を打ち倒してプロレタリアートが樹立する国家とその国家の死滅について、「労働者革命の第一歩は、プロレタリアートを支配階級の地位に高めること、民主主義を闘いとることである。プロレタリアートは、その政治的支配を利用して、ブルジョアジーから次々にいっさいの資本を奪いとり、いっさいの生産用具を国家の手に、すなわち支配階級として組織されたプロレタリアートの手に集中し、生産諸力の量をできるだけ急速に増大させるであろう。……発展が進むなかで階級差別が消滅し、共同社会をつくった諸個人の手に全生産が集中されたとき、公的権力はその政治的性格を失う。本来の意味の政治権力は、他の階級を抑圧するための一階級の組織された暴力である[12]」。民主主義が新しく台頭してきたプロレタリアートのブルジョア的な寡頭支配国家にたいする変革理念を代言していた時代を背景に、エンゲルスが「イギリスの状態　イギリスの国家構造」において推考した労働者階級の独自な民主主義のための闘いは、ここでは、革命論的に、プロレタリアートを支配階級に高め、組織するというように論じられ、やがてマルクスの『フランスにおける階級闘争』においてプロレタリアートの独裁として概念的に表現される。また、国家権力は社会における諸階級の敵対の公的表明であるから、諸階級と階級対立の揚棄をつうじてのみ国家権力も揚棄されるという、マルクス『哲学の貧困』の理論的規定が、一段と整理され明確にされる。『共産党宣言』においても、周期的な恐慌となって現われる近代的生産諸力とブルジョア的生産諸関係の矛盾の激化、そしてその生産力の主体的要素をなすプロレタリアートの階級闘争の発展のうちに革命の必然性が論じられ、この恐慌――階級闘争――革命の構図のなかにブルジョア国家に関する分析は独自の環節としては位置づけられていないが、その国家に関する立論上の核心的な問題は、上の引用文中に存在する二通りの簡潔な命題の関連性にある。すなわち、第一に、「近代の国家権力は、ブルジョア階級全体の共同事務を処理する委員会にすぎない」。第二に、「本来の意味の政治権力は、他の階級を抑圧するための一階級の組織された暴力である」。

この国家についての二通りの命題は、『ドイツ・イデオロギー』における二つの国家論系の、古典経済学ならびにフランス歴史学の摂取を媒介とした発展的継承としての意義を有する。第一の命題に関して、『ドイツ・イデオロギー』での第一の国家論系において明らかにされた国家の幻想的共同性が、そのイデオロギー性の客観的基礎に視点を移して規定されている。[13]「ブルジョア階級全体の共同事務」は、かの「特殊利益」と「共同利益」とを経済学的考察にもとづいて統一した表現として理解されよう。つまり、すべての社会が存立するかぎり生じるその社会の共同利益をモメントとして包摂したブルジョア階級の利益である。したがってまた、階級と階級対立の消滅の後には、「国家は単なる生産管理機関に転化する」[14]ということが認められてくる。この第一の命題は、経済構造にたいする国家の反作用の観点から、後のマルクスの経済学批判体系プランでは、「国家形態でのブルジョア社会の総括」[15]というように規定される。第二の命題に関しては、『ドイツ・イデオロギー』での第二の国家論系を受け継いで、スミスの国家論には所有の擁護とともに含まれていた富者の防衛という論点が引きだされて再構成される。

この二つの命題をつうじて、国家の必要性が、したがってまた国家の目的や任務が、二大方面から解明されている。ブルジョア階級（経済的に支配する階級）の共同利益の遂行とプロレタリアート（経済的に支配される階級）にたいする抑圧である。これらの要因や側面の統一として、国家の発生を、また国家の機能を理解すること、これは、初期のマルクス、エンゲルスの国家論上の一応の到達点でもある。

『共産党宣言』における国家論の諸命題の持分は、いかに考えるべきであろうか？『ドイツ・イデオロギー』以降の研究過程、特殊には『共産党宣言』の草稿でもある『共産主義の原理』における国家論的確言の欠如からして、マルクスによる論定が推測される。

本章で見てきたマルクス、エンゲルスの理論的展開の後景では、マニュファクチュアに代わる機械制大工業による生産が発達して周期的に恐慌が勃発する時代、〝万人にたいする万人の闘争〟状態に代わってブルジョアジーとプロレタリアートの階級戦闘が著しくなっている時代、政治上では議会改革が最たる争点になっている時代が進展し、近代史の水準はまさにその成熟期に達せんとしていた。各国で次第に高まってくる労働者階級の闘争や社会主義運動のなかで、ブリュッセル在のマルクス、エンゲルスも理論的前進に努めるとともに、創造した理論の物質化を図って実践活動にのりだしていた。そして、彼らが共産主義者同盟の設立活動の一環として『共産党宣言』を著わしたとき、ヨーロッパ大陸は一八四八年の諸革命の前夜であった。

(1)マルクス『哲学の貧困』、第四巻、一九〇頁。
(2)マルクス「道徳的批判と批判的道徳」、第四巻、三五五頁。
(3)同右、三六五頁。
(4)マルクス「ライン民主党地区委員会にたいする訴訟」、第六巻、二五一頁。
(5)エンゲルス「フランスにおける政府と反対派」、第四巻、二六頁。
(6)エンゲルス「ドイツの状態」、第三巻、六〇七頁。
(7)エンゲルス『共産主義の原理』、第四巻、三八六頁。
(8)マルクス＝エンゲルス『共産党宣言』、第四巻、四七五頁。
(9)マルクスからワイデマイヤーへの、一八五二年三月五日付けの手紙でこの事情が述べられる。「僕について言えば、近代社会における諸階級の存在を発見したのも、諸階級相互間の闘争を発見したのも、別に僕の功績ではない。ブルジョア歴史家たちが僕よりずっと前に、この階級闘争の歴史的発展を叙述したし、ブルジョア経済学者たちは、その経済的解剖学を叙述していた」(第二八巻、四〇七頁)。
(10)マルクス＝エンゲルス『共産党宣言』、四七七頁。
(11)エンゲルス「『共産党宣言』一八八八年英語版への注」、第四巻、四七八頁。晩年のエンゲルスには、著名な命題がある。「フランスは、歴史上の階級闘争が常に他のどの国よりも徹底的に、決着まで闘いぬかれた国であり、したがってまた、次々と交替する政治的諸形態……が最も明確な輪郭をとってきた国である。中世には封建制度の中心であり、ルネサンスこのかた統一的な身分制君主制の模範であったフランスは、大革命で封建制度を粉砕し、ヨーロッパの他のどの国にも見られないほど典型的な形で、ブルジョアジーの純粋な支配をうちたてた。そして、支配の地位についたブルジョアジーにたいする台頭しつつあるプロレタリアートの闘争も、ここでは、他では見られなかった鋭い形をとって現われている」(「カール・マルクスの著作『ルイ・ボナパルトのブリュメール一八日』第三版への序文」、第二一巻、二五四頁)。一八四六年になってから、エンゲルスのフランスの現状や歴史について分析した論文が現われるが、それとともに、エンゲルスは、フランスのそれをブルジョア国家の典型と見なすようになる。例えば、「ブルジョア国家の古典的な創造物は、フランスの代議制国家である」(「ドイツの現状」、第四巻、四三頁)。

（12）マルクス＝エンゲルス『共産党宣言』、四九五頁。
（13）『ドイツ・イデオロギー』にも、次のような論述が見られた。「国家は、支配階級に属する諸個人が、彼らの共通の gemeinsam 利益を実現し、〈その時代の市民社会が総括される〉形態であるから、そこからいっさいの共通の制度は、国家によって媒介されて、一つの政治的な形態をとるということがでてくる」（『ドイツ・イデオロギー新版』、一六六頁。〈　〉内は、エンゲルスの加筆。MEGA., Abt. 1, Bd. 5, S. 583）。
（14）マルクス＝エンゲルス『共産党宣言』、五〇五頁。
（15）マルクス『経済学批判要綱』（大月書店、一九五八—六五年）、三〇頁。

第三章　『資本論』における国家と法

一八六〇年代は、世界史の上で、産業資本主義経済の極限的な発展の時代である。この資本主義経済の最盛期に、イギリスを「典型的な場所[1]」として「資本主義的生産の自然法則[2]」が、「最も内容の充実した形態で、しかも攪乱的な影響によって不純にされることが最も少ない状態[3]」で現出する。マルクスは、かかる経済学の科学的完成のために絶好の時代と場所に生き、数段階の飛躍を重ねつつ蓄積した古典経済学批判に立脚した独自の経済学体系を建設する学問的苦闘によって、遂に一八六七年、資本主義経済の普遍本質的運動法則を解明する『資本論』、その第一巻をうちたてる。

国家論に関しても、ブルジョア国家そのものが、イギリス、またフランスにおいて、産業資本主義経済の確立とそれにともなう社会階級的編制に適合して構造的に確立し成熟する一八六〇年代に、その本質的理論化の客観的条件は整う。そして、一八五七年の経済恐慌の試練を経て唯物史観を定式化して以降のマルクスの学問的円熟、なかんずく『資本論』の樹立は、ブルジョア国家の本質論的解剖の理論的基礎を形成する。客観的にも主体的にも、マルクスによる近代ブルジョア国家の政治的運動法則の本質的解析が可能となるのは、一八六〇年代以後においてである。しかし、『資本論』の完成作業さえ果たしえなかったマルクスは、以来フランス国家の現状分析論およびプロレタリアート独裁国家論を除いて、独自の国家論研究に取り組むことがない。『資本論』における国家と法に関する諸論述がマルクスの国家論考において有する重大な意義は、マルクスの理論的全生涯に『資本論』が占める、かかる特別の位置に由来する。

『資本論』は、マルクスが生涯最大の労力を傾注した経済学研究の集大成であるだけではなく、いっさいの創造的成果を結実させた学問的業績である。『資本論』叙述過程に散在する国家と法への論及も、『資本論』として展開された資本主義社会の経済構造に規定されつつそれに対応して聳立する国家と法の構造の幾つかの断面の描写として、円熟したマルクスの脳裡にあったブルジョア国家の本質論的把握の若干の要点を教示する。われわれは、それらの断片的な諸記述を論理的に綜合して、経済学研究の長年にわたる研鑽をくぐりぬけて『資本論』を達成した段階においてマルクスが到達した国家論的構想を発掘することに努め、『資本論』に後続すべき国家論の創成に開かれている地平を見定めることにしよう。

ここでは『資本論』第一巻に検討の範囲を限るが、七篇から成る第一巻が商品を始元とした抽象的なものから具体的なものへの方法にしたがって体系的に叙述されているから、国家と法に関する諸論点も体系的な関係を秘めて配置されたものとして、孤立的、分散的にではなく、系統的、構造連関的に理解されねばならない。第一巻は、流通過程→生産過程→流通過程→生産過程→という生産過程と流通過程の循環的構造にそって展開されているが、この循環過程の流通部面ごとに積みあげられてゆく国家、法にかかわる諸規定を、われわれは、便宜上、次のように記号化して呼びあらわす。第一篇　商品・貨幣論における それを商品市場0における記述。第二篇　資本論におけるそれを労働市場0における記述。第三―第五篇　剰余価値論ならびに第六篇　労賃論におけるそれを商品＝労働市場1における記述。第七篇　資本蓄積論におけるそれを商品

＝労働市場2における記述。そしてこれらのつながりのなかで、三つの論題を設定し考察する。最初に、商品市場0における記述と労働市場0におけるそれとの統一において、ベンサムとヘーゲルの問題。次に、商品＝労働市場0における記述と商品＝労働市場1および商品＝労働市場2におけるそれとの統一において、国家と法、社会規範と法規範の問題。最後に、商品＝＝労働市場2における記述に関して、所有イデオロギー批判の方法的問題。第一の論題に関しては、マルクスによる古典政治学批判の独自な論考が残されていないなかで、マルクス主義国家論研究において批判的に継承すべき古典政治学の流れはいかなるもので、その頂点に位置づけられるのは誰か。第二のそれに関しては、パシュカーニス『法の一般理論とマルクス主義』以来の『資本論』における国家と法とについての解釈はいかにのりこえられるべきか。第三の論題をめぐっては、自分の労働にもとづく所有のイデオロギー性とは何か。これらをわれわれは解明せんとする。

（1）マルクス『資本論』、第二三巻、九頁。
（2）同右。
（3）同右、八頁。

一　ベンサムとヘーゲル

国家・法理論の研究にあたってしばしば参照を乞われる文例に属しながら、確かな問題意識が投げかけられずに、むしろ国家と法の問題の誤釈の典拠の一つにされることが多い叙述箇所についての論点を取り出すことからはじめよう。周知のように、第二篇第四章「貨幣の資本への転化」第三節「労働力の売買」を終える段で、マルクスは以下の論述をなしている。「労働力の売買が、その限界のなかで行われる流通または商品交換の部面は、じっさい天賦の人権のほんとうの楽園だった。ここで支配しているのは、ただ、自由、平等、所有、そしてベンサムである。自由！　なぜならば、ある一つの商品たとえば労働力の買い手も売り手も、ただ彼らの自由な意志によって規定されているだけだから。彼らは、自由な、法的に対等な人格Person（『全集』訳では人）として契約する。契約は、彼らの意志がそれにおいて一つの共通な法的表現を与えられる最終結果である。平等！　なぜならば、彼らは、ただ商品占有者Warenbesitzer（『全集』訳では商品所持者）として互いに関係しあい、等価物と等価物とを交換するのだから。所有！　なぜならば、どちらもただ自分のものを処分するだけだから。ベンサム！　なぜならば、両者のどちらにとっても、かかわるところはただ自分のことだけだから。彼らをいっしょにして一つの関係のなかに置くただ一つの力は、彼らの自利の、彼らの個別的利益の、彼らの私的利害の力だけである。そして、このように各人がただ自分のことだけを考え、誰も他人のことは考えないからこそ、みなが、事物の予定調和の結果として、またはまったく抜け目のない摂理のおかげで、ただ彼らの相互の利益の、公益の、全体の利益の事業をなしとげるのである(1)」。

マルクスは、労働市場0を「自由、平等、所有、そしてベンサム」が支配する「天賦の人権の……楽園」

として批判的に描く。だが、そこには、政治理論史的な背理が含まれている。ベンサムの功利主義理論は、産業資本主義時代、発達した段階のブルジョアジーを代表するが、いわゆる資本の原始的蓄積を基礎過程とするブルジョア革命の時代、未発達の段階のブルジョアジーの自然法理論の公然たる否定の上に成り立っている。四位一体的な「自由、平等、所有、そしてベンサム」を自然権の意味での「天賦の人権」と呼称するのは、ベンサム功利主義理論に踏まえるならば、自己矛盾なのである。他方、この「ベンサム」についての解説は、自利即他利として、諸個人の私的利益の純粋な追求が〝見えざる手〟に導かれて予定調和的に社会全体の公的利益を実現するというスミス的な内実として与えられている。また、産業革命がはじまったばかりの時期にあって、未だ自然法理論から解き放たれてしまってはいなかったスミスであるなら、「天賦の人権」のうちに標語化するのも無理ではない。これらを考慮すれば、「自由、平等、所有」と一体的に並べるには、「ベンサム」よりも〝スミス〟が整合的だと思われる。にもかかわらず、マルクスは、〝スミス〟ではなく、まして〝ロック〟ではなく、「ベンサム」こそが「自由、平等、所有」とともに労働市場において現われるブルジョア・イデオロギーの原理だと定式化する。それは何故か。

労働市場での「自由、平等、所有」は、労働力商品の売買の一方の当事者が「自由な労働者(2)」であり、この「自由」が「二重の意味(3)」でそうであるように、労働者が封建的な人身的拘束からだけではなくいっさいの生活＝生産手段からも自由になっている事態を根源にしている。つまり、直接的生産者と対象的労働諸条件とを分離して一方では生産手段を資本に他方では労働力を商品に転化させる歴史的過程が資本の原始的蓄積に他ならないのだから、この原始的蓄積期を歴史的前段階に有している。資本主義の史的成立期においてはいわば一重の意味での自由がかたちづくられるにすぎないが、産業資本主義段階においては「二重の意味」での「自由」が創出される。「平等」もまた、労働生産物がすべて商品形態をとり、したがって商品生産が一般的であるような社会において成立する「すべての労働の同等性」に由来する。とするなら、この「自由」や「平等」と並置されている「ベンサム」が功利という程の意味であるにしても、その功利の人名的表現は、ロックでもスミスでもなく、まさに産業資本主義を土台に功利主義理論を体系化したベンサムでなければならないのである。

しかも、この「自由、平等、所有、ベンサム」の論定によって、マルクスは、従前の自説からの発展的転換をなしとげつつ、ブルジョア的なイデオローグたちと差異するブルジョア・イデオロギーの原理に関する分析的叙述をなしている。若き日のマルクスはフランス人権宣言に高唱された〝平等・自由・安全・所有〟のブルジョア性を単なる政治的解放の限界からあばきだし、『経済学批判要綱』の作成に従事中のマルクスは自分の労働にもとづく所有を環とする〝所有・自由・平等〟の三位一体を歴史上の単純流通を基盤とする理念的表出として分析した。それらは、ブルジョア革命期あるいは資本主義的生産様式の歴史的生成期の小商品生産＝所有者を範型として〝自由、平等、所有〟をイデオロギー的に組み立てるブルジョア的、小ブルジョア的な経済学や政治学との方法的な共通性をとどめるものであった。しかし、『資本論』のマルクスは、自分の足で立って運動する資本主義経済を対象として措定しつつ、商品市場の特殊的一部門たる労働市場に登場する賃金労働者に即して「自由、平等、所有、そしてベンサム」を述定する。ブルジョア的自由は、一面では農奴的隷属や同職組合的強制からの直接的生産者の解放であった。「ブルジョア的な歴史家たちにとっては、ただこの面だけが存在する」[5]。マルクスは、だが、同時に直接的生産者が生産手段からも解放され離れているというようにブルジョア的自由を論判する。実に、先行のブルジョア的、小ブルジョア的な諸学説に対する批判の基軸ともなる〝自由、平等、所有〟のブルジョア的理念に関するマルクス独自の釈義の確立の標識、それが、商品市場0においてではなく労働市場0において、「自由、平等、所有」と一体的に解題される「ベンサム」に他ならない。

ところで、第一篇第二章「交換過程」の冒頭部では、これも良く知られているように、マルクスは次のように論じている。「これらの物を商品として互いに関係させるためには、商品の番人たちは、自分たちの意志をこれらの物にやどす人格として、互いに相対しなければならない。したがって、一方はただ他方の同意のもとにのみ、すなわちどちらもただ両者に共通な一つの意志行為を媒介としてのみ、自分の商品を譲渡することによって、他人の商品を取得するのである。それゆえ、彼らは互いに相手を私的所有者として認めあわなければならない。契約をその形態とするこの法的関係は、法律的に発展していてもいなくても、経済的関係がそこに反映している一つの意志関係である。この法的関係、または意志関係の内容は、経済的関係そのものによって与えられている(6)」。

「所有 Eigentum」、「占有 Besitz」、「契約 Vertrag」、「人格 Person」、「譲渡 Veraüßerung」、「取得 Aneignung」、等の概念を適用した、こうした叙述が、ヘーゲル『法の哲学』の第一部「抽象法」に批判的に関連せしめられていることは、容易に承認されるところである。しかしながら、マルクスが『資本論』において関連させるヘーゲル『法の哲学』は、単に「抽象法」ではない。第一部「抽象法 abstraktes Recht」とともに第三部「人倫」の第二章「市民社会」や第三章「国家」における「制定法 Gesetz」、要するに「抽象法」が「制定法」に発展する行程としての「法 Recht」の体系である。

前記の二つの引用文を振り返ろう。第一篇第二章冒頭の行文では、「契約をその形態とするこの法的関係 Rechtsverhältnis」、「この法的関係、または意志関係 Rechts- oder Willensverhältnis」、第二篇第四章第三節末尾の行文にあっては、「法的に rechtlich 対等な」、「一つの共通な法的表現 Rechtsausdruck」、というように、マルクスは、第一—第二篇においては「法 Recht」、「法的 rechtlich」の語を用いている。だが、第三篇以降においては、次節で確証するように、「法律 Gesetz」、「法律的 gesetzlich」の語を駆使するに至る。商品＝労働市場0における「法」と商品＝労働市場1以後における「法律」、この区別と関連において、マルクスは、ヘーゲル『法の哲学』における「法」の観念論的体系の唯物論的改作を試みているのである。(7)

第一篇第二章からの一文中の命題、「法的関係、または意志関係の内容は経済的関係そのものによって与えられている」への注として、マルクスはプルードンにたいする批判を促しているが、この命題は同時にヘーゲル「法」体系の唯物論的転倒の端緒的にして根本的な論理でもある。また、第二篇第四章第三節での「自由、平等、所有、そしてベンサム」についての解説は、この唯物論的批判の具体的展開でもあった。

一八四三年の「ヘーゲル国法論批判」に次いで、『資本論』においてもマルクスはヘーゲル『法の哲学』の批判的改作に取り組んでいる。その思想的、理論的自己形成の出立点から飛躍的諸段階を通って終生の事業とも言うべき経済学研究の到達点に辿り着いたマルクスによる『法の哲学』再批判、そこにおいては、その国家論部にたいする政治哲学的に閉じられた批判的評注から、その道徳論部の経済科学論の一端への解体的組み入れという、対決範域の変遷と批判の仕方の根本的な変化がある。が、そうした発展はまた、『資本論』における「法」と「法律」に関する諸記述が『資本論』を前提的基礎にしてうちたてられるべき国家・法理論を予示している限り、ヘーゲル国家論批判自体の理論的前進も示唆している、と考えなければならない。それでは、「ヘーゲル国法論批判」から『資本論』にかけてのマルクスのヘーゲル国家論にたいする理論的態度の発展は、奈辺に見出されるか。それは、われわれが言うベンサムとヘーゲルの問題として解かれる。

顧みれば、マキァヴェリ、モンテスキュー、ルソーの代表的著論を含んだ〝クロイツナハ・ノート〟を背後にしたヘーゲル国家論の批判、その反面でのフランス革命史研究から出発したマルクスの国家論考は、経済学研究への着手とともに、徐々に古典経済学に随伴するイギリスの自由主義国家論の観察へと移動した。マルクス主義の理論的成立過程における政治的国家の哲学的考察から市民社会の経済学的分析への下降変換は、同時に国家論研究の対象的原圏と観点継承のルソーやヘーゲルの国家論から古典経済学に立脚した自由主義国家論への変換をともなった。エンゲルスとの協同になる『ドイツ・イデオロギー』には、こうして、ヘーゲル、フォイエルバッハ、シュティルナーのドイツ的国家論を唯物論的に転倒した、幻想的共同体としての国家という理論系列と、スミス、ベンサムのイギリス的国家論を解体的に摂取した、私的所有を擁護する組織としての国家という理論系列との、二つの国家論系が並存した。そこではまた、ヘーゲル以下のドイツ的国家論はドイツ絶対主義国家のイデオロギー的表現物として捉え返されるとともに、ベンサムの功利主義理論は全盛する産業ブルジョアジーの最たる代表学説として位置づけられた。『ドイツ・イデオロギー』による唯物史観の形成後は、経済学が明確に基礎科学に据えられ、マルクスの政治学研究は古典経済学と同体的な自由主義国家論の批判的継承にはっきりと傾動した。

一八四八年の諸革命の敗北後、再開した経済学批判に主力を投入したマルクスは、以来、古典政治学批判の独立した軌跡を残さないが、古典経済学批判の進捗とともにその批判の中軸に置かれたスミス、リカード流の国家論の批判的継承を深めた点は、一八五〇年代初めのイギリスの政治的諸党派とそれらの政綱を分析した小論「チャーティスト」におけるマンチェスター派への論評のなかでの〝最小の政府〟〝安価な政府〟としてのブルジョア国家の本質的趨向の承認に代表的に見出される。

一八五七―五八年にノートされた『経済学批判要綱』からは、次の一文を引こう。「資本のうえにうちたてられた生産は、一方では普遍的な産業労働――すなわち剰余労働、価値を創造する労働――をつくりだすと同時に、他方では自然と人間の諸性質を一般的に利用する体系、一般的な功利の体系をつくりだす。そしてこの担い手としての科学それ自体が、すべての物質的・精神的諸性質と同様に現われるのであるが、他方なにものも、即自的な超越者、対自的な機能者として社会的生産と交換のこの圏域の外に現われるものはなくなる」(8)。全世界を縦横に一元化する資本の普及作用によって、外延的に世界市場が形成されるとすれば、内包的には産業が発達させられ功利の体系がうちたてられる。産業資本主義が築かれるとともに、自然についても社会についても歴史の法則性は、有用性、功利性の観点から認識され、自然法理論は否定されて、自然諸科学と社会諸科学が功利主義体系として編成されるのである。

更に重要なのは、『経済学批判要綱』において、経済学批判の主目標としてリカード理論が確定され、その批判にヘーゲル哲学の合理的核心が適用されたことである。マルクスは、リカード経済学を古典経済学の最も完成された最後の表現と明言し、他方ではヘーゲル弁証法の改作をつうじて経済学批判の方法をうちかためた(9)。『経済学批判要綱』は、初期の「経済学・哲学草稿」における古典経済学とヘーゲル哲学とにたいする批判の、より高度化されたレベルでの再現でもあった。そして、近代の経済学の歴史の頂点に立つリカードと哲学の歴史の最高位を占めるヘーゲルとの統一的な再研究による批判と継承、この『経済学批判要綱』から『資本論』へと引き継がれる学説史的主題を、政治学批判と国家論の舞台へ転置したもの、それがベンサムとヘーゲルの問題である。リカードとヘーゲルとベンサムが理論史上の同時代人であり、リカードがベンサム学派に属したことに特別の評言は要すまい。

『資本論』の第一篇第四章第二節に描写される労働市場0は、四位一体のブルジョア的理念の一肢節の地位に処遇されたベンサムと「法」体系を唯物論的に改築されたヘーゲルとの逢着が黙示されている場面である。ベンサムとヘーゲルが対向しあう構図から、政治学批判に関してわれわれが予覚的に洞察するのは、経済学を土台にして、ベンサムの理論的内容とヘーゲルの体系的方法とを交互媒介的に統一しつつ創造的に継承するということである。それは、一八四三―四五年の理論的疾風怒涛の時代に個々別々にマルクスが遂行したヘーゲル政治哲学とベンサム功利主義理論の研究の、経済科学論に立地した上での新たな綜合を意味する。

『資本論』のマルクスのヘーゲル国家論批判自体における発展も、このベンサムとヘーゲルとの理論的相互限定のうちにある。ヘーゲル市民社会論批判の課題が、市民社会の解剖学たる経済学の研究の開始と進展によってリカードにおいて完成する古典経済学の体系的批判に包摂された――と同時的に、ヘーゲル哲学が古典哲学の最高の達成として位置づけられ、それにたいする批判が独自の領域的課題とされた――ように、ヘーゲル国家論の批判もロック、スミスをとおしてベンサムに到達する古典政治学批判に包摂されるのである。今や、ヘーゲル国家論は、個々の論点はともかく全構成的には、『ドイツ・イデオロギー』において既に形成された視角を受けて、イデオロギー論的に、後進国ドイツの特殊性を内蔵するものとして分析されよう。ベンサムの必要悪、手段にたいするヘーゲルの最高善、自己目的という国家観、前者の人民主権、普通選挙、一院制の立法議会、共和制にたいする後者の君主主権、制限選挙、二院制の身分議会、君主制といった国家構造論、を対質すれば、このことは了解に難くない。同時にその反面において、自由主義的国家論を最たる源泉とする古典政治学の建設的批判にも改造されたヘーゲル弁証法が生かされるのである。

『資本論』には、その他、第七篇第二二章「剰余価値の資本への転化」第五節「いわゆる労働財源」に、ベンサムについての記述がある。「社会的資本を固定した作用度をもつ一つの固定した量と考える……偏見をはじめて定説として固めたのは、生粋の俗物ジェレミ・ベンサム、この、一九世紀の平凡な市民常識のおもしろくもない知ったかぶりで多弁な託宣者だった[10]」。このベンサム評は、労働財源説に限られない経済学全般とまた哲学に妥当しよう。更に、この記述に付された注における「ブルジョア的愚鈍の天才[11]」というべンサムについての比較的詳しい論評は、かの「自由、平等、所有、そしてベンサム」の標語の解釈から出発してわれわれが引き出してきたベンサム政治理論の位置づけとの背馳を免れないように見える。しかし、ベンサムの功利主義は、経済学と哲学においてオリジナリティを欠如し浅薄皮相であるが、その科学的功績は、一九世紀前葉のイギリスにおいて産業革命の地殻変動に照合して産業ブルジョアジーの手中での完成の段階に達したブルジョア国家の構造的原理を唱導した国家・法理論に求められる。ベンサム功利主義の政治理論という限定的な部門が、産業資本主義の経済と社会の典型的な発達に基礎づけられたブルジョア国家の典型的な形姿を論示するという面で、近代の政治学の歴史の正統的な流派の極点に座することは否定できない。

事実、『資本論』において、既に出来あがった資本主義社会では、経済過程は自立的に運行するものとして叙述され、国家と法による政治過程は経済的運動に決定されつつそれを外側から促進的に保全するものとして付論される。論理的展開としては、経済構造への国家の法的形態による反作用は、最小限に、レッセ・フェール的な不干渉の干渉にすぎないものとして取り扱われる。国家と法のこのような理論的扱い、そしてそれとヘーゲル「法」体系の唯物論的改作との経と緯としての組み合わせ、これこそ『資本論』全篇をつうじて、われわれが言うベンサムとヘーゲルという政治理論的モメントが暗黙裡に包有されていることの何よりの証左である。

(1) マルクス『資本論』、第二三巻、二三〇―二三一頁。
(2) 同右、二二一頁。

(3) 同右。
(4) 同右、八一頁。
(5) 同右、九三四頁。
(6) 同右、一一三頁。
(7) 「法」と「法律」の概念的区別による使い分けは、しかし、マルクス自身によって完成された第一巻に限られていると見るべきである。第三巻ではjuristischの語が常用されており、その点では、juristischが多義的に用いられた『経済学批判要綱』に似ている。
(8) マルクス『経済学批判要綱』、三三七―三三八頁。
(9) 序説の「経済学の方法」の一節にまとめられたが、ノートの過程にもヘーゲル論理学の適用は数多い。ロスドルスキー『資本論成立史』（法政大学出版局、一九七三―七四年）を参照。また、マルクスは、一八五八年一月中旬のエンゲルスへの手紙に記している。「問題を論じる方法の点では、ほんの偶然のことから……ヘーゲルの『論理学』をもう一度ぱらぱらめくってみたのが、大いに役立った。もしいつかまたそんな仕事をする暇でもできたら、ヘーゲルが発見したが、同時に神秘化してしまったその方法における合理的なものを印刷ボーゲン二枚か三枚で、普通の人間の頭にわかるようにしてやりたいものだが」（第二九巻、二〇六頁）。
(10) マルクス『資本論』、第二三巻、七九五頁。
(11) 同右、七九六頁。

二　国家と法　社会規範と法規範

ヘーゲル『法の哲学』における自然法としての「抽象法」と実定法たる「制定法」との体系的展開を批判的に継承して、マルクスが商品＝労働市場0での「法」と商品＝労働市場1以降での「法律」とを弁証法的関係において叙述している、とわれわれは指摘した。生産過程に入る前の労働力の売買の部面を描いた一文に対応するのは、第三篇第八章「労働日」を締め括る、次の論述である。「われわれの労働者は生産過程にはいったときとは違った様子でそこから出てくる。……取引がすんだあとで発見されるのは、彼が少しも『自由な当事者』ではなかったということであり、自分の労働力を売ることが彼の自由である時間がそれを売ることを強制されている時間だということであり、実際彼の吸血鬼は『まだ搾取される一片の肉、一筋の腱、一滴の血でもあるあいだは』手放さないということである。彼らを悩ました蛇にたいする『防衛』のために、労働者たちは団結しなければならない。そして、彼らは階級として、彼ら自身が資本との自由意志的契約によって自分たちと同族とを死と奴隷状態とに売り渡すことを防げる一つの国家制定法Staatsgesetzを、超強力な社会的障害物を、強要しなければならない。『売り渡すことのできない人権』のはでな目録に代わって、法律によってgesetzlich制限された労働日というじみな大憲章が現われて、それは『ついに労働者が売り渡す時間はいつ終わるのか、また彼自身のものである時間はいつはじまるのか、を明らかにする』のである(1)」。

生産過程1においては、生きた労働が可変資本として不変資本たる生産手段に吸収合体される。この生産部面における資本のもとへの労働の従属をとおして、労働市場1では、労働市場0においての労働力の販売の自由が経済的強制に由来していたことがあらわになり、資本の無制限な吸血衝動に対抗するために労働者は階級として団結し闘争しなければならず、この階級闘争をつうじて労働日を制限する「国家制定法」が成立する、というのである。労働市場1においての労働日を標準化する「法律」の制定に関する記述を、第八章の各節の標題によって更に確かめておこう。第三節「搾取の法律的legal（『全集』訳では法的）制限のないイギリスの産業部門」。第五節「標準労働日のための闘争　一四世紀半ばから一七世紀末までの労働日延長のための強制法律Zwangsgesetz（『全集』訳では強制法）」。第六節「標準労働日のための闘争　強制法律によるzwangesetzlich労働日の制限　一八三三―一八六四年のイギリスの工場立法Fabrikgesetzgebung」。

無論、労働市場0で生産される「法」にたいして、労働市場1では「法律」が定立されるだけではない。「法」もまた新たに生み出される。第六篇第一七章「労働力の価値または価格の労賃への転化」を検討しよう。労働力の購入は生産過程に先だつにもかかわらず、労働者が賃金を受け取るのは労働力の消費によって価値ならびに剰余価値が生産された後である。だから、労賃は労働力の価値ではなく労働そのものの代価として現われ、ブルジョア社会の表面では不払労働も支払労働として映ずる。「このような、現実の関係を目に見えなくしてその正反対を示す現象形態にこそ、労働者にも資本家にも共通ないっさいの法観念Rechtsvorstellung（『全集』訳では法律観念）、資本主義的生産様式のいっさいの欺瞞、この生産様式のすべての自由幻想、俗流経済学のいっさいの弁護論的空論はもとづいているのである[2]」。労働市場0での労働力の売買過程において生成する「法」観念は、労働市場1での労働力の価値の労賃形態による表現によって補強される。

更には、資本主義的再生産過程として見れば、生産過程1の結果としての労働市場1は同時に生産過程2の前提であり、労働市場1では、労働者の「自己販売の周期的更新や彼の個々の雇い主の入れ替わりや労働の市場価格の変動[3]」といったより複雑化した仕組みを介して、「自由、平等、所有、そしてベンサム」のブルジョア的理念も再生産される。資本の生産過程が周期的に絶えず繰り返され、労働市場が再生産過程の内在的契機である限り、労働市場2以降においても然りである。

こうしてマルクスは、「法」と「法律」との弁証法的関係づけとしてRecht, rechtlichとGesetz, gesetzlich,時にはlegalとを厳密に使い分けるが、それらと区別してjuristischの語も用いている。われわれは、このjuristischをgesetzlich, legalに親縁するが、法律、法規範にたいする法律学、法イデオロギーの意に解釈するのが適当だと考える。例えば、第二篇第四章第三節で、「労働力の占有者と貨幣占有者とは、市場で出合って互いに対等な商品占有者として関係を結ぶのであり、彼らの違いは、ただ、一方は買い手で他方は売り手だということだけであって、両方とも法律学的juristischには平等な人格である。[4]」第四篇第一三章第三節で、「機械によって労働力の買い手と売り手との法的関係Rechtsverhältnis(『全集』訳では法律関係)に革命がひき起こされ、そのために全取引が自由な諸人格のあいだの契約という外観さえ失ってしまうのであるが、この革命は後にはイギリスの議会に工場制度への国家干渉のための法律学上juristischの口実を与えた[5]」。

これまでの諸引用からも窺えるように、マルクスの叙述では、国家は「法」と「法律」の関係の背後に隠れて直接の姿態を現わさない。とりわけ論理的叙述においてそうである。「法」と「法律」とにたいし国家はいかなる論理的関係に立つと、マルクスは思考しているだろうか? われわれは、この三者の連関構造を析出し、マルクスの国家と法についての深意を解読しなければならない。

労働市場0における「天賦の人権」たる「法」は労働市場1においては「国家制定法」たる「法律」に転成するのだから、生産過程1に媒介的に規定されて「法」が「法律」に発展する行程に国家の形成は想定されている。「法」→国家→「法律」という段階的経路である。精確化すれば、労働市場1において湧き起こる資本家階級と労働者階級の闘争と「法律」の制定とのあいだに国家が存立するとされている。標準労働日の決定の場合を例に取ろう。第八章第一節「労働日の限界」では、この問題をめぐっての階級闘争の必然性をマルクスは説いている。「資本家が労働日をできるだけ延長してできれば一労働日を二労働日にでもしようとするとき、彼は買い手としての自分の権利 Recht を主張するのである。他方、売られた商品の独自な性質には、買い手によるそれの消費にたいする制限が含まれているのであって、労働者が、労働日を一定の正常な長さに制限しようとするとき、彼は売り手としての自分の権利を主張するのである。だから、ここでは一つの二律背反が生ずるのである。つまり、どちらも等しく商品交換の法則によって保障されている権利対権利である。同等な権利と権利とのあいだでは力がことを決する。こういうわけで資本主義的生産の歴史では、労働日の標準化は、労働日の限界をめぐる闘争――総資本家すなわち資本家階級と総労働者すなわち労働者階級とのあいだの闘争――として現われるのである[6]」。労働日の限界をめぐっての資本家と労働者のあいだの階級闘争を要因として国家が成立し、成立した国家が階級間の力関係を一因としつつ標準労働日を法律化するのである。上の段階的経路は、「法」→階級闘争→国家→「法律」として具体化される。

『資本論』の叙述の進行のうちに、「法」→国家→「法律」という論理的順路を摑み出せるとすれば、前国家的に存在し国家をとおして「法律」に高まる「法」とは、一体何か。これを明らかにするためには、第一篇第二章および第二篇第四章第三節における「法」に関する諸記述への立ち返りを要する。われわれは、「交換過程」の章で取り上げられた商品占有者の意志に視点を定めて、この意志の発展的展開過程を「労働力の売買」の節にまで拡延しつつ、そこに第一篇第一章「商品」第三節「価値形態または交換価値」における貨幣発生の弁証法的論理を適用する方法的加工によって、商品・貨幣の占有者たちの流通世界にかたちづくられる意志世界を描出しよう。

交換過程に登場する商品占有者は、自分の商品を譲渡して他人の商品を取得せんとする意志を宿しており、他の商品占有者との同意によって商品を交換する。商品占有者間の共通な経済的意志行為としてのみ、この交換は実現される。これを第一の形態とすれば、第二の形態として、商品占有者は流通界の多数の商品占有者たちと交換をおこない共通な意志関係をとりむすぶ。更に第三の形態としては、多くの商品占有者たちが同一の商品占有者と交換をおこない彼らの意志を共通のものとして表現するに至る。このような諸過程を経て、商品占有者たちの私的な意志は、客観的に対象化され彼らの世界に通用する社会的な性質を得て、経済的社会規範として確立される。商品交換を媒介する意志的契機は、流通世界内部の規律や秩序に発達して自立化し、商品交換道徳として規則化される。(7)

マルクスが「交換過程」章での商品占有者間の「一つの意志関係」から「労働力の売買」節での流通部面を支配する「自由、平等、所有、そしてベンサム」にまで展開したところの「法」を、われわれは、経済的社会規範、ないしそれを実質とする経済道徳として把握しなおす。(8)商品＝労働市場0における「法」がヘーゲル『法の哲学』の「抽象法」に批判的に関連させられているという点からも、それは首肯されよう。ヘーゲル道徳論の批判的改作、これが、『資本論』のマルクスの『法の哲学』に関する研究主題であると言ってもよい。(9)

前節のはじめに、「自由、平等、所有、そしてベンサム」を「天賦の人権」と呼ぶのは政治理論史的に矛盾だと述べた。もちろん、マルクスが果たさんとするのは「自由、平等、所有、そしてベンサム」の観念的虚偽性の剔抉であり、労働力の売買がおこなわれる流通界を理想郷化し永遠視する秩序観念を「天賦の人権」というように諷刺的に批判することもできる。これに類する比喩的表現は、生産部面に関してもとられている。(10)しかし、ここでの「天賦の人権」という概念は、「法」と別言されるのだから、単に比喩的に借用されていると片付けるわけにはいかない。マルクスは、それらをヘーゲル「法」体系における自然法としての「抽象法」に対応させているのである。この点で、ヘーゲル「抽象法」の「法」概念がそのまま持ち込まれて、自然法理論の残影が存することになっている。ヘーゲル道徳論の唯物論的改造をつうじてのマルクス独自の経済的社会規範論創造上の概念的未鍛成の一表現が「天賦の人権」の「法」と「ベンサム」との背理に他ならなかったのである。

商品交換の意志的媒介契機から成長しながら流通過程の行為基準として自立化する経済的社会規範と国家、そして法の相互関係は、第一篇第三章「貨幣または商品流通」においては、慣習と国家と法律の連繫として展示されている。「歴史的過程は、いろいろな金属重量の貨幣名がそれらの普通の gewöhnlich 重量名から分離することを国民的慣習 Volksgewohnheit にする。貨幣度量標準は、一方では純粋に習慣的 konventionell であるが、他方では一般的な効力を必要とするので、結局は法律によって gesetzlich 規制されることになる[11]」。この貨幣度量標準の慣習を法律として定めるのは国家である。国家によって法律化されることで、慣習は国民的全域に強制的に通用するようになる。自然発生的な国民的慣習であっても、階級性を帯びているから、排他的で専一的な通用力を得るには、国家によって助成され法律に高められなければならない。流通過程の自然発生的傾向の国家の立法措置による担保は、鋳貨、価値標章にも必要である。「価格の度量標準の確定と同様に鋳造の仕事は国家の手に帰する[12]」。「貨幣の標章はそれ自身の客観的に社会的な有効性を必要とするのであって、これを紙幣の象徴は強制通用力によって与えられるのである。ただ、一つの共同体の境界によって画された、または国内の流通部面のなかだけで、この国家強制 Staatszwang は有効なのである[13]」。

かくして、経済的社会規範・慣習→階級闘争→国家→法・法律が経済から政治への発展の論理的諸階梯として摘出されるが[14]、これらのつながりをつらぬくイデオロギー的原理が「自由、平等、所有、そしてベンサム」である。この労働市場0において形成されるブルジョア的観念が労働市場1以降において絶えず繰り返して拡張的に再生産されることは既述したが、それは、経済的社会規範として再生産されるだけではなく、同じ労働市場1以降において階級闘争ならびに国家をつうじて不断に次元的にも高度化され、政治的イデオロギーならびに法的イデオロギーに形態転化する。この社会、国家、法の行程において展開されるブルジョア的理念の定在諸形態は、『経済学批判要綱』のマルクスが既に着目したところでもあった。「純粋な理念としては、それらのもの〈平等と自由〉は、この〈交換価値〉の交換の単に理想化された表現であるし、法律的、政治的、社会的関係において展開されたものとしては、他の次元でのこうした基礎にすぎない[15]」。「自由、平等、所有、そしてベンサム」は、ブルジョア国家・法のイデオロギー的公準をなすのであり、既にわれわれが呼んできたように、ブルジョア的なイデオロギー的原理なのである[16]。

『資本論』の諸記述から、更に上掲の論理的諸階梯の各項目ごとの深化を図り、国家と法に関する理論的構想をより具体的に摘録することもできる。が、それは別の機会に譲り、ここでは、「法」と「権利」の関係について一言するにとどめよう。「法」が商品＝労働市場0における客観的な規範として成立するのにたいして、「権利」は、労働日の限界をめぐる資本家と労働者の「権利対権利」がそうであるように、商品＝労働市場1における主観的な主張として生起する。商品＝労働市場0での「所有 Eigentum」と商品＝労働市場1以後での「所有権 Eigentumsrecht」としても、その関係は例示されている。この「権利」は、「法」が経済道徳を意味するように、道徳的権利である。そして、「法」と「法律」の関係と同様に、道徳的権利は、国家の手によって法的権利に転成する[17]。

この節の最後に、『資本論』における国家と法についての論及と唯物史観の公式における国家と法にかかわる定言との関係を明らかにしておこう。『経済学批判』の序言における周知の唯物史観の公式中に、マルクスの国家と法に関する識見は、生産諸関係の総体から成る社会の経済構造の上に聳え立つ「一つの法律的、政治的上部構造 einer juristischer und politischer Überbau」[18]、あるいはまた「法律的な juristisch, 政治的な politisch, 宗教的な、芸術的または哲学的な諸形態、簡単にいえばイデオロギー諸形態[19]」と規定された。だが、これらの言述自体余りに簡単すぎるし、真意を摑むには茫洋としている。否、そもそも、この公式のなかで常用された juristisch の語が何ら理論的に端整されていないことは、『経済学批判要綱』において juristisch が多義的に頻用されたことから裏づけられる。この公式における国家と法の問題の解釈は、この公式に導かれて築き上げられ、かつその公式化にあたって回顧的に前言されたヘーゲル法哲学の「法的諸関係ならびに国家諸形態 Rechtsverhältnisse wie Staatsformen」[20]の唯物論的批判があらためて一課題として内意されている『資本論』の国家と法への諸論述のうちに、われわれがおこなったごとき理解として探求されねばならないのである。

(1) マルクス『資本論』、第二三巻、三九六―三九七頁。
(2) 同右、七〇〇頁。
(3) 同右、七五二頁。
(4) 同右、二二〇頁。
(5) 同右、五一七頁。
(6) 同右、三〇五頁。
(7) 一般に、経済的社会諸規範が一定の生産様式の社会的確立の不可欠の契機たることは、『資本論』第三巻で、次のように述べられている。「現存状態の基礎つまりこの状態の根底にある関係の不断の再生産が、時の経つのにつれて規律化され秩序化された形態をとるようにな〔る〕……。この規律や秩序は、それ自身、どの生産様式にとっても、それが社会的強固さをもち、単なる偶然や恣意からの独立性をもつべきものならば、不可欠の契機なのである。これこそは、それぞれの生産様式の社会的確立の形態であり、したがってまた単なる恣意や偶然からのその相対的解放の形態である。……この形態がしばらく持続すれば、それは、慣行や伝統として確立され、遂には明文化された法律として神聖化される」（第二五巻、一〇一七頁）。

（8）これにたいし、道徳的と通常は訳される moralisch は、『資本論』では、㈠、geistig と同じ意で、㈡、gesellschaftlich に類する意で、使用されている。文例を挙げると、㈠、「労働力の価値規定は、他の諸商品とは違って、ある歴史的な精神的な moralisch 要素を含んでいる」（第二三巻、二二四頁）。㈡、「純粋に肉体的な限界の他に、労働日の延長は精神的な moralisch 限界にもぶつかる」（同上、三〇二頁）。㈡、「物質的な損耗の他に、機械は、いわば社会的 moralisch（『全集』訳では無形の）損耗の危険にもさらされている。同じ構造の機械がもっと安く再生産されうるようになるとか、この機械とならんでもっと優秀な機械が競争者として現われるようになるとかすれば、それに応じて機械は交換価値を失ってゆく」（同上、五二八頁）。

（9）「ヘーゲル国法論批判」での次のような言及が、資本主義経済構造の科学的理論化に立脚しつつ、改めて取り上げられるということでもあろう。「現代のモラルにそれの本当の位置をあてがったということは、ヘーゲルの一つの大きな……功績である」（第一巻、三五一頁）。なお、ヘーゲル市民社会論についての『資本論』での批評としては、個々に以下のようなものが見られる。分業論について、「ヘーゲルは分業について非常に異端的な見解をもっていた」（第二三巻、四七七頁）。土地所有論について、「私的土地所有に関するヘーゲルの展開以上に滑稽なものはありえない」（第二五巻、七九六頁）、など。

（10）「労働力の平等な搾取こそは、資本の第一の人権なのである」（第二三巻、三八四頁）。「資本は生来一個の平等派〔であり〕……、すべての生産部面で労働の搾取条件の平等を自分の天賦の人権として要求する」（同上、五一八頁）。

（11）マルクス『資本論』、第二三巻、一三二一—一三三三頁。

（12）同右、一六三頁。

（13）同右、一六九頁。

（14）『資本論』における法の問題についてのパシュカーニス『法の一般理論とマルクス主義』の解釈の基本的欠陥は、以下の諸点にある。第一に、第一巻のうちの第一篇第二章の「法」に関する記述に文献的論拠が局限され、第三篇以下の「法律」に関する記述との体系的なつながりが没却されている。第二に、第二章の「法」が、経済的社会規範として捉えなおされることなく「法律」と同一視され、法ないし法律として誤解されている。そして、商品の物神性に直対応するレベルでの法の物神性の解明が論軸にされる。第三には、経済と法が国家を抜きにして直通させられ、国家と法の関係が逆転させられている。梯明秀「労働市場における法的人格」(『立命館経済学』第一一―一三号、一九六二―六四年)の陥穽も、『資本論』の「法」に関する記述の吟味が第二篇第四章第三節にまで拡延されているものの、基本的には同じ諸点にある。

(15)マルクス『経済学批判要綱』、一六四―一六五頁。

(16)エンゲルスも、次のように解説している。「労働による商品価値の規定と、平等の権利をもつ商品所有者間にこの価値尺度にしたがっておこなわれる労働生産物の自由交換、これこそ、マルクスが既に教えているように、そのうえに近代ブルジョアジーの政治的、法律的、哲学的全イデオロギーが構築される実在的基礎なのである」(『哲学の貧困』ドイツ語初版への序文」、第二一巻、一八五頁)。

(17)晩年のマルクスは、『ゴータ綱領批判』のなかで、資本主義社会とそれを根底にしたブルジョア国家が消滅した後の共産主義社会の第一段階での個人的消費手段の分配に関する「平等な権利」に論及し、等量労働交換であっても商品等価物の交換の場合と同じ法則が支配するという意味で、「ブルジョア的権利」とも呼んでいるが、この「権利」は、法的ではなく道徳的なものと理解される。なお、この著作では、同じ時期の「アードルフ・ヴァーグナー著『経済学教科書』への傍注」でとともに、総じて、『資本論』第一巻におけるのと同じ意味の「法」概念が用いられており、これは、経済的社会規範論の未確立の表示として、やはり批判的に評されるべきである。

(18)マルクス『経済学批判』、第一三巻、六頁。

(19)同右、七頁。

(20)同右、六頁。

三　所有イデオロギー批判の方法的論理

第七篇第二二章第一節「拡大された規模での資本主義的生産過程　商品生産の所有法則の資本主義的取得法則への変転」において、マルクスは、生産過程1に前貸しされた原資本になる剰余価値の追加資本1への転化、そして追加資本1を投下した生産過程2の果実たる剰余価値の追加資本2への再転化という一連の諸運動段階を振り返って、資本主義的蓄積とは既に取得した不払労働による新しい不払労働のますます大きな規模での取得に他ならないこと、換言すれば資本の累進的な増大はすべて他人の労働の搾取に由来することを論証し、これに、節題にある「商品生産の所有法則の資本主義的取得法則への変転」という観点から、次のような説明を加えている。「最初は、所有権は自分の労働にもとづくものとしてわれわれの前に現われた。少なくとも、このような仮定が認められなければならなかった。なぜならば、ただ同権の商品占有者が相対するだけであり、他人の商品を取得するための手段はただ自分の商品を手放すことだけであり、そして自分の商品はただ労働によってつくりだされうるだけだからである。所有は、今では、資本家の側では他人の不払労働またはその生産物を取得する権利として現われ、労働者の側では彼自身の生産物を取得することの不可能として現われる。所有と労働との分離は、外観上両者の同一性から出発した一法則の必然的な帰結になるのである(1)」。

この論述をめぐって、エンゲルスが『反デューリング論』のなかで先鞭をつけて以来、前資本主義的な単純商品生産の所有法則の資本主義的な取得法則への歴史的転回という見地での解釈が広くおこなわれている。しかし、マルクスの記述は、そうした歴史的発展の過程に関するのではない。価値法則自体が、「資本主義的生産を基礎としてはじめて自由に発展する」[2]し、「商品生産の所有法則の資本主義的取得法則への変転」は、労働力の不断の売買を不可欠の契機にしているからである。それに、資本主義的生産過程の事実的に与えられた出発点が過程の連続によってその結果として絶えず繰り返し生産されるというのが、再生産過程の見方でもある。富の所有と労働の分離は貨幣と労働力商品の自由で平等な交換自体のうちに措定されており、結果としてはパラドックスに見えるものが既に前提そのもののうちにあるわけである。

それでは、資本主義的蓄積の秘密を解明する節において、自分の労働にもとづく所有権の他人の不払労働を取得する権利への転変について論じる意味は、どこにあるか。それは、以下のような記述に示されている。「最初の資本は、一〇、〇〇〇ポンドの前貸しによって形成された。その占有者は、どこからそれを手に入れたのか？　彼自身の労働や彼の先祖の労働によってだ！　経済学の代表者たちは、みな一様にこう答えてくれる。そして、実際にも彼らの仮定は、商品生産の諸法則に一致するただ一つのものであるように見える」[3]。すなわち、最初の資本をわれわれは自分自身の労働によって手に入れた、そしてその資本を他人の労働と公正に交換した、だから労働の生産物を取得するのはわれわれの当然の権利である、このように自分の労働にもとづく所有と交換の正義から他人の労働の産物にたいする資本家の権利を導く経済学者たちへの批判、これである。このブルジョア的な弁護論者たちにたいする批判を反論の余地なく遂行するために、彼らの主張どおりに最初の資本が自己労働にもとづいて形成されたと仮定したとしても、拡大再生産過程の第二循環の終わりになれば、資本主義的生産は「被征服者自身から取りあげた貨幣で被征服者から商品を買うという、征服者が昔からやっているやり方と変わらない」[4]ことが明白になるという論法を、マルクスはとっているのである。

資本主義的蓄積に関して、二つの問題がここで区別されるべきである。一つは、労働市場と生産過程の弁証法的構造にもとづく資本主義的取得法則の解明、他の一つは、その資本主義的取得を自分の労働にもとづく所有権のイデオロギーによって正当化する経済学説の批判、である。後者は、前者の学説史的補足と言ってよいだろう。

ところが、マルクスの論述では、これらの問題を混在させた展開になっている。それにとどまらない。この混交と絡みあって、「商品生産の所有法則の資本主義的取得法則への変転」についての説明は、論理的というよりは歴史的な意味に傾斜し、資本の蓄積過程についての論理的な把握と歴史的な把握との区別・連関をも不明確にしている。

第七篇において、マルクスは、資本の蓄積過程を二通りの内容と方法において分析し叙述する。「剰余価値の資本への転化」の資本主義的蓄積について第二二章で、この資本主義的蓄積に歴史的に先立った原始的蓄積について、叙述としては後続的に、第二四章で。第二二章においては、「毎日われわれの目の前で繰り広げられている[5]」、螺旋的に拡大する規模での資本主義的再生産過程のうちに、資本主義的蓄積の必然性が論理的に解明される。この場合には、「全運動は一つの悪循環をなして回転するように見える[6]」。だが、この過程には、いつか、その始まりがある。第二四章「いわゆる原始的蓄積」においては、この資本の史的創成過程が歴史的に解明される。そして、資本の蓄積過程の論理的かつ歴史的な解明に相応して、自己労働と交換の正義を唯一の致富手段として説くブルジョア経済学にたいする批判も、二様におこなわれる。一方では、自分の労働にもとづく所有権の他人の不払労働の取得権への転化に関する叙上のごとき問題としてであり、他方では、「暴力が大きな役割を演じ[7]」、「血に染まり火と燃える文字で人類の年代記に書きこまれている[8]」直接的生産者たちの収奪の歴史を克明にあばきだし、自分の労働にもとづく所有がおこなわれたと称されるこの時代についての牧歌的な伝説への反駁としてである。

第七篇のかかる全体的構成にもかかわらず、マルクスは、第二二章の叙述のなかで、「商品生産の所有法則の資本主義的取得法則への変転」が単純商品生産の資本主義的生産への歴史的転成に対応するかのような言いまわしをおこなっているのである。だが、歴史的な意味で論じているのではない。自己労働にもとづく所有の他人の労働の搾取にもとづく所有への歴史的転回に関するものであれば、「法則自身の内的な、不可避的な弁証法によって[9]」と説かれることはなく、経済外的な直接の暴力の行使を一つの本質的な契機とする原始的蓄積過程として描かれるのだからである。

ここで、形式上の自由、平等、所有をつうじて実質的な不自由、不平等、無所有をもたらす資本主義的所有の謎、この経済学上のアポリアを解決するために、マルクスが取得法則の転回という角度から『経済学批判要綱』以来進めてきた研究経過を、簡単に反省してみよう。

『経済学批判要綱』においては、批判対象たる経済学説と同じように単純流通部面での自分の労働にもとづく所有が前提され、取得法則の転回が資本主義的生産様式の歴史的形成過程に即応しつつ論じられた。そして、その歴史的解明のなかに、資本主義的蓄積の問題も未分化に押しこめられていた。しかし、他方で、先行の経済学とは根本的に異なり、取得法則の転回の必然性は、労働者が資本家と交換するのが労働ではなく「労働力能」である点の発見を拠点として説かれた。『剰余価値学説史』になると、価値法則についてのリカードの学説との対決を突破口に、生産の諸要素そのものが商品化されており全生産物が商品の姿態をとる資本主義的生産のうえでこそ、商品の等価交換法則を少しも侵害することなく、対価なしに他人の労働を取得する法則が必然的に生じることが明確にされ、資本主義的生産様式のもとでの生産過程と流通過程の循環的構造から、資本主義的取得の論理が導出されるようになった。この発展的変化は、経済学（批判）体系のプラン上にもはっきりと表明されている。例えば一八五九年のプラン草案では、「一　資本の生産過程」

のなかで、資本の蓄積については原始的蓄積だけが挙げられ、続く「(5)賃労働と資本」の項に「単純な商品流通における取得法則の現われ。この法則の転変」が位置づけられていた。[10] これにたいし、一八六三年の『資本論』第一部プランでは、「六　剰余価値の資本への再転化。原始的蓄積。」と項目化されて資本主義的蓄積論と原始的蓄積論が分化され、「第六章か第七章〈＝生産過程の結果〉で取得法則の現象における変転を説明できる」と附記されている。[11] この後、「直接的生産過程の諸結果」と呼ばれている『資本論』草稿においては、労働市場と生産過程の弁証法的関係が明察されることも看過してはなるまい。

『経済学批判要綱』における取得法則転回論から『資本論』における資本蓄積論への発展は、マルクスが古典経済学の批判的継承をつうじて独自の経済学体系を創出する過程の重要な一側面として、一方では自分の労働にもとづく所有を根本前提として説く経済学にたいする批判と資本蓄積論の創造的展開とを、他方では原始的蓄積の歴史的把握と資本主義的蓄積の論理的把握とを、それぞれに分化する過程であった。第二二章第一節の「商品生産の所有法則の資本主義的取得法則への変転」の叙述をめぐってわれわれが指摘した理論的諸混乱は、そうしたマルクスの研究の発展的傾向の方法論的整序がなお十分になされていないものと批評しうる。

ロックからリカードに至るまでの古典派はもとより、ブルジョア的な経済学や政治学のすべてが、所有を自分の労働にもとづくそれとして表白している点を、マルクスは、しばしば一大批判点として掲げている。第二二章第一節の論述にまつわる問題点の指摘に踏まえ、われわれは、所有に関するブルジョア・イデオロギーが自分の労働にもとづくそれとして現われるゆえんの解明を、以後において試みよう。

対価なしに他人の労働生産物をわが物にする資本主義的取得を自分の労働にもとづく所有として宣言する経済学的弁護論にたいして、次のように批判することもできる。「経済学は、二つの非常に違う種類の私的所有を原理的に混同している。その一方は生産者自身の労働にもとづくものであり、他方は他人の労働の搾取にもとづくものである。後者は、単に前者の正反対であるだけではなく、ただ前者の墳墓のうえでのみ成長するものだということを、経済学は忘れているのである。……この完成した資本の世界に経済学者は、事実が彼のイデオロギーを非難する声が高くなればなるほど、ますますやっきになり夢中になって前資本主義世界の法観念（『全集』訳では法律観念）や所有観念を適用するのである」[12]。しかしながら、自分の労働にもとづく所有のイデオロギー性は、過去の「前資本主義世界の法観念や所有観念」の「完成した資本の世界」での継承として、歴史的に批判されるのみならず、なによりも現在の資本主義世界において常に生成し展開する所有観念の倒錯性として、論理的に批判されねばならない。

それでは、他人の不払労働の取得が、いかにして、自分の労働にもとづく所有として観念されるのか。資本主義的生産過程が周期的に繰り返され流通過程が諸段階を重ねるごとに、「自由、平等、所有、そしてベンサム」の理念が再生産されイデオロギー的に高次化することは、既に明らかにしたが、所有観念のイデオロギー的昇華過程は、『資本論』において、どのように論じられているか。生産過程1における資本家の存在態様に着目することから、それを探っていこう。

第四篇第一一章「協業」において、マルクスは、多数の個人の協力によっておこなわれる労働過程では、過程の関連と統一をあらわす一つの指図が多かれ少なかれ必要になり、生産体の総活動に関する指揮や監督の機能が生じること、そして、資本主義的生産過程では、指揮や監督は資本家の機能になることを明らかにし、資本家の指揮の二重的な性格について論じている。「資本家の指揮は、社会的労働過程の性質から生じて資本家に属する一つの特別な機能であるだけではなく、同時にまた一つの社会的労働過程の搾取の機能でもあり、したがって搾取者とその搾取材料の不可避的な敵対によって必然的にされているのである。同様に賃金労働者にたいして他人の所有物として対立する生産手段の規模が増大するにつれて、その適当な使用を監督することの必要も増大する」[13]。ここでは、賃金労働者の協業の関連と統一は、資本のうちにあり、資本の人格的表現としての資本家の生産計画や権威として彼らに相対し、資本家は、生産体を代表する最高司令官になり、賃金労働者たちを全体機構のただの手足として無条件にしたがわせる。こうした生産部面における資本家の専制的な支配は、マニュファクチュアにおいて発展し、機械制大工業のもとで完成する。

では、他人の労働を吸収合体する資本の人格化として資本家がおこなう指揮や監督は、資本家の意識にどのように反映するか。第三篇第五章「労働過程と価値増殖過程」第二節「価値増殖過程」のなかで、価値増殖の源泉に関する資本家の色々な主張に批判が加えられているが、その最後に挙げられている資本家の言い分にわれわれは留目する。「自分だって労働したではないか？　紡績工の監視という労働を、総監督という労働をしたのではないか？　自分の労働もやはり価値を形成するのではないか？」[14]。生産過程の指揮者、監督官としての機能、これが、自分自身もまた労働したというように資本家の意識にのぼるのである。

資本主義的生産過程のなかで抱かれる観念が倒錯していることについては、『資本論』第三巻で、こう言及されている。「生産過程で起きている主体と客体との転倒……一方では、価値が、すなわち生きている労働を支配する過去の労働が、資本家において人格化される。他方では、逆に、労働者が、単に対象的な労働として、商品として現われる。このような転倒された関係からは、必然的に、既に単純な生産関係そのもののなかでも、それに対応する転倒された観念、移調された意識が生ずる」[15]。

生産過程1に関して生じる、自分もまた労働したという資本家の観念に、更に、以下のような論述を抽象化して遡源的に妥当させることにしよう。第三巻第五篇第二三章「利子と企業者利得」のなかでは、資本主義的生産の総過程という、より具体的で総体的な理論的次元で、利潤の利子と企業者利得への分割をめぐって貨幣資本家と対立する産業・商業資本家の観念が取り扱われている。「資本主義的生産の基礎のうえでは、〔産業・商業〕資本家は生産過程をも流通過程をも指揮する。生産的労働の搾取は、彼が自分でやるにしても、彼の名で他人にやらせるとしても、努力を必要とする。だから、彼にとっては彼の企業者利得は、利子に対立して、資本所有にはかかわりのないものとして、むしろ非所有者としての――労働者としての――彼の機能の結果として現われるのである。そこで、彼の頭のなかでは必然的に次のような観念が発達してくる。彼の企業者利得は――けっして賃労働にたいして何らかの対立をなしていてただ他人の不払労働でしかないようなものではなく――むしろそれ自身労賃であり、監督賃金であり、労働の監督にたいする賃金であり、普通の賃金労働者の賃金よりも高い賃金である。……彼の資本家としての機能は剰余価値すなわち不払労働を、しかも最も経済的な諸条件のもとで生産するにあるということは、完全に忘れられる」(16)。

資本家は、産業の指揮者だから資本家なのではなく、資本家だから産業の指揮者になる。ところが、その労働過程の資本主義的編制によって必要とされる指揮の機能が、社会的に結合された共同的性質の労働過程であればどこでも欠かせない指揮の機能と同一視され、他人の労働の搾取者としての監督機能も、搾取される労働と同じく労働であるというように捩じ曲げられて、剰余価値の取得の正当化の理由にされる。資本家の意識においては、産業上の司令が剰余価値の発生の根拠として主張され、他人の不払労働の取得も監督労働によって受けとる賃金として説かれるのである。そして、資本主義的生産関係にとらわれた資本家の倒錯観念を教義化し弁護することが、経済学の教授たちに任せられる。

かくして、われわれはこのようにまとめることができる。死んでいる労働が生きている労働を吸いつくし、生産手段が労働者を使用する資本主義的生産過程の転倒した姿は、この過程の支配的遂行者たる資本家がこの過程に関して抱く観念のなかでも、自分の労働が剰余価値の源泉だというふうに、この過程の本当の姿から遊離しそれとは逆様になる。生産過程1において生起する、こうした倒錯した観念が、生産過程の繰り返しとともに一層発展させられ、経済学の代理人によって学説化されたもの、それが、自分の労働にもとづく所有というブルジョア・イデオロギーに他ならない。このようなものとして、自分の労働にもとづく所有権という観念(形態)は、日常の資本主義的生産過程のうちに絶えず新しく生産されるのである。

(1)マルクス『資本論』、第二三巻、七六〇頁。
(2)同右、六九四頁。
(3)同右、七五八頁。
(4)同右。
(5)同右、一九二頁。
(6)同右、九三二頁。
(7)同右、九三三頁。
(8)同右、九三五頁。
(9)同右、七六〇頁。
(10)マルクス「一八五九年のプラン草案」、『経済学批判要綱』、一一〇二—一一〇四頁。
(11)マルクス「『資本論』第一部および第三部のプラン草案」、『剰余価値学説史』、第二六巻第一分冊、五二六頁。
(12)マルクス『資本論』、第二三巻、九九七頁。
(13)同右、四三四頁。
(14)同右、二五二頁。
(15)同右、第二五巻、五六頁。
(16)同右、四七六頁。

第四章　マルクス、エンゲルスのイギリス国家論

マルクス、エンゲルスによる近代イギリス国家に関する研究は、彼らによるフランス国家に関するそれほどには知られていないし、理論的にまとめて展開されてもいない。しかし、マルクス、エンゲルスが資本主義経済の典型的な発達の地であるイギリスのブルジョア国家をいかなるものとして把握しているかは、最近の近代イギリス史再検討の動向に関連して興味深いだけでなく、近代ブルジョア国家の典型像を探索する観点からも関心をそそられる論材である。

マルクス、エンゲルスの近代イギリス国家分析は、おおまかに分ければ、三つの時期にわたって進められる。第一期は、一八四〇年代前半、イギリスに滞在して新しい世界観を形成する過程にある若きエンゲルスによるそれであり、第二期は、一八五〇年代をとおして、経済学批判に学問的に沈潜する傍での時局評論のなかにおいてイギリスの経済的発展とともに政治的変化を詳細に追跡するマルクスによる具体的現状と歴史の分析、そして第三期は、マルクスの死後、晩年のエンゲルスによって散発的になされる現状の記述や類型的特質への言及、である。そのうちで理論的に最も重要なのは、曲折を含んで質量的に豊富な論目が開展さ

れる、第二期のマルクスによる分析である。

これらの全体を検討すれば、一八三〇年代から一八六〇年代にかけてのイギリス国家の構造的変動を中心に、一七世紀のブルジョア革命時から一九世紀後半、黄金的繁栄に達した資本主義社会が衰退の影を宿しはじめる時代に至るまでのイギリス国家に関するマルクス、エンゲルスの概論を得ることができる。この論稿では、彼らによって残された諸論文を、他章でのように論述順序にそって追思惟する仕方ではなく、論述された結果を綜合して批判的に再構成する仕方で、イギリスのブルジョア国家の発生から成熟への歴史的段階的発展過程を、(1)、階級構造、とりわけ経済的支配階級と政治的支配階級の相互関係、(2)、経済構造が国家構造を規定していく際の媒介項を占める政治的党派、(3)、君主、議会、内閣の国家権力諸機関による国家権力機構の内部編制、の諸領域に大別して要覧する。

一　ブルジョア国家の成立と展開

(一)　階級関係

最初に、ブルジョア革命によって誕生した国家を掌握する階級を明らかにしよう。「イギリス人がわざわざ海のかなたから一人のオランダ人を王位につけるべく呼び寄せたとき、それは新しい王朝とともに新しい時代――土地貴族と金融貴族との結婚の時代――を導入するためだった。それ以来今日〔一八五五年〕まで、我々は血統の特権と金の特権とが立憲的な均衡を保っていることを見いだすのである」[1]。『名誉革命』は、オレンジ公ウィリアム三世といっしょに地主的および資本家的利殖者たちをも支配者の地位につけた。彼らは、それまでは控え目にしか行なわれなかった国有地の横領を巨大な規模で実行することによって、新時代の幕をあけた。……新たな土地貴族は、新たな銀行貴族や、孵化したばかりの大金融業者や、当時は保護関税に支持されていた大製造業者たちの当然の盟友だった[2]」。

名誉革命後成立したブルジョア国家は、マニュファクチュア段階にある工業、商業の繁栄、農業における近代的大土地所有の発展などを特徴とする生成過程の資本主義経済の過渡的構造に対応し、大土地所有者を主導勢力とし金融業者や大商人を同盟勢力として担われる。「ブルジョアジーと結びついていたこの大土地所有者階級——もっとも彼らはすでにヘンリ八世の治下〔一五〇九—四七年〕に発生していたが——は、……ブルジョアジーの存立条件とは矛盾せずに、むしろこれと完全に調和していた。彼らの土地所有は、実際、封建的所有ではなくてブルジョア的所有であった。彼らは、一方ではマニュファクチュアの経済に必要な人口を産業ブルジョアジーに用立てし、他方では商工業の状態にふさわしい発展を農業に与えることができた。だから、彼らはブルジョアジーと利害をともにし、ブルジョアジーと同盟していたのである[4]」。大土地所有者のブルジョア化が進んでおり、地代の発展は資本主義的生産の発達に、したがってまたその発達を推進する資本家階級の繁栄に合致するから、「金融的・商工業的中流階級の経済的利益を十分に配慮することを条件として、『役得と地位』という政治的獲物が大地主の家門の手に残された[5]」のである。

こうして、いわゆる〝地主体制〟が成立する。この土地貴族寡頭制は、資本主義経済の発展につれて土地所有者がますますブルジョア化するとともに金融・商工業資本家の上層部が経済的利益や社会的声望、政界進出などの手段として土地を購入して地主化するという支配階級内部の社会的融合によって鞏固にされ、新しい成上り者を受け入れて絶えず補強される〝開かれた貴族社会〟たることによって安定させられる。

ところで、成立したブルジョア国家権力の活用を「一つの本質的な契機」[6]として加速的に促進される資本の原始的蓄積の本格的過程は、その結果として、一八六〇年代からの産業革命を呼び起こす。技術上の諸変革を梃子として機械制の大工業を創出する産業革命の激動のなかで、ブルジョア革命後の経済構造と階級構造は、全体として根本的に変化する。「立憲君主制のもとではじめてマニュファクチュアは未曽有の展開をみせ、ついで、大工業、蒸気機関、巨大工場に席を譲る。住民中のいくたの階級が姿を消し、新しい存立条件と新しい欲求をそなえた新しい階級がその代わりに現われる。新しい、もっと巨大なブルジョアジーが生まれる。……イギリスでは、社会内の階級対立は激化して他のどの国にも見られない程に達しており、ここでは匹敵するもののいない富と生産力とを支配するブルジョアジーにたいして、これまた匹敵するもののない強さと集中に達したプロレタリアートが対立している[7]」。

およそ一八三〇年代に完成する産業革命により、「大工業の生国[8]」イギリスにおいては、産業資本主義が形成され資本主義的生産様式が社会的に確立する。自己の生産部門を国民的生産部門とし自ら国民的利益を代表する産業資本家階級とそれに対立する産業労働者階級が基本的社会関係をかたちづくり、農業においても土地所有者、借地農業資本家、農業労働者からなる三分割制が完成を迎える。こうして、産業革命を自生的に世界に先駆けて達成したイギリスで、農業は勿論工業にも前資本主義的諸関係がかなり残存しながらも、産業資本による再生産軌道が定置されて、資本家、土地所有者、賃労働者という「近代社会の骨組をなしている三つの階級[9]」相互間の対立的な関係と闘争によって動向が決せられる社会が出現する。

一八三〇—四〇年代には、新しく成長した産業資本家階級、「すでに実際上国民の指導的階級であり、その利益がそのころ主たる国民的利益であった階級[10]」による政治的覇権の獲得が、時代の趨勢になる。経済構造ならびに階級構造の激変は、必然的に、それにみあう政治構造の改変を促すのである。「イギリスに、世界市場を獲得し自己の抑圧下にこれをひきとめる可能性を与えた工業は、産業革命によって、イギリスの決定的な生産部門となっていた。イギリスは、工業とその盛衰をともにし、工業とその浮沈を同じくした。工業の決定的な影響にともない、産業ブルジョア、工場主がイギリス社会の決定的な階級となり、工業家の政治的支配、更に大工業の発展に邪魔物となったあらゆる社会的、政治的諸制度の除去は必至となった。産業ブルジョアジーは仕事にかかった。一八三〇年以後現在〔一八五〇年〕に至るまでのイギリスの歴史は、彼らが次から次へと、彼らにたいする反動的な反対者たちの連合にうちかっている勝利の歴史である」(11)。産業資本家階級の政治的進出は、旧来の政策・法を改廃し自由主義を基調とする政策・法を制定して、それらを国家権力の座にある土地貴族に実施させるという形で進行するが、その道標は一八三二年の選挙法改正と一八四六年の穀物法廃止に代表される。

一八三二年の選挙法改正＝議会改革は、一五世紀以来全般的改正が施されることなく、その不合理性が産業革命にともなう社会的大変動によって一段と甚だしくなった選挙制を、選挙区割、議席配分、選挙資格などの面から改善するが、有産階級のあいだでの内部是正にとどまる。「選挙法改正は、ごく貧弱な小商人に至るまで、この国のあらゆる有産階級を政治権力に参加させた。こうして、ブルジョアジーのあらゆる分派は、その要求と権力とを主張することのできる法律上の地盤が与えられたのである」(12)。そして、「最小限度の選挙法改正でさえ、今や既に事実上イギリスを支配し、力強い足どりで自分たちの覇権が政治的承認をうけることを狙って進んでいるあの階級、つまり工業ブルジョアジーの権力を強める結果に終らざるをえない」(13)。土地所有者に断然有利であった選挙法を全ブルジョアに平等に近いものにした第一次選挙法改正によって、産業資本家階級による国家権力掌握への道は開かれる。しかし、それは第一歩にすぎない。議会の多数、そして内閣の要職も、当分は土地貴族によって占められる状態が続く。「選挙資格調査を採用し、個々人や団体の旧来の選挙特権を廃止した選挙法改正法案によって、原則上は金持の中間階級(14)が支配するに至った。しかし、実際には、地主階級は、直接に一四三名の郡部議員を、間接には小都市のほとんど全部の代表者を議会に送りこみ、そのうえ都市のトーリ派議員によって代表をえることで、今だなお議会における顕著な支配を握っていた(15)」。

一八四六年の穀物法廃止は、マンチェスターの工場主たちを先頭にした産業資本家の「反穀物法同盟」の運動によって実現される。それは、産業資本家階級の利害と要求の貫徹として、名誉革命以来の重商主義政策の自由主義政策への転換を仕上げ、一八四九年の航海条例の撤廃とあいまち、土地貴族の寡頭支配体制の拠り所を最後的に突破する。だが、穀物法廃止後も、土地貴族から産業資本家への政治的主役の移動は、急激には進まない。

この項の終りに、産業革命を通じて生まれでる産業労働者階級を中心にしたプロレタリアートとその運動を見ておこう。「イギリスにおける労働者階級の歴史は、前世紀〔一八世紀〕の後半、すなわち蒸気機関と綿花を加工するための機械の発明とともにはじまる。……イギリスはこの〔産業革命という〕変革の古典的な土地であって、その変革は静かに行なわれただけ、それだけ一層力強いものであった。そしてこのために、イギリスはまた、この変革の最も重要な結果であるプロレタリアートの発達にとっても、古典的な土地なのである(16)」。一八世紀末から一九世紀前半にかけて、賃労働者階級は、機械の支配に反乱し、労働日の無制限な延長に抗して、また生活の低下に反対して、フランス革命の影響にも鼓舞されながら、しばしば、ストライキやピケッティング、示威行進、市街戦などに決起する。その達成の下からの推進力であったにもかかわらず、第一次選挙法改正から除外されたプロレタリアートは、一八三〇年代末からは、独自の「人民憲章」を掲げたチャーティスト運動を大規模に繰り広げる。だが、この時期においては、プロレタリアートは概してその敵の敵と闘うのであり、闘争によって獲得される勝利は資本家階級の掌中に帰する。「労働者階級は、周知のとおり、議会のなかに代表者をもっていない。だが、それにもかかわらず、労働者階級は政治的影響力をもたないわけではない。重要な改革や決定的方策のどれ一つをとってみても、この国でそれが外からの圧力なしに成就されたためしはかつてなかった。……外からの圧力という言葉によってイギリス人が理解するところのものは、議会外の人民の大示威運動であり、これは当然に労働者階級の活発な協力なしには実行できないのである。……カトリック教徒の解放、選挙法改正法案、穀物法廃棄、十時間労働法案……これらはすべて議会外の激しい示威運動の所産だったのであり、そこにおいて労働者階級は、ある時は人為的にけしかけられ、ある時は自発的に行動し、あるいは劇中人物として、あるいは合唱隊として、主役を演じたり、また——情況によっては——騒がしい群衆の役を演じたりした[17]」。

(二) 政治的党派

この段階の政治的党派は、富裕な貴族門閥出身の有力政治家が親族関係や縁故関係、友人関係などによって結びついた一族郎党を率いる私党、派閥の連合体であり、そうした院内議員グループの合従連衡により動くところの、いわゆる朋党の域にある。

トーリ党とウイッグ党は、それぞれに「土地所有貴族党、金融貴族党[18]」として対照される一面を含むとはいえ、基本的にはともに大土地所有者の党である。「トーリ党の物質的基礎は地代であった。……トーリ党の追随者と支持者は、植民地業者、海運業者、国教会派、つまり近代の製造工業の必然的結果とそれによって準備されている社会革命にたいして自分たちの利益を防衛する必要があると思っているすべての分子である。……ウイッグ党は、トーリ党と同じく、大ブリテンの大土地所有の一部をなしている。いな、イギリスの土地所有の最も古い、最も富んだ、また最も高慢な部分がウイッグ党の真の核心なのである。では、彼らをトーリ党から区別するものは何なのか？　ウイッグ党は、ブルジョアジーの商工業的中間階級の貴族的代表者である。彼らは、ブルジョアジーが彼ら、つまり貴族的門閥たちの寡頭制にたいして政府の独占と官職の独占的所有をまかせるという条件で、社会的、政治的発展の過程のうちにどうしても避けることも引き延ばすこともできなくなっているとわかったあらゆる譲歩を中間階級にたいして行ない、また中間階級がこの譲歩をかちとるのを助ける[19]」。

(三)　国家権力機構

ブルジョア革命により、君主は議会の統制下におかれる。君主権力は、行政、軍事、財政などに関するすべての事項において、議会の承諾を得、政治的慣習や法律に従うことなしには行使できなくなる。そして、「王権が議会に屈服したことはある階級の支配に王権が屈服したこと……この階級が必要な権力を手に入れて遂には王権を自分の侍女にしたということ[20]」である。ウィリアム三世自体「ブルジョア的英雄[21]」である。爾来、君主権力は漸次的に更に縮小される過程を辿り、一八世紀後葉におけるジョージ三世の復古策動を最後的な抵抗として君主は現実的な支配力をほとんど失う。が、そのイデオロギー的役割において貴重な国家権力機関になってくる。以下で、一九世紀前半における君主、次いで上院（「貴族院」）、下院（「庶民院」）の地位について明らかにしよう。

「イギリスの君主が、男であろうと女であろうと、どれだけの意義をもっているかということは、誰でも知っている。君主の権力は事実上ゼロに帰している[22]」。ところが、「君主制的要素が現実に意義を失っていけばいくほど、それはイギリス人にとってますます重要なものとなっていった。よく知られているように、イギリス程、この統治しない人格があがめられているところは他のどこにもない。……この胸の悪くなるような国王そのものの崇拝、『国王』という、まったく空疎化されいっさいの内容をとりさられた観念――いや観念でさえなくて言葉の崇拝は、君主制の完成である」(23)。したがって、現実の国家構造と国王が保有し続ける多くの大権を連綿として謳う憲法とのあいだには、甚だしい矛盾が横たわることになる(24)。

上院については、「この要素の状態も……国王にくらべてたいしてましとはいえない。……実際、上院における貴族議員の活動は単なる無意味な手続きになりさがっており、ただごくまれに、一八三〇年から一八四〇年にかけてのウイッグ党支配の時期にみられるような……一種の惰性のエネルギーをふるいおこすだけである。……国王の権力が減退するのに比例して国王崇拝が強まったのと同じように、上院の政治的影響力がとるにたりないものになればなる程、貴族にたいする庶民の尊敬もそれだけ高まっていった」(25)。

「国王と上院とが無力であるとすれば、下院が必然的に権力を一身に集めているはずである。また事実そのとおりである。下院は、現実に法律をつくり、下院の一委員会にすぎない内閣をとおしてそれらの法律を管理している」(26)。下院は、ブルジョア階級による国家権力掌握の本拠である。議会、直接には下院こそがブルジョア革命以来の最高権力機関であり、次節で解明する国家権力機構の構造的転換が実現する一九世紀なかば頃までは、いわゆる〝議会主権〟の時代である。この国家権力の機構的中枢としての下院は、議員資格および選挙資格の(土地)財産による制限、「買収によって選挙された議会(27)」と広言される莫大な選挙費用、議員の無給制、更に「議事は非公開(28)」などなど、その選出から運営に及ぶまで有産にして有閑な階級の「特権団体(29)」であって、徹頭徹尾支配階級的性格につらぬかれている。この純然たるブルジョア性は、無産階級の選挙への参加を排除しつづけた一八三二年の議会改革によって変化を来たすことはない。

ところで、議会主権の時代にあっては、資本の原始的蓄積の諸方法において活用される国家権力の最たるものも議会権力である。「農業革命の暴力的槓杆[30]」に注目すれば、一八世紀後半から一九世紀前葉に頂点に達する大農場経営のための土地の囲込みは議会的囲込みと呼ばれるように、大土地所有者が欲するままの農村住民からの土地収奪を議会の法令によって強行する。「この盗奪の議会的形態は、『共同地囲込み法案』という形態であり、言い換えれば、地主が人民共有地を私有地として自分自身に贈与するための法令であり、人民収奪の法令である[31]」（傍円は筆者。以下同じ）。「法律そのものが今では人民共有地の盗奪の手段[32]」であって「一八〇一年から一八三一年までに農村民から取りあげられて議会によって地主から地主へと贈られた三、五一一、七七〇エーカーの共同地[33]」の例など。次には土地を収奪された無保護のプロレタリアにたいする弾圧諸立法の制定に関しては、「議会そのものが、五世紀の長きにわたって、労働者に対抗する恒常的な資本家組合の地位を恥知らずの利己主義で維持してき[34]」た。更に、「植民制度、国債制度、近代的租税制度、保護貿易制度として体系的に総括される[35]」面に転じると、「イギリス東インド会社は、東インドでの政治的支配権の他に、茶貿易でもシナ貿易一般でも、またヨーロッパとのあいだの貨物輸送でも排他的独占権を与えられていた[36]」が、「その独占も、エリザベスやチャールズ一世の時代のように国王の権利付与によってつくりだされたものではなく、議会の承認によって授権され国営企業ともされたものであった[37]」。「銀行の十分な発達はイングランド銀行の創立（一六九四年）にはじまるのである。イングランド銀行は、自分の貨幣を八％の利率で政府に貸しあげることからはじめた。同時にこの銀行は、同じ資本を貨幣に鋳造する権限を議会によって与えられた[38]」。

　内閣は、既述のように、「下院の一委員会にすぎない」。あるいは、「内閣とはなんであるか？　議会的多数派の手先である[39]」。しかし、ブルジョア革命直後は、国王が主宰する大臣たちの集まりにすぎず、当分は、「国王の権力が大臣たち、すなわち下院の多数派の代表者たちの権力[40]」として議会と国王の連絡管である内閣は、国王権力の弱体化に反比例的に、第一大臣あるいは首相が出現して統率する責任内閣制へ、更に議会的多数派の領袖が首相として内閣を組織し議会にたいしてのみ責任を負う議院内閣制へと、次第に権限を強大化してくる。

最後に、地方の権力機構は、司法と行政を兼任した治安判事を土地所有者階級が独占する中世以来の形態が近代的に変容しながら存続する。「一六八八年の革命に際しても地方公共団体の構成には全然手がつけられなかった[41]」のであって、「イギリスの大土地所有者は治安判事や農村行政、警察、下級裁判所の長に転化し、こうして新しい近代化された肩書のもとに、旧来の封建的形態ではもはや維持できなかったあらゆる重要な権力の地位を引き続いて自分の手に確保したのであった[42]」。

（1）マルクス「パーマストン」、第一一巻、八八頁。
（2）マルクス『資本論』、第二三巻、九四五頁。
（3）土地所有者も、範疇的な意味では、資本家と同じく、ブルジョアである。以後、土地所有者（地主）階級とか産業資本家階級とかは、ブルジョアジーの階級部分、分派の意である。次を参照。「ブルジョアジーを二つに分ける二大利益集団——土地所有と資本……我々がこれをブルジョアジーの二つの利益集団だというわけは、大土地所有が、その封建ふうの気どりや血統の誇りにもかかわらず、近代社会の発展によって完全にブルジョア化されていたからである」（マルクス『ルイ・ボナパルトのブリュメール一八日』、第八巻、一三三頁）。
（4）マルクス＝エンゲルス「『新ライン新聞　政治経済評論』一八五〇年二月　第二号の書評」、第七巻、二一七頁。
（5）エンゲルス「『空想から科学への社会主義の発展』英語版への序論」、第二二巻、三〇六頁。
（6）マルクス『資本論』、第二三巻、九六四頁。

(7) マルクス＝エンゲルス『新ライン新聞　政治経済評論』一八五〇年二月　第二号の書評」、二一八頁。
(8) マルクス『資本論』、第二三巻、三六五頁。
(9) 同右、第二五巻、七九九頁。
(10) エンゲルス「保護関税と自由貿易」、第二一巻、三六五頁。
(11) エンゲルス「イギリスの十時間労働法」、第七巻、二四二頁。
(12) 同右、二四三頁。
(13) エンゲルス「イギリス論」、第八巻、二一五頁
(14) 一九世紀前半のイギリスにおける新興の資本家階級の、一方での土地貴族と他方の労働者階級とにたいする政治的存在位置をあらわす「中間階級」の通称について、「英語のこの言葉は、フランス語のブルジョアジーと同じように、有産階級、特にいわゆる貴族とは区別された有産階級を意味している」（エンゲルス『イギリスにおける労働者階級の状態』、第二巻、二二九頁）。
(15) エンゲルス「イギリス穀物法の歴史」、第二巻、六一四頁。
(16) エンゲルス『イギリスにおける労働者階級の状態』、二三〇頁。
(17) マルクス「ロンドンの労働者集会」、第一五巻、四三三頁。
(18) エンゲルス「政党の立場」、第一巻、五〇二頁。
(19) マルクス「イギリスの選挙――トーリ党とウイッグ党」、第八巻、三三〇―三三二頁。
(20) マルクス＝エンゲルス「『新ライン新聞　政治経済評論』一八五〇年二月　第二号の書評」、二一六頁。
(21) マルクス『資本論』、第二三巻、九四六頁。
(22) エンゲルス「イギリスの状態　イギリスの国家構造」、第一巻、六二七頁。
(23) 同右、六二八頁。
(24) しかし、「法律が実際を規定するものでもなければ、実際がそれと矛盾した法律を廃止するものでもないというところに、歴史的発展の本質がある」（マルクス「官職の売買」、第一一巻、一〇〇頁）。
(25) エンゲルス「イギリスの状態　イギリスの国家構造」、六二八―六二九頁。
(26) 同右、六三〇頁。

(27) 同右、五六八頁。選挙の腐敗ぶりについては、他に、「あの汚らしい選挙のやり方、誰も彼もほろ酔い機嫌のなかでやられる投票、選挙人が候補者の費用で飲んだくれる酒場、投票所での無秩序、なぐりあい、大勢のものの怒号、こうしたものが、七年間有効な代表権の無意味を完成している」(同上、六三二頁)。「総選挙の日は、イギリスでは、伝統的に、ふるまい酒びたりのバッカス祭りであり、政治的良心割引のための定例の取引季節であり、居酒屋の親父の一番のみのりある時である」(マルクス「選挙の腐敗行為」、第八巻、三四六頁)。
(28) 同右、六三五頁。
(29) 同右。
(30) マルクス『資本論』、第二三巻、九四四頁。
(31) 同右、九四六―九四七頁。
(32) 同右、九四六頁。
(33) 同右、九五二頁。
(34) 同右、九六八頁。
(35) 同右、九八〇頁。
(36) 同右、九八二頁。
(37) マルクス「東インド会社――その歴史と成果」、第九巻、一四二頁。
(38) マルクス『資本論』、第二三巻、九八五頁。
(39) マルクス「一集会」、第一一巻、一三四頁。
(40) エンゲルス「イギリスの状態　イギリスの国家構造」、六二九頁。
(41) 同右、六三〇頁。
(42) エンゲルス「歴史における強力の役割」、第二一巻、四六二頁。

二　ブルジョア国家の確立と成熟

(一)　階級関係

産業革命を完成して産業資本主義経済を確立したイギリスは、およそ一八四七年の経済恐慌後から一八七三年の大不況を迎えるまでのほぼ四分の一世紀間、〝ヴィクトリア朝の繁栄〟と呼ばれる黄金時代に達する。「一八四六—四七年はイギリスの経済史上に新たな時代を画する。穀物法は廃止され、綿花その他の原料の輸入税は撤廃され、自由貿易は立法の導きの星だと宣言される。要するに、千年王国がはじまったのである」[1]。このイギリス資本主義の空前の繁栄は、自国を〝世界の工場〟とし他の後進的な諸国を多かれ少なかれ農業国として従属せしめる国際的分業体制をつくりだしかつそれによって支えられる。イギリスは「世界市場の専制君主」[2]であり、「世界市場は、当時はまだ一つの大きな工業中心地、つまりイギリスのまわりに群がる多数の、主としてあるいはもっぱら農業をいとなむ諸国からなりたっていた。イギリスは、これらの国々の過剰な原料品の大部分を消費し、そのかわりに工業製品にたいするこれらの国の需要の大部分を供給していた」[3]。また、国内的には一八四〇年代に実現された自由貿易体制を一八六〇年代には英仏通商条約をはじめとして国際的にも推し拡げるとともに、植民地の強力的拡張も急速に進め、それらを国際政治のうえで〝イギリス支配下の平和〟として保全する対外政策がとられる。

全社会的生産をほぼ完全に資本主義化し自由競争を基底とする〝自由放任〟を謳歌する、このイギリス資本主義の最盛期こそ、世界史上、資本主義経済が最も典型的な姿をとる時代である。「イギリスは、もはや農民が存在せず、土地所有がほんの少数の手に集中しているただ一つの国である。また、資本主義的形態——すなわち資本主義的企業のもとに大規模に結合された労働——がほとんど全生産を支配しているただ一つの国である。また、人口の大多数が賃金労働者からなっているただ一つの国であり、階級闘争と労働組合による労働者階級の組織化とが、ある程度の成熟さと普遍性を獲得しているただ一つの国である。……イギリスはたんに他の諸国と並ぶ国として扱われるべきではない。――イギリスは資本の本国として扱われるべきである」(4)。

この産業革命の稔り豊かな収穫の時期に既に経済的に圧倒的優位に立ち「社会の決定的な階級」になっている産業資本家階級は、漸進的に、政治的覇権をも確立する。土地貴族と産業資本家との闘争は、穀物法の廃止によって基本的に終わったのであり、地主的貴族主義にたいする資本家的金権主義の勝利がもたらすものは、他面での労働者階級への対抗に規制される貴族と中間階級との新たな融合である。(5)「産業資本の完全な支配は、穀物関税などが廃止されてからやっと、イギリスの商人資本や金融貴族によって承認された」(6)。それとともに、「中間階級を貴族階級に対抗させてきたのと同じ工業化の波が、今では……労働者階級を中間階級に対抗させている。中間階級が貴族階級に打撃を加えるのとちょうど同じように、彼らは労働者階級から打撃をうけるであろう。貴族階級にたいする中間階級の行動を既に拘束しているものは、この事実の本能的な感知である。……高級な中間階級は、貴族階級の生活様式を猿真似し、この階級と結びつこうと努めている。その結果、イギリスの封建制度は、ほとんど感知できない中間階級の解体過程のもとでは、死滅しないであろう」(7)。

一八五〇年代には、こうして、「中間階級が徐々に貴族階級から権力を奪いつつある」(8)、「旧来の地主が現代の資本家に席を譲りつつある」(9)過渡として、「公的に支配を行なっている階級と公的でなしに支配を行なっている階級との一妥協策」(10)があらわになる。第一次選挙法改正からこの時点にかけて、経済的な搾取階級と政治的な統治階級とが実体的に分化した状態で、産業資本家階級の利害と要求を貫徹する政策・法を土地貴族が担っている国家機構が遂行するのである。「イギリスの国家構造は、実のところ、公式にではないが事実上市民社会の決定的な部面のすべてを支配しているブルジョアジーと、公式の統治者である土地貴族とのあいだの、年を経た、時代おくれの、古くさい妥協にすぎないものである。もともと一六八八年の『名誉革命』のあとでは、ブルジョアジーの一分派である金融貴族だけがこの妥協に参加していた。一八三一年の選挙法改正法は、他の一分派であるイギリス人のいわゆる工場貴族、すなわち産業ブルジョアジーの大立者をこれに加入させた。一八三一年以後の立法の歴史は、新貧民労役所法から穀物法の廃止まで、穀物法の廃止から土地所有にたいする遺贈税まで、すべてこれ産業ブルジョアジーにたいしてなされた譲歩の歴史である。ブルジョアジーがこのような一般的に政治的にも支配する階級と認められたとしても、これはただ次のような条件、すなわち、統治機構の全体がそのすみずみまでくまなく、立法権力の執行部門つまり議会両院での本来の立法までが、土地貴族にひき続き確保されるという条件で、そうなったにすぎない(11)」。

「支配階級と決して一致しない統治者層(12)」の存在について、一八五四年の下院議員の出自に関する統計の一例は、やや正確性を欠くようだが、次表のとおりである。

「

	議席数	現議員の百分率
貴族の縁故者	一〇三	一七・〇（二行合計）
アイルランド貴族	六	
農村ジェントルマン	二六六	四一・三
文学者、学者	二〇	三・〇
陸海軍人	三〇	四・六

商人、金融業者…………一〇九　　一七・一
法曹家…………………一〇七　　一七・〇
労働者代表……………な　し　　―
議席合計………………六四一」[13]

さて、プロレタリアートへの根本的対抗のなかでブルジョアジーの諸分派間の政治的同盟関係が漸次的に産業資本家階級の優位下に編成されなおす行程を経て、一八六〇年代以降、産業ブルジョアジーと土地貴族の「妥協」は、新しい段階に達する。「貴族の地位を存命中に拒絶し、死後その息子たちにその拝受を禁じた最高官職者……故サー・ロバート・ピールの忘れがたい例[14]」などに見られた、興隆途次の産業資本家階級が目指した貴族制の打倒に代わって、ブルジョアジーの内部で貴族制の保存が図られる。そうすることによって、イギリスは「旧来の貴族的伝統が最も近代的なブルジョア社会のなかへはいりこんで栄えている国[15]」になり、「完全に貴族主義的外皮をまとって、ブルジョア精神がいたるところに浸透[16]」する。「イギリスのブルジョアジー（いわゆる貴族はこれに同化し、このなかに含められている）[17]」。「ブルジョアジーが地歩を占めるに至って、一部は自ら国家を支配し、一部は国家の従来の占有者と妥協し、また、同じように、イデオロギー的諸身分を自分の骨肉の仲間として認め、これらの身分をいたるところでうまく自分の手足に転化してしまうようにな[18]」ったのである。

資本家階級と大土地所有者階級の社会的、政治的融合の新段階の経済的基礎には、次のごとき事情が存在する。一八四六年の穀物法廃止以後、かえって、農業にも黄金時代が訪れる。産業資本主義経済の豊かな繁栄の時代には、土地所有者階級も大きな分け前にあずかるのである。他方においては、一八五六年と

一八六二年の二つの株式会社法の制定を機に鉄道を中心にした海外事業証券の発行が急増し、一八五〇年代後半から一八七〇代前半にかけて、イギリスの海外投資は活況を呈する。イギリスは〝金利生活者国家〟化するが、このなかで、地代収入を増加させた大土地所有者階級は、農業への投資を国内・国外の産業への投資にもふりむけ、土地貴族から公債・株式債権所有貴族に転身してゆく。「一八六六年の恐慌以来、蓄積はますます大きな速度で進行した。しかも、工業国、特にイギリスでは、生産の拡大が蓄積の増大と歩調を合わせることができないで、個々の資本家の蓄積を彼自身の事業の拡張では十分に使いきれなかったほどに速く進行した。既に一八四五年のイギリスの綿業、鉄道投機。しかし、この蓄積とともに金利生活者の数も増えた。すなわち……享楽だけを欲するかまたは会社の取締役や監査役として軽い仕事だけをする人々の数も増えた(19)」。

資本主義経済の未曽有の繁栄期の階級関係に生じるいま一つの顕著な変化は、労働者階級の体制内化である。チャーティスト運動までは若々しい戦闘性を発揮した労働者階級は、一九世紀なかばすぎから、〝労働貴族〟の新語が使われはじめるように、一部の熟練労働者が特別の存在となり、全体として政治的な闘争力を喪失する。「〔一八四八年の諸革命後の〕大陸の兄弟の敗走は、イギリスの労働者階級を去勢して自分自身の大義にたいする彼らの信念を打ち砕いた一方、土地貴族や貨幣貴族にはいくらかぐらついていた自信を回復させた。……以前には活動的であったプロレタリアートの他の部分は、仕事と賃金の増大という一時的な賄賂にだきこまれて『政治的ストライキ破り』になってしまった。チャーティスト運動を維持しまたは改革しようとする努力はみな、ものの見事に失敗した。……実際、イギリスの労働者階級がこうまで政治的無力の状態に甘んじきったようにみえたことはかつてなかったことだった(20)」。

一八六七年の選挙法改正を手はじめに、この時期には、労働者の地位を改善する立法が次々に実施されるが、労働者階級の運動は、労働組合主義の狭い枠内に定着し、政治的には自由党、すなわち彼ら自身を支配する資本家たちによって指導される党派の後尾になりさがる。「かつてはあらゆる製造業者たちの恐怖の的であった工場法が、今やすすんで遵守されたばかりでなく、これをほとんどすべての業種を規制する法律に拡張することも大目に見られた。最近までは悪魔そのものの発明と考えられていた労働組合も、今や完全に正当な団体として、また労働者たちのあいだに健全な経済学の教理をひろめる有益な手段として、ちやほやされ愛顧をうけた。一八四八年までは極悪これにしくものはないとされたストライキでさえも、今や次第に、時には、ことに雇い主たち自身が自分の都合のいいときにそれをひきおこした場合には、きわめて有益なものと認められた[21]」。

(二) 政治的党派

産業資本家階級が土地貴族に代わって政治的にも第一の階級へと上昇する過程は、前代のトーリ、ウイッグ両党の再編として進捗する。一八二〇年代のキャニング派、一八四〇年代のピール派という自由主義的派閥のトーリ党からの分裂は、経済的、社会的な大改造に対処する政治的党派の改編の始動であったが、一八五〇年代は、旧党派の保守党、自由党の新党派への発展転化の過渡である。

従前の区別を消失したウイッグ党とピール派が連合したアバディーン内閣(一八五二―五五年)について、「旧党派は消え去ってゆくのに新党派はまだ固まっていない過渡期の政権の無力をあらわしている[22]」。「こういう『連立』という事実こそ、現実に成長してきてはいるが部分的には代表されていない近代社会の基本的階級、産業ブルジョアジーと労働者階級とが国民の唯一の政党としての地位を要求しはじめる時代がきたことの最も明白な徴候ではないのか?[23]」。そして事実、穀物法廃止を闘いとったコブデン、ブライトを先頭にするマンチェスター派が、他方で進出する。「トーリ党、ウイッグ党、ピール派……は、多かれ少なかれ過去のものに属するが、自由貿易論者（マンチェスター派の人々、議会および財政改革論者）は、現代のイギリス社会の正式の代表者、世界市場を支配しているイギリスの代表者である。彼らは、自覚したブルジョアジーの党派、つまりその社会的な力を政治的な力としても利用し、また封建社会の傲慢な最後の残存物を根こそぎにしようとつとめている産業資本の党派を代表している。この党派は、イギリス・ブルジョアジーの最も活動的で最も精力的な部分――工場主によって指導されている[24]」。

しかし、政治的諸党派の新編成は、マンチェスター派などの伸長による産業ブルジョアジーの新党派創設としては結果しない。産業資本家階級と土地貴族の同盟が構築されなおすのに照応し、その政治的な表現として、貴族支配に反対する闘争の意義を失ったマンチェスター派は、一八五七年の総選挙に敗北し後退する。「自由主義ブルジョアジー、工場主、大商会の圧倒的多数は、ブライト反対の票を投じた。……自由主義ブルジョアジーのこの脱落は、なぜ起こったのか？　……改革問題と階級闘争よ、うせやがれ！　……貴族反対のスローガンは聞きあきたし、なんのたしにもならなくなっており、労働者を騒がせるだけである。われわれは自由貿易を手に入れたし、驚くほど気楽な思いをしており、わけても戦時所得税の引下げ以後はそうである。われわれは、こうしたすべてのことのために、心から〔パーマストン〕卿を愛する。『国内政策などはいらん。対外政策がいるのだ。』……だからマンチェスターの選挙の真の秘密は、反穀物法同盟運動中に工場主たちが横取りした革命の指導権を、彼らの方で放棄したことである[25]」。かくして、「イギリスの中間階級が気力を喪失し、プロレタリアートにたいする譲歩を避けようとして寡頭支配者たちとの妥協を望んでいる[26]」のにしたがい、旧党派の変容、変態、すなわちトーリ党を母胎とする保守党とウイッグ党にピール派、マンチェスター派が加わる自由党との成立として、政治的党派の再編はなしとげられる。

一八六〇年代後半からは、第二次選挙法改正を契機に、一八三二年の選挙法改正以降進行してきた院内議員グループからの脱皮過程は急速に進み、保守党、自由党それぞれに政綱を掲げ中央・地方の組織を備えて多種多様な利害と要求を有する選挙権者を動員する政党として定着するが、自由党は特に、産業資本家階級の党としての性格を明確にする。「〔労働者が〕正当に大産業貴族の党とみなしている党――自由党……自由党はイギリスでは、大土地所有と金融貴族に対立して大工業を代表しないならば、およそなにも代表しない[27]」。そして、イギリス資本主義の黄金的繁栄時代を代表する政治家、ディスレーリとグラッドストンのもとでの保守党と自由党による二大政党政治が、「政権を互いにたらいまわしにし、またそうすることによってブルジョア支配を永久化している既成の両政党のシーソーゲーム[28]」が、一八八〇年代中頃まで繰り広げられる。

他面、労働者階級は独自の政党をもたないばかりか、労働者出身の議員は自由党の一翼を担い、いわゆる自由=労働の同盟が形成される。「保守党員といい、自由党員といい、急進派といい、彼らはすべて、支配階級の利益と地主、資本家、小売商人のあいだで有力な、様々な色合いの意見を代表しているにすぎない[29]」。不熟練労働者を主な担い手とする〝新組合主義〟として労働者階級の戦闘力が復活して独立した労働者政党の結成につながるのは、一八八〇年代末からであり、帝国主義への推転の年代である。

㈢　国家権力機構

「大ブリテンでは、王権はたんなる名目上の権力と考えられている。この仮定こそ、どの政党も王権と仲良くやっていけることを説明するものである[30]」。新興の時期には君主制に否定的であった産業資本家階級は、政治的支配の地位に登るにつれて、国内の労働者階級を制御し、また国外の植民地支配を円滑化する国家的統合の象徴として、これを積極的に利用する。君主は国家権力機構のイデオロギー的機関として社会のうえに君臨し、イギリスはブルジョア君主制によって仮装された共和国になる。「王朝を金で買いとることが目前の問題として日々新聞紙上で論じられていて、この王朝が人民の意志にたいして無力であるイギリスのような君主国(31)」。

二院制の議会は、上院が貴族主義を、下院が金権主義を代表する性質をますます強めるが、「イギリス貴族の最後の砦である上院(32)」も、産業界からの新たな加入の増加に示されるように、ブルジョア国家の貴族的要素として再定位せしめられる。

この時期に決定的に重要なのは、国家権力機構の内部編制をめぐって下院と内閣のあいだに生じる事態である。パーマストン内閣（第一次、一八五五―五八年。第二次、一八五九―六五年）時代に、下院＝議会と内閣＝政府の相互関係に、以下のような変化が看取されるようになる。「イギリスの一外務大臣が、議会の承認をうけないばかりか、彼自身の閣僚たちにさえ内緒で……こっそりとロシアとのあいだに『不確定の契約』……を結んだのである(33)」。「内閣は、軍隊の俸給を決定するという、憲法上もっぱら下院にのみ属する権限を我物にした(34)」。「ヨーロッパの他の二強国と連合して実行されているパーマストンのこの〔対メキシコ〕軍事遠征は、イギリス議会の開会中に、その承認もなしに、その意志に反してはじめられた。議会を無視してはじめられたパーマストンの最初の戦争は、偽造文書の提出によってやわらげられ正当化されたアフガン戦争であった。今一つのその種の戦争は、一八五七―五八年の彼のペルシャ戦争であった。……議会は、対外戦争にたいする統制権を失うとともに、国庫にたいするいっさいの統制権を失い、議会政治はたんなる茶番劇に変ることになる(35)」。「今日に至るまでパーマストンはまだ〔一八五六年の海法に関する〕パリ宣言とそのクラレンドンによる調印にイギリス議会の承認を求めることをあえてしなかった。宣言の内容についての討議はさておき、イギリスの一大臣が、女王からも議会からも独立に、イギリス海軍力の長年の基礎をペンの一筆でとりのぞいてしまう権利を簒奪しうるかどうかという憲法上の問題に関する討議が懸念された。この大臣のクーデタが、激しい議会質問をひきおこすことなく、むしろ既成事実として黙ってうけいれられた[36]」。

これらの例が具示するように、内閣が権力を集中し、議会は内閣の活動を追認するにすぎなくなる。対外的な戦争や外交を契機に内閣の議会にたいする優位がうちたてられ、従来の議会に代わって、今や内閣が国家権力機構の最中枢部になる。「議会がパーマストン卿に三〇年のあいだ、宣戦、講和、課税の権利を簒奪することを許した[37]」。「内閣の無答責の力をためしてみるといわんばかりに、彼〔パーマストン〕は、王権にたいしては議会の権利を、議会にたいしては国王の大権を、人民にたいしては両者の特権をふりまわして、同じ行動範囲内で危険なやり方を繰り返すほどの大胆さをもっていた[38]」。

〝議会の優越〟から内閣の優越への、かかる根本的な変化こそは、産業資本主義経済の確立とブルジョアジーとプロレタリアートの二大陣営への階級分裂に適応する国家権力の機構的構造の再編制に他ならない。この国家権力機構の改造は、海を隔てたフランスにおいても、同時代、ルイ・ナポレオンの第二帝制下で実現する。「一八四八年から一八五八年に至るヨーロッパの歴史を書かなければならない未来の歴史家は、一八五一年にボナパルトがフランスにたいして行なった訴えと一八五七年にパーマストンが行なった連合王国にたいする訴えとの相似性に驚かされることであろう。……ボナパルトと同じくパーマストンも、立法権力のくだらぬおしゃべりと干渉のしつこさを押える強力な執行権力が必要だと主張しなければならない[39]」。一八五〇年代のフランス、ドイツなどのヨーロッパ大陸諸国では、「〔一八四八―四九年の〕偉大な革命闘争から軍隊の力によって勝利者として出てきた諸権力は、欲するままに統治し、好みにまかせて法律をつくったり廃止したり、守ったり破ったりすることを許されていた。代議機関はいたるところで見せかけにすぎないものに堕落させられていた[40]」が、イギリスも例外ではない。ただイギリスでは、世界市場を支配する国としての経済的豊かさとそれに立地する産業資本家階級をはじめとするブルジョアジーの社会的強さに条件づけられ、産業資本主義段階の国家権力機構は、軍事力を前面に押し立て専制的形態をとることなく、平穏裡に民主制的形態を保って確立される。「〔ルイ・ナポレオン〕皇帝の権力横奪とイギリスにおける内閣の権力横奪[41]」について、「政府による議会との協議は純技術的なことだと！　そうだとするとイギリスの議会とフランスの立法院とのあいだには、どれだけの違いがまだ残っているのか？　フランスでは、それは……一国民的英雄の推定相続人である。しかし、イギリスでは、それは、二流の代弁者であり、使い古しの猟官者であり、いわゆる内閣の匿名のとるにたりぬ手合いであり、この内閣は、議会の愚鈍な知力と匿名新聞の人をまどわせる放言をたよりにして、音もたてずに、なんの危険も犯さずに、静かに無責任な権力へと忍び寄ってゆく[42]」。

プロレタリアートにたいする抑圧を絶えず強化しなければならなかった一八四八―五一年のフランスとは違って階級闘争が穏健であるから、国内支配よりは対外政治を機縁としつつ、一八三〇年以降の大半の時期にわたってイギリスの対外政策を動かしてきたパーマストンという特異な経歴の政治家に率いられる長期内閣のもとで、パーマストン「一個人の強力な独裁[43]」を介し、次第に内閣が国家権力機構の最中心に位置するようになる。逆にまた、内閣の独断専行がパーマストン個人の独裁の姿をとる。

一八六〇年代以降には、マルクスもエンゲルスもイギリス国家を対象とした現状分析をそれとして行なうことはないが、パーマストン内閣時代の政治の断片的な諸記述にそのパーマストン内閣と類比されるルイ・ナポレオンの第二帝制国家に関するマルクスの研究を合わせることにより、イギリスでは一八五〇年代後半から一八六〇年代前半に、経済的、社会的大変動にみあう国家権力機構の再編制が実現することが推知される。議会中心から内閣中心への国家権力諸機関の相互関係の変換――同じく議院内閣制と言っても議院内閣制から政党の発展的確立を媒介環とした議院内閣制への発達——として、資本主義の確立に適合して成熟するブルジョア国家の権力機構的構造も確立するのである。[44]

ブルジョア国家権力機構を完成させるものとして、一八六〇年代後半からの二〇年間には、選挙・被選挙権をはじめとするブルジョア的権利を労働者階級にまで拡張する改革が重ねられ、かつてのチャーティスト運動の「人民憲章」は支配階級によって立法化されブルジョア国家権力の一部として機構化される。一八六七年に長年懸案とされてきた第二次の選挙法改正が実行されて都市労働者部分に選挙権が拡大され、一八七二年の秘密投票法、一八八三年の腐敗および不法行為防止法で選挙の民主化も進められる。「人民憲章の六ヶ条のうち、秘密投票と議員の財産資格の廃止との二ヶ条は、今ではこの国の法律になっている。第三番目の普通選挙権は、戸主選挙権という形で、少なくともそれに近いものが実施されている。第四番目の平等の選挙区ということは、現政府が約束した改革として、明白に実施の見込みがついている。つまり、チャーティスト運動が崩壊した結果、チャーティストの綱領のたっぷり半分が実現したわけである[45]」。続いて、一八八四年の第三次選挙法改正によって農村や鉱山のかなりの労働者にも選挙権が与えられ、男子に関して普通選挙制が近似的に実現される。翌年には労働者の議会進出をより容易にする選挙区制の改革がなされる。「彼ら〔イギリスのブルジョアジー〕は、最大の勝利を誇った時代にも、たえず労働者に譲歩してきた。彼らの最もわからず屋の部分、つまり保守的な土地貴族と金融貴族でさえ、都市の労働者に選挙権を大幅に委譲することをためらわなかったので、労働者が一八六八年以後、下院で彼らの議員を四〇—五〇名もたなかったのは、もっぱらこれら労働者自身の責任であったほどである。しかもそれ以後、全ブルジョアジー——保守党と自由党とを合わせた——は、拡張された選挙権を農村地区へも拡げ、選挙区の大きさをだいたい等しくし、少なくとも更に三〇の選挙区を労働者階級に提供した[46]」。

こうした選挙制＝議会改革は、労働者階級の指導部がブルジョアジーの手先になりさがっている状態にもとづき、かつその状態を一段と促進しつつ、労働者階級の政治性を、今では第二義的な国家権力機関に転落している議会の平面に組みこみ議会主義的に馴致するものとなる。(47)かつては、台頭しつつあるプロレタリアートと結びついた政治的変革の観念であった民主主義は、ブルジョア国家の内部に包摂され、統治形態として定着する。こうして、古典的な議会制民主主義が確立するのである。

(1) マルクス『資本論』、第二三巻、三七二頁。
(2) マルクス『フランスにおける階級闘争』、第七巻、一七頁。
(3) エンゲルス「『イギリスにおける労働者階級の状態』ドイツ語第二版への序言」、第二二巻、三二三頁。
(4) マルクス「総評議会からラテン系スイス連合評議会へ」、第一六巻、三八〇―三八一頁。
(5) 穀物法が廃止される前年、エンゲルスは、以下のように述べている。「穀物法の廃止は、借地農を地主から独立させるであろうから、下院の地主の政治権力、すなわち事実上かつイギリスの立法府全体にとどめをさすであろう。廃止は、資本をイギリスの最高権力と宣言するであろう。だが、同時にイギリスの国家構造をその根底から動揺せしめ、立法機関の主要な構成分子、すなわち土地貴族制を動揺せしめ、すべての富と権力を奪いとり、これによって穀物法廃止は他の幾多の政治的措置よりも、イギリスの将来にとって別な大きな影響をもつであろう」(「イギリス穀物法の歴史」、六一四頁)。ここに予想された穀物法廃止の国家部面への影響が、急速に進展しなかっただけではない。この予想は、『共産党宣言』において論定されるような、資本主義的生産の発達につれてブルジョア社会は資本家階級と賃金労働者階級との二大陣営にますます分裂していく、つまり土地所有者階級は衰滅してゆくという、当時のマルクス、エンゲルスの階級論的考察に基礎をおいている。そして、そうした経済学的展望にも最も良く合致している国と見なされているのがイギリスである。「今や中間階級がその主要な施策を貫徹し、あとはただ、貴国の公認の支配階級となるためには、現在の弱体な弥縫内閣のかわりに精力的な本当の中間階級内閣をつくりさえすればよい現在、資本と労働、ブルジョアとプロレタリアの大闘争の決着をつけなければならない……。土地貴族が闘いから退却したことによって、今や戦場は整理されている。闘争の起こりうるのは、中間階級と労働者階級とのあいだだけである」(マルクス＝エンゲルス「ファーガス・オコナー氏へのあいさつ」、第四巻、二二三―二二四頁)。土地貴族が居坐るオールド・イングランドの完全な解体によるブルジョアジー＝資本家階級とプロレタリアートとの公然たる闘争の展開という展望は、一八四八年の革命後にも、マルクス、エンゲルスがとらわれ続けている、ヨーロッパ的規模でプロレタリア革命が迫っているという誤った情勢評価とも結びつきながら、保持される。一八五二年の初め、エンゲルスは、こう予測している。「イギリスでは、すでに著しくブルジョア化したキャニング内閣をつうじて、旧反動政党のトーリ党が最初の分裂をきたし、キャニング、また後にはピールによってイギリス国家構造の例の漸次的な掘りくずしがはじめられたが、その掘りくずしはその時以来じつに間断なく推し進められており、老朽建物全体がどっと倒壊する点にまで達する日もごく間近いにちがいない。大陸で一時勝利をおさめるのが革命であるか反革命であるかにかかわりなく、イギリスの旧制度のこの掘りくずしとその根底にある大工業によるイギリス社会の不断の革命化とは、静かに進行しつづけ、その進行が緩慢ならば、そのかわりそれは確実でもあり、一歩も後戻りしない。……工業ブルジョアジーによるいっさいの伝来の諸階級の政治的支配の座からの最終的な放逐と、したがって彼らと工業プロレタリアートとの決戦日の到来が間近であるというまぎれもない兆候があらわれている今日……」(「イギリス論」、二〇七頁)。かかる見通しを引き継ぎつつ、一八五二年後半からマルクスが、エンゲルスに代わって、イギリスの現状分析に取り組んでゆく。

(6) マルクス『資本論』、第二五巻、四〇八頁。
(7) マルクス「イギリスの中間階級」、第一〇巻、六五六頁。
(8) 同右、六五四頁。
(9) マルクス「アイルランドの復讐」、第一一巻、一一四頁。
(10) マルクス「イギリスの危機」、第一一巻、九四頁。
(11) マルクス「イギリスの国家構造」、第一一巻、九〇―九一頁。
(12) マルクス「諸政党と諸派閥」、第一一巻、四二頁。
(13) マルクス＝エンゲルス「イギリス議会の構成」、第一〇巻、五一頁。

(14) マルクス「イギリスの中間階級」、六五二頁。
(15) マルクス「醜聞」、第一五巻、四九三頁。
(16) エンゲルス「ロンドン通信四」、第一八巻、一八八頁。
(17) エンゲルス「ブルジョアジーの辞職」、第二一巻、三八七頁。
(18) マルクス『剰余価値学説史』、第二六巻第一分冊、三七〇頁。
(19) エンゲルス「『資本論』第三巻への補遺」、第二五巻、一一五九頁。
(20) マルクス「国際労働者協会創立宣言」、第一六巻、八頁。
(21) エンゲルス「一八四五年と一八八五年のイギリス」、第二一巻、一九八頁。
(22) マルクス「内閣の業績」、第九巻、四七頁。
(23) マルクス「連立内閣の見通し」、第八巻、四七二頁。
(24) マルクス「チャーティスト」、第八巻、三三四頁。マンチェスター派などの将来的発展についての、一八五〇年代のマルクスの見通しは、一八五二年総選挙における自由貿易派の勝利にも示される政治的諸党派の現実的動向を捉えていると同時に、反面で土地貴族を「消滅してゆく反対者」(同上、三三六頁)とする階級論的考察にもとづいて産業資本家階級が「単独で政治的支配権を握る」(同上)とする展望に支えられている。
(25) マルクス「コブデン、ブライト、ギブソンの敗北」、第一二巻、一六二一―一六四頁。
(26) マルクス「イギリスの新予算」、第一二巻、一二五頁。
(27) マルクス「イギリスの選挙」、第一八巻、四八七頁。
(28) エンゲルス「『イギリスにおける労働者階級の状態』ドイツ語第二版への序言」、三三六頁。
(29) エンゲルス「労働者党」、第一九巻、二七〇頁。
(30) マルクス「議会情報」、第九巻、二五二頁。
(31) エンゲルス「一八九一年の社会民主党綱領草案の批判」、第二二巻、二四〇頁。
(32) マルクス「議会外の興奮」、第一一巻、二二三頁。
(33) マルクス「議会における戦争討論」、第一〇巻、一八五頁。
(34) マルクス「種々の内容の報道」、第一一巻、三三八頁。

(35) マルクス「対メキシコ戦争」、第一五巻、三五五頁。
(36) マルクス「ワシントンの内閣と西ヨーロッパ列強」、第一五巻、四〇七頁。
(37) マルクス「イギリスの政治」、第一五巻、九頁。
(38) 同右、一〇頁。
(39) マルクス「イギリスの選挙」、第一二巻、一四八頁。
(40) エンゲルス「一八五八年におけるヨーロッパ」、第一二巻、六八一頁。
(41) マルクス「イギリスの政治」、一二頁。
(42) 同右、一〇―一一頁。
(43) マルクス「パーマストンとイギリス寡頭制」、第一一巻、八七頁。
(44) したがって、一九世紀産業資本主義時代の国家は議会優位であったが、二〇世紀帝国主義の時代に内閣＝政府が優位するようになったとする見解は、誤りである。例えば、「一九世紀から二〇世紀の初頭にかけては、人の知るように『議会の世紀』といわれるほど、議会の政府に対する優越が西欧民主主義の政治体制を特徴づけた。それはイギリスの光栄革命（一六八八年）とフランス大革命（一七八九年）に端を発し……その具体的な態様は国によって著しく異なるが、一九世紀から二〇世紀初頭に至る諸国の立憲政の発展は、人民意思の法的解説者としての議会が人民意思の執行を主たる職務とする政府に対して優越する、という体制を目標とする共通の動向を示したといえる」（芦部信喜「現代における立法」、『講座　現代法3』、岩波書店、一九六五年、三頁）。かかる通説は、産業資本主義段階の国家を法的に虚飾したダイシー憲法論を受けついで、ブルジョア国家を議会（中心）主義的に美化する支配階級的なイデオロギーに他ならない。ところが、産業資本主義時代に確立し完成するブルジョア国家の権力機構に関する誤った把握は、従来のマルクス主義国家論においても定説化されている。「産業資本主義の時代には、議会はいずこにおいても、ブルジョア国家の指導的機関であった。それは、代表制諸機関の権力を犠牲にして政府権力の強化が行なわれる帝国主義時代には、その従前の意義を失う。……すでに一八世紀以来、イギリスでは、内閣の下院に対する責任が確立されていた。……政府は、事実上、下院によって構成され、全面的にその統制下におかれる機関たる地位をしめていた。事態は一九世紀末になって根本的に変更されるにいたった。そして更に二〇世紀の初頭以来、内閣は議会の役割と意義をしめだし、たんに国の全内外政策を指導するのみでなく、議会の全立法活動を方向づけ、しかも著しい程度に議会とは別個に立法権を行使さえする機関として、事実上国家における独裁的地位をしめるにいたった」（ソ同盟科学アカデミー法研究所編『国家と法の理論』、巌松堂書店、一九五四年、上巻、三〇七―三〇八頁）。また、「産業資本主義の時代には、『権力分割』原理にしたがって、議会は唯一の立法機関、権力位階制の最高機関とみなされていた。……産業資本主義の帝国主義への成長転化にしたがって、まさに政府が独占資本の独裁の主要な実現道具となり、他方、議会は、その全権の外見的属性は維持したまま、後景にしりぞいてゆく」（ソ連邦科学アカデミー国家・法研究所『国家・法の一般理論』、日本評論社、一九七三年、上、二五五頁）。これらのソ連製教科書における産業資本主義時代の国家の把握は、マルクスによるフランスならびにイギリスの国家の分析を投げ捨ててしまっており、上述のブルジョア・イデオロギーに等しいものに転落している。また歴史的認識としては、ブルジョア革命によって生まれでた国家と産業革命を経て産業資本主義の確立にともなって成熟した国家とを同一視しているとともに、産業資本主義時代の国家と帝国主義時代のそれとの発展段階的区別も正確に捕捉しえなくなっている。なお、『資本論』第一巻の公刊と同じ年、一八六七年に書かれるウォルター・バジョット『イギリスの国家構造』は、当時のイギリス国家の内部構造に関する好個のルポルタージュである。

(45) エンゲルス「労働者党」、二七二頁。

(46) エンゲルス「ブルジョアジーの辞職」、三八六頁。

(47) ここで、マルクス、エンゲルスによるイギリスのプロレタリア革命の実現方式に関する言及を取りあげておこう。「我々は、それぞれの国の制度や風習や伝統を考慮しなければならないことを知っており、アメリカやイギリスのように……労働者が平和的な手段によってその目標に到達できる国々があることを、我々は否定しない。」（マルクス「ハーグ大会についての演説」、第一八巻、一五八頁）。「〔マルクス〕その人の全理論は、イギリスの経済史と経済状態との終生の研究の成果であり、またその人は、この研究によって、少なくともヨーロッパでは、イギリスは不可避的な社会革命が平和的で合法的な手段によって完全に遂行されるかもしれない唯一の国である、という結論に達したのである。」（エンゲルス『資本論』英語版序文」、第二三巻、四頁）。こうしたマルクスの一八七二年の演説やそれをうける形でのエンゲルスの一八八六年における記述は、その「平和的な手段」の具体的な内実と可能根拠は明示されていないが、一八七一年、パリ・コミューンの経験の分析にもとづいてマルクスが定式化した、古いブルジョア国家権力機構の破壊と新しいプロレタリア国家権力機構によるおきかえという革命方式の原則からイギリスを除外したものとして扱われている。このイギリスに関する革命論的展望の当否については措くとして、そうした展望をうちだす前提的過程としては、国家論的に、以下のような問題点が含まれている。第一は、一八五〇年代後半、イギリス国家の具体的動向からマルクスが断片的であれ析出した国家権力機構の内部的再編制が、それとして踏まえられていないという点である。マルクスも、イギリスについては一八五〇年代中頃まで——フランスについては、マルクス『フランスにおける階級闘争』に見られるように、第二共和制期に——革命闘争にとっての普通選挙権の効力に高い評価を与えている。「住民の三分の二が産業プロレタリアであるイギリスでの普通選挙権は、労働者階級の独立的な政治的支配を、それと分かちがたい社会状態の革命的変革を意味する」（エンゲルス「イギリスの十時間労働法」、二四七頁）。「フランスでは革命の当面の内容が普通選挙権であった。が、イギリスでは普通選挙権の当面の内容が革命なのである」（マルクス「憲章」、第一一巻、二六七頁）。かかる普通選挙権についての強い期待は、人口構成において労働者階級——フランスの場合には、更に分割地農民——が大半をしめているということにとどまらず、より基本的には、議会が国家権力機構のなかでの最高権力機関であるという国家論的分析に立脚してうちだされている。したがって、一八五〇—六〇年代における国家権力の機構的構造の政府の優越下への発展的転化過程の並時的な分析的把握をつうじて、普通選挙権への評価も基本的に改められ、上述の革命方式の原則の定式化がおこなわれることになる。イギリスについて従前と同じような革命論的展望が繰り返される場合、イギリス国家の構造的転換の断面についてのマルクスの記述が理論的に構成され確立されるに至っていないのである。そのことはまた、第二点として、マルクスとエンゲルスが、当時の段階のイギリス国家についての独自な理論的分析をなさずに、「経済史と経済状態」の研究から直接に革命論上の展望を導きだしていることをも意味する。経済恐慌と革命を論軸にして一八四〇年代後半から追究してきた経済学——革命論という根本的枠組のなかに、国家権力の問題を不可欠の環節として独自に位置づけて、マルクスが、経済学——国家論——革命論の区別と連関における現状の分析と見通しという理論的見地を明確に定立するのは、一八七一年の『フランスにおける内乱』においてであると言ってよいが、そうした理論的つながりにおいての具体的研究が、イギリスについては欠けているのである。更に、マルクスもエンゲルスも、ブルジョア国家の本質的構造の理論的究明を達成していないし、イギリスとフランスそれぞれの国家の類型的特質についても論定していないのであるが、エンゲルスの場合に特に顕著に、フランス国家を典型的なブルジョア国家と見なす傾向、つまりイギリス国家を特殊な類型と見る傾向があることにも関連していることを、第三点として指摘しておこう。ところで、エンゲルスは、「一八九一年の社会民主党綱領草案批判」のなかで、「人民の代議機関が全権力をその手に集中していて、人民の多数者の支持を獲得しさえすれば憲法上はなんでも思うようにやれる国ならば、古い社会が平和的に新しい社会に成長移行してゆける場合も考えられる」(二四〇頁)と述べて、そうした国の例として「フランスやアメリカのような民主的共和国」(同上)とともにイギリスを挙げ、「政府がほとんど全能で、帝国議会やその他のすべての代議機関が実権をもたないドイツ」(同上)と対比している。しかしながら、イギリスに限っても、「代議機関が全権力をその手に集中」してはいなくなっていたし、労働者党が「人民の多数者の支持を獲得」する可能性も現実には存在しなかった。逆に、程度と形態の差異こそあれ、「政府がほとんど全能で」「代議機関が実権をもたなく」なってしまっていたのである。エンゲルスのイギリス国家に関する認識は、一八四四年の論文「イギリスの状態　イギリスの国家構造」のそれから、終生、進むことがなかったのである。

三　イギリス国家構造の理論的分析

イギリスにおいて、一七世紀のブルジョア革命により生誕した国家が、産業革命による資本主義経済の確立を基礎としそれにともなって形成される「近代社会の三大階級[1]」の対立と闘争を動力として徐々に性格と構造を変え、一九世紀後半に成熟する行程を、要点的に通覧した。それは、生成期のブルジョア国家と確立期のブルジョア国家の相違を政治制度的側面から解析して、両者の歴史的段階的発展を無視したり、そうすることによってまた産業資本主義に適合して確立するブルジョア国家の本来的構造を見失ったりする所説を批判するものでもあった。[2] この歴史的概述にもとづき、この節では、産業資本主義段階に完成し成熟するイギリス国家の構造を理論的に解明する若干の作業を行なう。

最初に、およそ一八三二年の第一次選挙法改正から一八六五年のパーマストン内閣の終わりまでの期間にわたるブルジョア国家の全構造的成熟過程の歴史的諸事実の連関を整理しよう。

第一の点として、大土地所有者階級中心から産業資本家階級中心への政治的支配階級の再編の歩みは、以下のように捉えられよう。産業資本の発達につれて経済的に支配する第一階級となった産業資本家階級の政治的進出は、まず、大土地所有者階級と同盟してきた資本家階級部分との交替をもたらす。「一八三二年に通過をみたイギリスの選挙法改正草案は、まさに金融貴族の没落であった。銀行、国債所有者、株式投機師、一言でいえば貨幣取扱業者たち——貴族が莫大な借財を負っていた——は、選挙独占の色とりどりの偽装のもとに、これまで排他的にイギリスを支配してきた。……冗職の制限においては金融業者の後尾としての貴族が……関税の引下げと所得税の実施においては金融業者と地主の免税特権が、産業ブルジョアジーの犠牲とされた。……穀物条例の廃止では植民地の地主が、航海条例の廃止では船主が、犠牲とされた」[3]。要するに、第一次選挙法改正以降、「産業ブルジョアジーが、金融貴族層に代わって、ますます中間階級の指導的部分になっていった」[4]。つまり、資本家階級の産業的分派が、その金融的分派や商業的分派と入れ代わって、土地貴族の同盟勢力に成りあがる。次の局面で、土地貴族と産業資本家の階級同盟の内部において、第一階級・主導ないし指導勢力と第二階級・補助勢力とが交替する。土地所有の産業資本への経済的従属は遂に政治部面にまでおよび、大土地所有者階級と産業資本家階級のあいだの政治的力関係が逆転し、後者の指導のもとでの前者との階級同盟が、プロレタリアートに対立するブルジョアジーの陣営として、構築されなおすに至るのである。

第二点は、経済的には産業資本家階級が圧倒的になっているにもかかわらず政治的には土地貴族が依然として支配的な部署を保っている時期においては、土地貴族は、全国民的利益を代表する産業資本家階級の要求にそい、それを代行することを強要される。大土地所有者階級によって担われている国家が、産業資本家階級のための方策を、特に議会外の諸階級、諸分派の闘争や突きあげを圧力にしながら、主にウイッグ党をつうじて遂行する。「産業ブルジョアジーは下院には少数の代表しかだしていないが、彼らがそれでも事態の真の支配者であり、ウイッグ党であれ連立政府であれ、いずれの政府も彼らのために彼らの準備作業をやることによってのみ自分たちが官職にとどまることができ、ブルジョアジーを官職から締めだすことができる[5]」。この点では、国家の構造的転換は、国家機能の性格変化から国家の実体的担い手の変化へという過程を辿る。更に、国家の実体的担い手の転換過程では、「貴族の統治権独占、ブルジョアジーの立法権独占[6]」というような、国家権力諸機関をブルジョアジーの分派間で分担掌握する状態がつくりだされる。産業ブルジョアジーの国家権力機構内部への侵入は、議会から内閣へと進むのである。そして、内閣＝政府においても土地貴族の支配力が最後まで残るのは、外交と軍事の部門である。「イギリスの貴族は、一八三〇年以来、もっぱら商工中間階級の利益になるように国内政策を遂行することを余儀なくされながらも、それにもかかわらず、対外政策と軍隊の独占権を維持していたおかげで、政府のあらゆる部署をその手に保ってきた[7]」。

第三点として、国家の性格変化は国家機能の性格変化にはじまるが、国家機能の性格変化は国家によって実現される政策・法の性格変化として現われる。「自由貿易とは、工業資本家たち――今や国民を代表することになった階級の利害に応じてイギリスの内外商業政策と金融政策の全体を調整しなおすことを意味していた[8]」ように、産業資本家階級は、土地貴族と闘い彼らに強いて、重商主義の政策・法を次々に改廃し、自由主義の政策・法を連鎖的につくりあげる。この政策・法の基調転換は、〝自由放任〟をスローガンとする経済政策・私法を整備するとともに、他面では「一八二九年にピールの手で完成された警察」[9]などを具現する治安政策・公法を定置するという二とおりの大筋において系統的に推し進められる。国家は、これらの政策・法を制定し制定された政策・法の実施をつうじて、直接あるいは間接に、その機構的構造をも変化させてゆく。したがって、政策・法の転換が国家の転換に先行し、政策・法の転換を媒介にした国家の構造的転換が漸次的に一歩一歩なしとげられる。

ところで、産業革命を原動力とする経済構造の改造から階級編成の改編、そして政治的な改革へという変革の序列が瞭然とした姿で、イギリスのブルジョア国家はその生成段階から確立段階へと発展的に移行するが、そうすることによって、その始期をとれば一八六〇年代と一八三〇年代、終期をとれば一八三〇年代と一八六〇年代というように、ブルジョア国家は資本主義経済に四半世紀から半世紀遅れて確立し成熟する。この社会経済史の発展段階的時期区分と政治史のそれとの時代的ずれを、土地貴族が国家権力の座に長らくとどまり続けたのは何故かという、しばしば取り上げられる問題視角から考察してみよう。土地貴族による国家権力の掌握の持続性、これは、イギリスのブルジョア国家のいわば謎として、一八五〇年代にマルクスが直面してその解明を追求し[10]、また最晩年のエンゲルスが歴史的な概説を試みる、イギリス国家分析の核心的問題であるが、マルクスの『資本論』において本質的な解答が与えられているといってよい。そこで、『資本論』での論点を中心に、この問題の理論的説明に取り組もう。

まず、経済的基礎要因として、産業資本にたいする土地所有の関係である。「産業資本は、資本の存在様式のうち、剰余価値または剰余生産物の取得だけではなく同時にその創造も資本の機能であるところの唯一の存在様式である。だから、それは生産の資本主義的性格を条件とする。……産業資本が社会的生産を支配していくのにつれて、労働過程の技術と社会的組織とが変革されていき、したがってまた社会の経済的、歴史的な型が変革されていく」[11]のであるが、資本主義的生産が発展するのと同じ度合いで、資本主義的地代も発展する。「資本主義的生産とともに商品生産が発展し、したがってまた価値の生産が発展するのと同じ度合いで、剰余価値および剰余生産物の生産も発展する。ところが、後者が発展するのと同じ度合いで、土地所有が土地の独占によってこの剰余価値のうちのますます大きくなる部分を横取りする能力、したがって自分が取る地代の価値を高くし、また土地そのものの価格を高くする能力も発展する」[12]。ここから、既に言及したように、穀物法の廃止後、イギリス資本主義の黄金時代には、地代が増大し土地所有者階級は以前にも増して富裕になるのである。「土地に投ぜられる資本が多ければ多いほど、一国の農耕と文明一般との発展が高ければ高いほど、それだけ一エーカー当たりの地代も地代の総額もますます大きくなり、社会が超過利潤の形で大土地所有者に支払う貢ぎ物はますます大きくなるのである。……この法則は、大土地所有者階級の生命の驚くべきねばり強さを説明する。社会のうちに、この階級のように伝来の『身分相応の』ぜいたくをする権利を、そのための貨幣の出所がなんであるかにかかわりなく要求する階級はなく、この階級のように気軽に負債を重ねていく階級はない。しかも、この階級は絶えず再び立ちなおる——というのは、土地に投ぜられた他人の資本が、そこから資本家が引きだす利潤とはまったく不釣り合いに、この階級に地代を運んでくれるおかげである」[13]。

これに、(産業) 資本家にたいして特有の土地所有者の社会階級的地位が重なる。「資本家は、この剰余価値および剰余生産物の発展においてはまだ自身で活動する機能者である。土地所有者は、ただ、剰余生産物および剰余価値のうちの、彼の関与なしに大きくなっていく分け前を横取りしさえすればよいのである」[14]。産業資本家は資本主義的生産の陣頭に立って監督や指揮に従業しなければならず、現役の産業資本家が政治家を兼ねるのは極めて困難である。個人企業ないし家族企業が支配的であり、株式会社形態が普及する以前の時期には、とりわけそうである。「産業資本家たちはまだまだ『国務に従事したり哲学したりする』どころではない」[15]。産業資本家を社会的出自とする職業政治家が輩出するのには、世代の積み重ねが必要である。ところが、土地所有者は本来的に寄生的であり有閑である。「土地所有者は自分の所有地はスコットランドにあるのに彼の全生涯をコンスタンティノープルで送ることができる」[16]。したがって、土地所有の産業資本への本質的従属に規定された土地所有者階級の産業資本家階級への全面的な経済的依存にもかかわらず、かえってそのために、前者の後者からの相対的な政治的独立が可能になる。社会階級的存在位置に適応するブルジョアジー内部での経済的支配と政治的支配の分業として、大土地所有者階級が政治的支配の担い手としては大きな役割を果たすのである。

また、政治的に支配するブルジョアジーの諸分派の相互配置は、プロレタリアートとの基本的対立関係に規制される。イギリスでも、チャーティスト運動の敗退の後には、特に一八四八年のヨーロッパ大陸諸国での革命が、国内の労働者階級に潜在する闘争力への警戒を高めさせ、ブルジョアジーのあらゆる分派の階級的団結を緊密化させる。「パリの六月暴動とその血なまぐさい鎮圧とは、大陸ヨーロッパでもイギリスでも、支配的な諸階級のすべての分派を、すなわち地主も資本家も、相場師も小売商人も、保護貿易論者も自由貿易論者も、政府も反対党も、坊主も無神論者も、若い娼婦も老いた尼もひっくるめて、財産と宗教と家族と社会とを救え！　という共同の叫びのもとに統合した」[17]。産業革命完成期の経済的、社会的激変のなかで生じた、一方での貴族階級と「中間階級」、他方での産業資本家階級と労働者階級の、二重の階級対立を過渡として、ブルジョア革命以来長期にわたって結ばれてきた資本家階級と大土地所有者階級の同盟が、既述のような諸分派間の配置転換として再構築され、プロレタリアートへの総対抗という新しい発展段階にふさわしい形で堅持されるのである[18]。

更に、社会にたいして国家、経済的搾取にたいして政治的統治が有する意義は、第二義的である。資本家階級は、直接的な国家権力よりも資本の安全な所有をはるかに重視する。なかんずく、イギリスの産業資本主義の時代には、経済的支配の決定性・目的性と政治的支配の相対的自立性・手段性は、極限に達する。典型的な産業資本主義の社会にあっては、経済過程のほぼ完全に自立した運動によって剰余価値の搾取が達成されるが、それだけではない。経済過程の外面に自生する「自由、平等、所有、そしてベンサム」[19]をイデオロギー的に公準とすることによって、社会のうえに立つ国家が機構的にかたちづくられるとともに、その国家権力機構の活動もルール化され、この客観化された機構や法をつうじて政治的な支配は実現される。こうした社会と国家の分離と統一の仕組みにおいては、経済的に主導する産業資本家階級は、直接に国家権力を担っている主勢力でなくても、間接に国家権力を手中に収めて政治的にも指導する階級たりうるのである。[20]産業資本家階級による国家権力の直接的な掌握が緩慢にしか進行しないのも、経済的運動を外側から消極的に保全するという、この段階のイギリス国家の存在性格そのものに根ざしていると言えよう。

晩年のエンゲルスが論及している[21]ような、伝統、道徳、宗教、教育などと政治の絡み合いも、以上のような経済学的解明を補充するものとして、挙げなければならない。これらの精神的諸要素の国家にたいする作用・反作用は、君主制、貴族制の存続に統括されるが、国家構造の経済構造、階級構造からの相対的独立性を大きなものにする。「伝統は一つの大きな阻止力であり、歴史の惰性の力である」[22]。そしてまた、「議会制統治は伝統尊重の気風を教えこむのにすぐれた学校である」[23]。

宗教については、イギリス国教会と国家は癒着しており[24]、非国教徒——資本家階級は多く非国教徒である——が官職に就くのを拒否する法律は、空文化していたとはいえ、一八二〇年代末のカトリック解放まで撤廃されなかった。資本家階級自身も、支配の地位を高めるとともに、宗教をも支配の手段として役立てる。

「今ではイギリスのブルジョアジーは、『下層身分』すなわち生産にたずさわる国民中の大多数者を抑えつけておくことに参加しなければならなかったのであって、この目的のために用いられた手段の一つが宗教の影響力だったのである[25]」。教育になると数段と著しく、政治的支配者層の養成は、毛並みと財力を兼備した上流階級の子弟に特有の道徳的、知的資質を体得させる名門の教育施設によって排他的に独占され続ける。政治的指導者の隊列に伍するには、この上流階級専用の特定の教育過程を通ることが欠かせない要件である。「じっさい、当時のイギリスの中流階級は、概してまったく無教育の成上り者であったから、商売人的なぬけめのなさで味つけされた島国的偏狭さや島国的うぬぼれとは別な資質が必要である政府の高い地位は、貴族にまかせておくほかなかったのである[26]」。

(1) マルクス『資本論』、第二五巻、一一三〇頁。

(2) 従来の近代ヨーロッパ政治史解釈の歪みを批判して、ブルジョア革命によって成立する国家と産業革命以後の国家との歴史的発展段階的区別を明らかにした功績は、「初期ブルジョア国家」と「盛期ブルジョア国家」の概念をうちだした上山春平『歴史分析の方法』(三一書房、一九六二年)第一章、第三章に代表されよう。但し、全体として、社会的な諸階級の対抗関係からの推論であり、国家自体についての内容的な解明はなされていない。飯沼二郎『地主王政の構造』(未来社、一九六四年)の序説一は、上山前掲書と同じ論点をイギリスについて具体化しているが、産業革命にともなって形成される「固有の資本制社会」に関して、地主を打倒したブルジョアジー(＝資本家階級)が単独の支配体制を樹立するという史実に反する図式をつくり、それを「第二ブルジョア革命」と呼称する、大きな誤りがある。なお、イギリスの初期ブルジョア国家は、土地貴族によってほとんど独占的に担掌されているが、権力機構の編制においては議会が最優位しているのだから、絶対王政にたいして、また盛期ブルジョア国家にたいしても、「地主王政」とするよりも地主議会政とする方がより適切であろう。下山三郎『明治維新研究史論』(御茶の水書房、一九六六年）は、その一部で、一連の理論的提起をうけ、イギリスとフランスについての「近代国家初期」と「産業革命（あるいは一八四八年）以後」の国家の区別を、マルクスとエンゲルスの諸論文を再構成しつつ明らかにしている。が、マルクス、エンゲルスの諸論述に無批判的な構成法がとられているとともに、内容的には、エンゲルスの例外国家論に引きずられていて、経済的支配階級と政治的支配階級の実体的合致がメルクマールとされている。

(3) エンゲルス「イギリスの十時間労働法」、二四二―二四三頁。
(4) マルクス「ジョン・ラッセル卿」、第一一巻、三九六―三九七頁。
(5) マルクス「予算」、第九巻、六八頁。
(6) マルクス「トーリ党と急進派の連合」、第一一巻、七二頁。
(7) マルクス「回顧」、第一〇巻、五九七頁。
(8) エンゲルス「一八四五年と一八八五年のイギリス」、一九七頁。
(9) マルクス＝エンゲルス「評論」、第七巻、四五三頁。
(10) マルクスは、一八五〇年代にしばしば、予想に反する「大土地所有者階級の生命の驚くべきねばり強さ」（マルクス『資本論』第二五巻、九三二頁）を追認させられる。この大土地所有者階級の生命のねばり強さの秘密の下向的追求は、一八六〇年代のマルクスの地代論の形成とそれの組み入れによる『資本論』の体系的拡充の触媒として働く。マルクスが経済学批判に邁進する傍、時局評論の中心的な一環として遂行するイギリスの現状の仔細な分析は、『資本論』の形成にとって、「労働日」や「機械と大工業」などの章の現実形態論的叙述部を準備するにとどまらず、歴史的現実の発展の具体的研究を媒介として経済学体系そのものを創造的に発展させるという意義を有している。国家論においても同様であろう。
(11) マルクス『資本論』、第二四巻、六九頁。
(12) 同右、第二五巻、八二三頁。
(13) 同右、九三二―九三三頁。
(14) 同右、八二三―八二四頁。
(15) 同右、四八五頁。
(16) 同右、七九六頁。

(17) 同右、第二三巻、三七四―三七五頁。

(18) 一八五〇年当時、マルクスとエンゲルスは、過去にむかっては、イギリスの支配の安定性を資本家階級と大土地所有者階級の同盟という視点から回顧する。「イギリス革命の保守性の謎は、ブルジョアジーが大土地所有者の大部分と結んでいた長期にわたる同盟で説明できる」(「『新ライン新聞　政治経済評論』一八五〇年二月　第二号の書評」、二一七頁)。しかし、将来にむけては、既に指摘したように、土地貴族の解体による資本家階級の単独支配を予想している。そのなかで、マルクスは、前節の注(7)に引用した一八五四年の論文「イギリスの中間階級」あたりから、産業資本家階級と土地貴族階級の癒着の動きをも捉えはじめる。歴史的現実そのものの多面的な様相を呈した複雑な発展とそれのマルクスによる屈曲した把握が錯綜するが、こうした時期における経済的に圧倒している産業資本家階級と統治の座を守ろうとする土地貴族との同盟・対抗のマルクスによる分析が、前節の注(10)、(11)の文中に示されるような「妥協」として表現されるそれである。かかる一八五〇年代の研究過程は、資本家と賃労働者との二大階級論を克服して「近代社会の三大階級」論を確立する『資本論』へと止揚される。『資本論』では、産業資本家と土地所有者の本質的な共生関係が論示されている。イギリスにおける階級関係ならびに階級闘争の具体的分析や論評は、『資本論』において達成される本質論的階級論に立脚して、それ以前のマルクス、エンゲルスによる論述をも批判的に捉え返しつつ、展開される必要がある。近代イギリス史研究上の一論点である第一次選挙法改正時の諸階級の対抗的力関係をめぐっては、マルクスとエンゲルスのあいだに、次のような意味で、評価のずれを摘出することができる。(1)一八五五年のマルクス。「ブルジョアジーは、一八三〇年〔前後〕にイギリスの人民大衆との妥協よりも土地貴族との妥協の更新を選んだ」(「イギリスの国家構造」、九一頁)。(2)一八四八年のエンゲルス。「一八三〇年は近年最後の歴史的転換点であった。フランスの七月革命、イギリスの選挙法改正法案は、ブルジョアジーの最後の勝利を確実にした」(「一八四七年の運動」、第四巻、五〇九頁)。(3)一八八五年のエンゲルス。「一八三一年の選挙法改正法案は、土地貴族にたいする全資本家階級の勝利であった」(「一八四五年と一八八五年のイギリス」、一九七頁)。これらは、「妥協」、「勝利」という言葉それ自体としてではなく、論述当時の階級論的立脚点、そしてイギリス史についての分析と展望という理論的脈絡のなかで検討されねばならないが、(1)があらゆる面から過渡的であることは上述した。(2)が、資本家階級と賃労働者階級への両極的分解論に立ち、土地貴族の急速な没落を予想する反面で述べられていることも明らかであろう。マルクスも、この当時は同じようなものである。問題は、(3)である。このエンゲルスの場合には、(1)を経過したマルクスによる『資本論』での本質論的解明に踏んまえずに、(2)と理論的基調を等しくする見解が繰り返されることになっている。

(19) マルクス『資本論』、第二三巻、二三〇頁。

(20) 産業資本主義時代のイギリス国家についても、議会を構成する議員の社会的出自の統計から土地所有者的性格の継続を強調する所説は、理論的方法として、次のような基本的欠陥がある。第一は、議会外の諸階級、諸勢力の力関係と運動のダイナミックスから遮断して、単に議会の平面でスタティックに考察している。第二に、この時代の国家権力機構内部での議会の地位低落を没却している。第三には、国家権力の階級的性格（資本家的か、土地所有者的か）を、その直接の実体的担い手から決定している。マルクスもエンゲルスも、大土地所有者が下院議員の多数を占めていることを了知しながら、大体のところ、一八三〇年代からのイギリス国家の性格を産業資本家的なそれとして規定しているゆえんが、国家論的に省察されなければならない。

(21) エンゲルスが一八九二年に書いた「『空想から科学への社会主義の発展』英語版への序論」は、晩年のエンゲルスによるイギリス論を代表するが、前節の注（5）や本節の注（18）のなかで指摘した、（産業）資本家階級と大土地所有者階級を背反、対立関係においた理論的見解がつらぬかれている。そうすることによってまた、イギリス国家の謎は、もっぱら宗教、教育、伝統などから説明される。しかしながら、『資本論』から引きだされるような経済的根拠からの解明を欠くならば、それは上すべりのアプローチであることを免れない。

(22) エンゲルス「『空想から科学への社会主義の発展』英語版への序論」、三一四頁。

(23) 同右、三一三頁。

(24) かつて、若き日のエンゲルスは、論じている。「イギリスは、その国家構造からみれば、本質的にキリスト教国家、しかも完全に発達した、強力なキリスト教国家である。国家と教会とは、完全に融合していて分離することができない。……国教不遵奉派または非国教徒〔は〕……国政への参加からまったく除外され、その礼拝を妨害され、阻止され、刑法をもって迫害された」（「イギリスの状態　イギリスの国家構造」、六三六頁）。

(25) エンゲルス「『空想から科学への社会主義の発展』英語版への序論」、三〇六―三〇七頁。

(26) 同右、三一一頁。

第五章

マルクスの第二帝制・ボナパルティズム論

ボナパルティズム論といえば、マルクスの『ルイ・ボナパルトのブリュメール一八日』が代表的な古典的文献とされ、エンゲルスによる階級均衡論や例外国家論的な視点からの定義が常識化している。今日におけるボナパルティズム概念の再検討的整理の多くも、そうした通説の枠内で進められている。しかし、わが国の近代政治史研究にも重要な意味をもってきたボナパルティズムの通説的理解にたいして、われわれは根本的な疑義を呈さざるをえない。これまでのボナパルティズム論議が、その原質をなすマルクスのフランス第二帝制に関する豊富な、だが曲折を含んだ研究を総合的かつ批判的に継承してはいないからである。マルクス自身は、『ルイ・ボナパルトのブリュメール一八日』に典型的な一八五〇年代初めのそれを全面的に変更した第二帝制・ボナパルティズムについての分析を、一八六〇年代以降に展開するし、エンゲルスのボナパルティズム定義は、そのマルクスの理論的到達から背離している。本章において、われわれは、マルクスのいわゆるフランス三部作その他による、第二帝制・ボナパルティズムの成立時から崩壊直後にわたる研究の全過程に内在して、その研究の意義と限界を見極め、マルクス、エンゲルスの分析の否定面をもっぱら受容してきた通説的解釈を破棄したボナパルティズム論再形成への問題提起に努めたい。

一 革命の幻想とルイ・ナポレオン支配体制論

一八四八年から翌年にかけて、フランスにはじまりヨーロッパ大陸の諸国を激動させた諸革命の戦闘に加わったマルクスとエンゲルスは、諸革命の敗退とともに大陸の国々を追われ、一八四九年八月以後、相次いでロンドンに居を定める。彼らは、革命の再昂揚を楽観的に信じこんでおり、熱意も新たに共産主義者同盟の再建にかかり、来たるべき革命に備える。

「フランス労働者階級の革命的蜂起、世界戦争――これが一八四九年の内容目次である」(1)。こうした見通しを持続して、マルクスは、迫りつつある革命の引金が引かれるであろうフランスにおける事態の進行に留目し、一八五〇年一―三月に『フランスにおける階級闘争』第一―第三編を執筆して、一八四八年二月革命以来の諸事件を分析しその行方を観測する。

この論文の冒頭で、マルクスは、一連の敗北という表題をもっている革命年代記が、実は、結束した強力な反革命を生みだすことによって革命勢力もまた成長したところの革命の前進過程を逆説していること、これを明証すべき論綱として掲げている。つまり、約一年前のフランスの情勢に関する以下のような認識が『フランスにおける階級闘争』第一―第三篇の論軸をもなしているのである。「情勢は、一見複雑化しているように見える。が、事実は極めて簡単である。革命の前夜にはいつでも情勢は簡単なものだが、今もそういうふうに簡単なのだ。……王制復古か、それとも――赤色共和制か、これが今やフランスにおける唯一の二者択一である。……律義な共和制はあらゆる場所において崩壊しつつあり、そしてその後には、たとえ若干の幕間劇をおくとしても、赤色共和制しかありえない(2)」。プロレタリア革命の間近かな勝利というかかる認識、これは、一八五〇年代のマルクスのフランス現状分析を彩る特徴になる。

他方、マルクスは、フランスの資本主義をイギリスのそれに比定して後進的な類型として位置づけている。「イギリスでは工業が優勢であり、フランスでは農業が優勢である。イギリスでは工業は自由貿易を必要としているのに、フランスでは保護関税を必要としている。フランスの工業はフランスの生産を支配していない。だから、フランスの工業家はフランスのブルジョアジーを支配していない(3)」。フランスでは、産業資本主義は未発達で、産業資本家階級は幼弱であり、それゆえ、既に産業資本主義を確立して国際的にも自由貿易にのりだしているイギリスの側圧に抗するには、関税による産業の保護を欠かせない。フランス資本主義の後進性の把握、これは、以後の全期間をとおしてマルクスのフランス現状分析につらぬかれてゆく。

これらの基本的な分析観点に留意しておいて、第一―第三篇に与えられているフランス社会の階級構造を見よう。まず、復古王制期以来の政治的支配階級の編成について、「ブルジョア階級は二大分派に分かれており、それぞれかわるがわる、復古王制下では大地主が、七月王制下では金融貴族と産業ブルジョアジーが、支配権の独占を維持してきた(4)」。七月王制期には、なかでも金融貴族が支配した。「ルイ・フィリップの治下で支配したものは、フランスのブルジョアジー……の一分派……いわゆる金融貴族であった(5)」。二月革命では、ブルジョアジーのあらゆる分派が支配権力に参画した。「二月共和制は、まずさしあたってはむしろ、金融貴族とならんで有産階級全体を政治権力の圏内にはいらせることによって、ブルジョアジーの支配を完全にしなければならなかった」[6]。資本家階級と大土地所有者階級を二大主柱とする全ブルジョアジーの共同支配がうちたてられたのである。

したがって、もともと選挙権の拡大を主目標として闘われた一八四八年二月の政治的事件によって起きたのは、国家権力を掌握するブルジョアジーの諸分派間の内部的再編であり、一八三〇年七月の場合と同じく、語の科学的な意味では、革命ではなく改革であった。革命の語にまつわる第二共和制期のプロレタリア階級闘争の過重評価が、他ならぬマルクス、エンゲルスの論述を有力な文献として通念化している点を反省して、以後、われわれは、この二月の変革をブルジョア的改革として正しく呼称する。

労働者階級については、こうである。「フランスのプロレタリアートは、革命の瞬間にパリでは事実上の権力と影響力をもち、そのために彼のもつ手段以上の行動に駆りたてられるにしても、フランスのその他地方では個々の分散する工業中心地に寄せ集められ、圧倒的多数の農民や小ブルジョアジーのあいだに混じってほとんど影を没している。その発達した近代的形態での、その跳躍点での対資本闘争、つまり産業ブルジョアジーにたいする産業賃金労働者の闘争は、フランスでは局部的な事実であって、それは二月事件の後では……いよいよもって革命の国民的内容となることはできなかった」[7]。産業ブルジョアジーの未成長と相関して、プロレタリアートは、国民的利益を体現しうる階級たりえておらず、「未だ彼ら自身の革命を遂行する能力を欠いていた」[8]のである。

とすれば、前記の二つの分析観点の交叉において、マルクスは、資本主義的な経済関係および階級構成の未発達を認定しながら、プロレタリア革命の切迫を予測しているという背理に落ちこんでいることになる。この経済学的分析と革命論的展望の乖離は、しかし、この当時のマルクスには存在しない。フランス一国の経済的、社会的成熟が不十分であっても、産業資本主義が十分に発達を遂げているイギリスとの世界市場的構造連関からして、また神聖同盟に参集している諸国の支配階級の国際的な反革命同盟に規定されて、来たらんとしている革命は、フランスがイニシアティブをとるが、世界市場に君臨するイギリス、この資本主義世界の心臓部を巻きこみ、ヨーロッパ諸国での連続的な内乱に転化するようなそれとして、すなわち「全ヨーロッパ的な革命戦争(9)」として展開するという想定が、その空隙を埋めている。

他の諸階級、特に重要な論目をなす分割地農民階級については、よりまとまった分析が加えられる『ルイ・ボナパルトのブリュメール一八日』の項に廻すことにして、次の事柄だけを明記しておこう。一八四八年一二月一〇日の共和国大統領選挙において晴天の霹靂のごとくルイ・ナポレオンが勝利をおさめたが、マルクスは、このルイ・ナポレオンの奇蹟的な登場を「農民叛乱(10)」「農民のクーデタ(11)」と捉え、フランスの全人口の四分の三を占める農民階級の代表としてルイ・ナポレオン大統領を性格づける。そして土地抵当権や高利貸からの借入金の利子、租税などの絶えず増大する負担によって窮乏化している分割地農民の大部分が、その後の政治的体験をつうじて、ルイ・ナポレオンにも幻滅し、「次第に革命化した(12)」という現状判断を下している。

他に、マルクス、エンゲルスがその早期到来を予想しているプロレタリア革命の展望について、革命論的に言って、前述した点以外にも、基本的な問題点が含まれていることも指摘しておかねばなるまい。一つには、マルクス、エンゲルスは、ブルジョア社会と国家にたいする個々の改良の実現をプロレタリア革命に直結する誤りに陥っている。例えば、代表的に、「十時間労働問題の唯一の解決は、資本と賃労働との対立にもとづくあらゆる問題のそれと同様に、プロレタリア革命にある(13)」。この時代には、革命闘争と改良闘争、革命の戦略と戦術の区別をおこないえていないのである。また一つには、革命党組織についても独自の定見はない。マルクス、エンゲルスは、亡命中のブランキ派の指導者たちと一八五〇年四月に革命的共産主義者万国協会を結成するが、共産主義者同盟の影響力を欠くフランスでの革命党とは、代表的にブランキ派の謂である。「フランスの革命家のうちでは、このブランキを首領とする本来のプロレタリア党が、われわれと手を結んでいる[14]」。彼らによるプロレタリア革命の見込みは、こうして、かなりに漠然とした観想的なものである。

また、マルクスは、二月改革の成果として世界史上初めて実施された(成年男子)普通選挙権について、相当の効用を認めている。「普通選挙権は、現存の国家権力を絶えず繰り返して廃棄し、新たに自己の体制からつくりだしながら、あらゆる安定性を破棄し、各瞬間ごとにいっさいの現存権力を脅かしているのではないか? それは、権威を破壊し、無政府そのものを権威にまで高めようと脅かしているのではないか?[15]」。この普通選挙権への期待的評価は、しかし、農民階級が今や政治的に覚醒して革命の味方に引きいれられているという情勢把握に結びついている一方、国家権力の機構的編制において議会が最優位しているという認識に立脚している。随所に見られる普通選挙権即政治権力という表現も、議会が最高権力を体現しているという国家論的分析を前提にしている。

さて、二月共和制下の政治的変転を経た近代フランスは、その青春時代から老化期に達し、プロレタリア革命の温床になっている、「わがあとには大洪水あらん![16]」と、第三篇を結んでから程なく、マルクスは、プロレタリア革命切迫の見通しが錯誤だったことを覚らざるをえなくなる。「大洪水」の徴候と見なされた一八五〇年三月一〇日の立法議会補選における山岳党の進出の二ヶ月程後には、普通選挙権は、山岳党その他の大した抵抗もなく廃止されてしまう。同年一一月発表の「評論 一八五〇年五―一〇月」――そのうちのフランスを対象とする部分が、後年『フランスにおける階級闘争』がエンゲルスにより編輯される際、その第四篇として収録される――は、論調を一変して、こう書きだされる。「最近六ヶ月の政治運動は、その直前のそれとは本質的に違っている。革命党はいたるところで舞台から追いはらわれ、勝利者は勝利の果実をめぐって争っている。こうして、フランスではブルジョアジーのいろいろの分派が、ドイツではいろいろの王侯が争っている」[17]。

　晩年のエンゲルスの回顧によれば、「最初の三論文には、まもなく革命のエネルギーが新たに高揚するだろうという期待がまだ全文に見られるが、最後の一八五〇年秋……マルクスと私が執筆した歴史的概観（五―一〇月）のなかでは、既にきっぱりとこうした幻想を捨てている」[18]。但し、幻想はきっぱりと捨てさられたのではない。一八五〇年代には何度も抱かれなおすのである。ともあれ、こうして現状認識が訂正され、それとともに、経済的状態と政治的出来事、恐慌と革命の因果関係に関する洞察が、次のように述定される。「全般的好況の場合には、ブルジョア社会の生産力がおよそブルジョア的諸関係内で発達しうるかぎりの旺勢な発達を遂げつつあるのだから、本当の革命は問題にならない。そうした革命は、この二要因、つまり近代的生産力とブルジョア的生産形態が互いに矛盾におちいる時期にだけ可能である」[19]。

　革命間近しの状況把握が主観主義的願望だと気づいたマルクス、エンゲルスは、共産主義者同盟の内部で未だ幻想にひたっている一派と闘争しなければならない。一八五〇年秋、情勢の分析と活動の指針をめぐって、共産主義者同盟は分裂する。マルクスは、従来の組織的関係を整理し、経済学の体系的研究に沈潜しはじめる。

　マルクスの新しい理論的見地は、こうであった。「新しい革命は、新しい恐慌に続いてのみ起こりうる。しかし、革命はまた、恐慌が確実であるように確実である」[20]。そして、その革命をもたらす恐慌は、「一八五二年に勃発するであろう」[21]と予想された。そうであるから、一八五一年末から翌年初頭にかけて書かれる『ルイ・ボナパルトのブリュメール一八日』にも、プロレタリア革命の早期実現の希望的観測がつらぬかれるのは避けられない。この見通しの誤りに規制されて、フランスの現状分析にいかなる歪みが生じるか、この点から、ボナパルティズムに関する古典的な研究の書とされている『ルイ・ボナパルトのブリュメール一八日』の検討にはいろう。

「一八五一年一二月二日までに、革命はその準備の半分を完了した。今それは後半分の完了にかかっている。革命は、初めに議会権力を完成して、それを転覆できるようにした。この仕事をやりとげた今では、革命は、執行権力を完成し、それを最も純粋な表現につきつめ、それを孤立させ、こうして自分の破壊力をことごとく執行権力に集中できるようにする」[22]。この一文は、レーニン『国家と革命』においても用いられるように、この著作で提出された国家権力機構論ならびに革命の方式論の核心を集約しているが、マルクスは、一八四八―五一年のフランス国家において秩序党の議会権力の完成からルイ・ナポレオンの政府権力の完成へという国家権力の機構的構造の変化が進展したことを明らかにして、それをプロレタリア革命の諸条件の成熟の政治的表現として意味づけている。「議会的共和制の転覆は、萌芽としてはプロレタリア革命の勝利を含んではいる」[23]と言いかえるように、一八五一年一二月二日におこなわれたルイ・ナポレオンのクーデタを、革命的な政治情勢の深化の徴表として理解しているのである。

こうした分析に孕まれている重大な問題性をより明確に開示するために、われわれは、これまでどの研究者によっても気づかれなかった事実を指摘しよう。マルクスは、一八六九年、『ルイ・ボナパルトのブリュメール一八日』第二版の刊行にあたって、原文から一定の系統的な削除をおこなうが、それらの削除部分は、明らかに、一八五二年当時のマルクスによるルイ・ナポレオン支配権力分析の謬点を具示している。主な記述を抜きだそう。

「ボナパルト自身が債務監獄にはいる瀬戸際にある」[24]。「ブルジョアジーとボナパルトとの闘争、ブルジョア支配の転覆、立憲共和制の没落」[25]。「〔プロレタリアートの〕社会的共和制と〔小ブルジョアジーの〕民主的共和制は敗北を喫した。だが、議会的共和制、王党派、ブルジョアジーの共和制は、ブルジョア共和派の純粋共和制と同様に、滅んだのである」[26]。「ブルジョア支配の最後の形態〔議会的共和制〕が打ち砕かれるとともに、一八世紀にこのブルジョア支配を創始した人々を聖者に変容していた魔法も破れた。ギゾーは、一八五一年のクーデタの成功を知って、『これは社会主義の完全で決定的な勝利である』と叫んだ。これを解釈すれば、こういう意味である。これはブルジョア支配の決定的で完全な転覆だ」[27]。「〔ボナパルトの〕専制か〔赤い〕無政府か」[28]。

削除諸箇所は、ブルジョア支配の最も広範な、「最も一般的な最後の表現」[29]たる議会的共和制——「今やこの支配を、その再起を不可能とするような仕方で転覆」[30]したルイ・ナポレオンのクーデタ——ルイ・ナポレオン支配の一時性——プロレタリア革命の勝利、およそこうした論脈において、ルイ・ナポレオンのクーデタを、ブルジョアジーの政治的支配の最後的終了として位置づけている。削除箇所が、『ルイ・ボナパルトのブリュメール一八日』の結論部にあてられている第七章に最も多いことも注目される。

それでは、後にはマルクス自身が承認するに至る情勢分析の謬点が、ルイ・ナポレオン支配体制についての解剖といかに連関しているか。分割地農民に関する論点から吟味しよう。

ルイ・ナポレオン政府権力の社会階級的基礎について、マルクスは簡明に規定する。「国家権力は宙に浮いているものではない。ボナパルトは、一つの階級、しかもフランス社会で最も人数の多い階級、分割地農民を代表する」[31]。どのようなつながりにおいてか。交通手段が貧弱ななかで局地的に孤立した圏内での自給自足的な生活を営んでいる分割地農民は、階級としての自己形成力を欠き政治的にも無力であるが、それゆえに、自分を代表して権威的に保護してくれる政治権力を要請する、というようにマルクスは述べる。しかし、この説明において、農民大衆の支持によって、ルイ・ナポレオンは大統領選挙で奇蹟的な大勝を博し、また一八五一年一二月二〇—二一日の国民投票ではクーデタの圧倒的な承認を得たという直接的事実から、マルクスは、ルイ・ナポレオンの下に受動的に組織される支持軍を、そのままその社会階級的主柱に見誤っている。しかも、それは、先の削除部におけるルイ・ボナパルト支配権力の非ブルジョア性の把握に不可分に対応する。すなわち、ブルジョア支配の最後的転覆というルイ・ナポレオンのクーデタの意味づけの一体的な反面が、このルイ・ナポレオン政府権力の農民階級的性格の規定である。

次に、分割地農民が置かれている経済的状態について、マルクスは、ブルジョア革命により広汎に創出され、ナポレオン法典によって固められた分割地所有が、その後の資本主義経済の発展につれて資本に隷従するようになり、かつては農民解放の条件であったものは、今ではその零落の条件に転化しているという事態を明らかにする。「現在のフランスの農民を没落させているのは、彼らの分割地そのものであり、土地の分割であり、ナポレオンがフランスに確立した所有形態である。……農業の日を追っての悪化、農耕者の負債の日を追っての累増——こういう不可避の結果を生みだすには、二世代で十分であった。一九世紀の初めにフランスの農村民を解放し豊かにするための条件であった『ナポレオン的』所有形態は、この世紀が進むにつれて、彼らを奴隷化し窮民とする法則になりかわった[32]」。この分割地所有の歴史的発展法則にもとづく農民の経済的窮迫状態の観察は、マクロ的には、またミクロ的にも当時としては、正しいと言えよう。実際、そうした経済生活の悪化こそは、分割地農民の意識の左傾化をもたらし、第二共和制下における山岳党、この「小ブルジョアと労働者との連合〔たる〕いわゆる社会・民主党[33]」の進出、そしてまた「赤色共和制」の社会的雰囲気の醸成の主な土壌をなしていただろう。ところが、マルクスがこうした観察を記す丁度その頃から、〝飢餓の四〇年代〟に代わる一八五〇年代の産業の急激な伸長、その一環としての農業の繁栄が、フランスにおいてもはじまるのである。

難点は、しかし、マルクスが、分割地農民の政治的現状について、その急進化を過大に見込んでプロレタリア革命への農民の結集の展望を引きだすところにある。「今では農民の利益は、ナポレオンの治下でのようにブルジョアジーの利益と、資本と調和せずに、それと対立している。そこで、農民は、ブルジョア的秩序を覆すことを任務とする都市プロレタリアートを、自分の本来の同盟者かつ指導者とみるのである」[34]。経済的困窮にさらされている農民が「革命化」しているとすれば、農民階級を、だが「革命的農民ではなく、保守的農民」[35]を代表するとされているルイ・ナポレオン支配権力が倒壊の危殆に瀕していることになるのは言うまでもない。マルクスが、『フランスにおける階級闘争』でのそれを精密化して、プロレタリアートと農民の革命的同盟を論示するのは、次の行においてである。だが、この箇所も、一八六九年の再版では削除される。「ナポレオンの王制復古に絶望するとき、フランスの農民は自分の分割地にたいする信仰を捨てる。この分割地のうえに建てられた国家構造物全体が崩壊し、プロレタリア革命は合唱隊をうけとる。この合唱隊のいないプロレタリア革命の独唱は、あらゆる農民国でとむらいの歌となるであろう」[36]。この労農同盟論は、ルイ・ナポレオン政府権力の農民階級的性格、そして農民の「革命化」という論点の帰結であり、ルイ・ナポレオンの支配の暫時性、プロレタリア革命の間近な勝利の予想と表裏の関係にあるのである。

　マルクスが記しているように、一八五一年一二月のクーデタの承認を求めた国民投票に際し、「まさに一番赤い諸県で、農民人口は公式にナポレオン支持の投票をした」[37]。この事実に含意される農民の「革命化」の制限性、それに「赤い」[38]農民の支持を組織したルイ・ナポレオン政府権力の革新性を、この当時のマルクスは捉ええないのである。

　ルイ・ナポレオン支配体制について、その統治機構についての分析に進もう。マルクスは、「二代目ボナパルトのもとで、初めて国家は完全に自立化したように見える。国家機構は市民社会に対抗して自分の足場をしっかりと固めた[39]」と論じる。一言では、「執行権力の自立化した力[40]」、このようなルイ・ナポレオン統治権力についてのマルクスの特徴づけを理解するには、さしあたり、三つの論点を摑んでおかなければならない。マルクスは、第一に、産業資本主義が典型的な発達を遂げているイギリスでの自由主義国家を基準に設定している。この点は、膨大な官僚、軍事組織を備えているフランスの国家についての、「国民議会が同時に国家行政を簡素化し、官吏軍をできるだけ減らし、最後に、市民社会や世論に、政府権力から独立した独自の機関をつくらせ[41]」るべきだという論述に、また、フランス共和国憲法についての次のような批評に示されている。『自由な政府』の条件は、権力の分割ではなくて、権力の統一である。政府機構は、どんなに単純であっても、単純すぎるということはない[42]」。しかも第二に、その基準型としての自由主義国家においては、上の二つの引用文にも窺えるように、議会権力が優越しているという認識を前提にしている。マルクスは、やがて、イギリスの国家においても内閣＝政府権力が最優位するに至っている諸事象を論評するようになるのであるが。第三に、かの議会権力の完成から執行権力の完成へという、フランス国家に最近生じた歴史的変化の分析に立脚している。つまり、マルクスは、〝最小の政府〟が要請されるイギリス型の自由主義国家から偏差した後進資本主義国の国家としての類型的特徴を有するフランス国家の現段階的発展の特徴——それ自身、国家の社会からの自立化と国家権力機構内部での執行権力の議会権力からの自立化という二重構造をなす——を、前記のように表現するのである。

更に、マルクスは、ルイ・ナポレオン統治権力の実体的構造を明らかにする。「一つの人工のカスト[43]」としての「おびただしい人数の、金モールをいっぱいつけた、栄養のいい官僚こそ、二代目ボナパルトにとって何よりもお気にいりの『ナポレオン的観念』である[44]」。「もう一つの『ナポレオン的観念』は、統治手段としての坊主の支配である[45]」。「最後に、『ナポレオン的観念』の極致は、軍隊の優越である[46]」。なかでも発達した官僚制と強大な軍隊が、ルイ・ナポレオンの〝強力な政府〟の支柱である。

問題は、こうしたルイ・ナポレオン統治権力の諸特質の由来の解明である。マルクスは、これを、「分割地のうえに建てられた国家構築物」[47]として説明する。だから、「分割地所有の零落が進むにつれて、そのうえに建てられた国家構築物は崩壊する」[48]ということでもある。しかしながら、ルイ・ナポレオン統治権力を分割地所有から根拠づけるのは、極めて一面的である。マルクスは、「『ナポレオン的観念』とは、すべて未発達な、若々しい分割地の観念であって、老衰した分割地にとっては背理である」[49]と主張する。だが、われわれは言わなければならない。「老衰した分割地」は若々しい産業資本と対をなしている、と。二代目ボナパルトのもとでの「ナポレオン的観念」は、歴史的な伝統を継ぐとはいえ、一代目のそれの連続ではなく、第一帝制以後生まれた産業資本の精神を包蔵している。マルクスは、第一次のそれの単なる老朽化として第二次の「ナポレオン的観念」を把握しているにすぎず、それが優れて工業的・商業的観念であり産業的飛躍のための政治的観念であることをまったく見落としている。ルイ・ナポレオンの第二帝制のもとで急激に進展し完成するフランス産業革命、産業資本主義構築がマルクスによって認められるようになって後、本章の第三節で、われわれは、「執行権力の自立化した力」がフランス産業資本主義の建設と不可分離であることを明瞭にしよう。

「ヘーゲルはどこかで、すべて世界史上の大事件と大人物はいわば二度現われる、と言っている」[50]。この著名な一文にはじまる『ルイ・ボナパルトのブリュメール一八日』の冒頭部で、マルクスは、ルイ・ナポレオンが演じたブリュメール一八日の再版を茶番と評し、ルイ・ナポレオンの統治の時代錯誤性と体制的定着の不可能性を暗喩している。だが、われわれは、この叙述をも、ブルジョア革命期と産業革命期、あるいはまた政治的な英雄の時期と経済的な階級の時期という歴史的発展段階の差異する時代的後景のなかに位置づけなおして、批判的に注釈しなければならない。

ルイ・ナポレオン個人の特徴づけにもまた、マルクスの分析の一面性は示されている。マルクスは、多彩な経歴をもち矛盾に満ちた言動をとるルイ・ナポレオンの原像を、「ルンペン・プロレタリアートの首領[51]」として描く。ルイ・ナポレオンは、一体に、卑小な人物として戯画化される。

ルイ・ナポレオンのクーデタをブルジョア支配の最終的滅亡として意味づけるマルクスが、ブルジョアジーとルイ・ナポレオン支配権力との関係をどう分析しているかも見ておかねばならない。「商業ブルジョアジーのうちルイ・フィリップの支配のもとで獅子の分け前にあずかっていた部分、すなわち金融貴族は、〔一八四九年一一月に〕フルドが〔大蔵大臣として〕入閣して以来、ボナパルト派になっていた[52]」。「産業ブルジョアジーは、一二月二日のクーデタに、議会の破壊に、彼ら自身の支配の没落に、ボナパルトの独裁に、卑屈なブラヴォー—を叫んで、喝采を送る[53]」。これ以外にも、うち続く政治的な騒乱と無秩序にきりをつけ、私的営業に安心して没頭できるようになるために、ブルジョアジーの諸部分が〝強力な政府〟の出現を求め、議会内の秩序党とルイ・ナポレオン大統領との闘争に関して後者の勝利を歓迎するようになっている諸事実を、マルクスは記している。

マルクスがまとめている二月改革以来の政治過程の一覧表から拾えば、普通選挙権が廃止された一八五〇年五月三一日以降の「議会内ブルジョアジーとボナパルトとの闘争[54]」において、一八五一年四月一一日から一〇月九日にかけ、「ブルジョア議会およびブルジョア新聞とブルジョア大衆との決裂が、固定的になる[55]」。すなわち、議会内のブルジョア党派から議会外のブルジョアジーが離反する。次いで、一〇月九日から一二月二日までに、「議会は、自分の階級からも、軍隊からも、他のすべての階級からも見殺しにされて、その死亡行為を完成し、屈服する[56]」。すなわち、ブルジョアジー本隊もその議会的代表部隊を決定的に見捨てる。

こうして、一二月二日のルイ・ナポレオンのクーデタは、議会内のブルジョア党派を滅ぼすが、ブルジョアジーそれ自身の意向に反するものではなかったのである。マルクスによる意味づけとは違って、われわれは、ルイ・ナポレオンの勝利を、先に触れたフランス産業資本主義建設に対応する国家構造の発展的転換の一要素をなす、ブルジョアジーの新たな政治的代表部隊の登場として捉えなおすことができる。一八五〇年代のイギリスにおける政治的諸党派の再編成と同様の過程が、ここでは、既成のブルジョア諸党の放逐と新たなボナパルト党の出現という特異な姿で進展するのである。

最後に、ルイ・ナポレオンが統治する国家の階級的性格を判別する手掛りになる恰好の立言を取りだそう。その一つとして、マルクスは、ある階級とその政治的および文筆的代表者との関係について述べている。「民主党の代議士といえば、みな商店主か、さもなければ商店主のために熱をあげている連中だと、考えてはならない。彼らは、その教養や個人的地位からすれば、商店主とは天と地ほどもかけはなれた人たちであるかもしれない。彼らが小ブルジョアの代表であるのは、小ブルジョアが生活において越えない限界を、彼らが頭のなかで越えないからである。したがって、小ブルジョアが物質的利益と社会的地位とに駆られて実践的に到達するのと同一の課題と解決とに、彼らが理論的に到達するからである」[57]。他に、上部構造としての意識形態のイデオロギー性について言う。「私生活では、ある人間が自分で自分のことをどう考え、どう言うかということと、その人間が実際にどういう人間で、どういうことをするかということとは区別されるが、歴史上での闘争ではなおさらのこと、諸党の言葉や空想と、その実体、その実際の利害とを区別し、その観念とその現実とを区別しなければならない[58]」。

これらの論述によれば、近代においては経済上の支配者と政治上の支配者とは分離し、個々人も私的と公的とに分裂しているから、ブルジョア国家の階級性は、その国家を掌握している支配的な個人や政治的党派の社会的出自からではなく、またそれらの単に宣伝的な言辞からではなく、そうした政治家や党派のイデオロギーがいかなる経済的、社会的な階級利害の飜案であるかから、またそのイデオロギーを介していかなる物質的利害が客観的に実現されるかから、判定されるべきことになろう。そうだとすると、この論旨がマルクス本人によるルイ・ナポレオン統治権力の分析に生かされているであろうか。われわれは、否定的に答えざるをえない。第一に、マルクスは、プロレタリア革命早期到来の観望に災いされて、フランスの経済的および政治的発展の現状を誤認してしまっているし、第二には、『ナポレオン的観念』や『貧困の絶滅』以来のルイ・ナポレオンの綱領的イデオロギーも捉えきれていないからである。

『ルイ・ボナパルトのブリュメール一八日』は、唯物論的な歴史記述の手本とかボナパルティズムに関する古典的な著作として広言されている。しかし、冷静に検討すれば、個々の限界や欠点以上に、その理論的骨格の全体的な狂いを、われわれは指摘せざるをえない[59]。実際にまた、マルクスによるルイ・ナポレオン支配体制の研究も、その誕生の瞬間を対象にして開始されたばかりであり、今後、歴史的現実の進展をまえにして発展的に転換してゆくのである。

(1) マルクス「革命運動」、第六巻、一四五頁。
(2) マルクス＝エンゲルス「パリの状態」、第六巻、二〇七―二〇八頁。
(3) マルクス『フランスにおける階級闘争』、第七巻、七六頁。
(4) 同右、五六頁。
(5) 同右、九頁。

(6) 同右、一五頁。
(7) 同右、一七―一八頁。
(8) 同右、一七頁。
(9) 同右。
(10) 同右、四一頁。
(11) 同右。
(12) 同右、九一頁。
(13) エンゲルス「イギリスの十時間労働法」、第七巻、二四八頁。
(14) マルクス＝エンゲルス「一八五〇年六月の中央委員会の同盟員への呼びかけ」、第七巻、三一九頁。
(15) マルクス『フランスにおける階級闘争』、九〇頁。
(16) 同右、九二頁。
(17) マルクス＝エンゲルス「評論　一八五〇年五―一〇月」第七巻、四五〇頁。
(18) エンゲルス「『フランスにおける階級闘争』(一八九五年版)への序文」、第二二巻、五〇六頁。
(19) マルクス＝エンゲルス「評論　一八五〇年五―一〇月」、四五〇頁。なお、恐慌と政治的変革との関連については、エンゲルスが、既に『イギリスにおける労働者階級の状態』のなかで、洞察して論じている。
(20) 同右、四四三頁。
(21) 同右、四四三頁。
(22) マルクス『ルイ・ボナパルトのブリュメール一八日』、第八巻、一九二頁。
(23) 同右。
(24) 同右、一〇七頁。
(25) 同右、一二八頁。
(26) 同右、一八九頁。
(27) 同右、一九一頁。
(28) 同右、二〇一頁。

(29) 同右、一九〇―一九一頁。
(30) 同右、一九一頁。
(31) 同右、一九三―一九四頁。
(32) 同右、一九六頁。
(33) 同右、一三四頁。
(34) 同右、一九七頁。
(35) 同右、一九五頁。
(36) 同右、二〇〇頁。
(37) 同右、一九六頁。
(38) 一八四八年秋のエンゲルスの旅行手記「パリからベルリンへ」のなかには、フランスの地方の農民のパリの労働者の闘争にたいする無理解と憎悪、ルイ・ナポレオンへの熱中という実状が、報告されている。
(39) マルクス『ルイ・ボナパルトのブリュメール一八日』、一九三頁。
(40) 同右、二〇一頁。
(41) 同右、一四四頁。
(42) マルクス「一八四八年一一月四日に採択されたフランス共和国憲法」、第七巻、五〇六頁。
(43) マルクス『ルイ・ボナパルトのブリュメール一八日』、一九八頁。
(44) 同右。
(45) 同右、一九九頁。
(46) 同右。
(47) 同右、二〇〇頁。
(48) 同右。
(49) 同右。
(50) 同右、一〇七頁。
(51) 同右、一五五頁。

(52)同右、一七七頁。
(53)同右、一八七頁。
(54)同右、一八八頁。
(55)同右。
(56)同右。
(57)同右、一三五頁。
(58)同右、一三三頁。
(59)メイヤー『フランスの政治思想』(岩波現代叢書、一九五六年)によれば、この当時パリに滞在していたバジョットは、「一八五一年のフランスのクー・デタに関する書簡」において、ルイ・ナポレオンの軍事的独裁を、フランスでは必要かつ適切なものとして述べた、といわれる。ブルジョア・ジャーナリストの立場ゆえに、マルクスよりもバジョットの方が、フランス国家の発展的動向をより客観的に見ることができたとも言えるだろう。

二 フランス現状分析論の転換

次の恐慌と革命は一八五二年に勃発するだろうという、『ルイ・ボナパルトのブリュメール一八日』執筆時にかけてマルクスが立てていた観測は、的はずれに終わるだけでなく、一八五二年一一月には、国民投票による圧倒的支持をうけ、ルイ・ナポレオンの統治は第二帝制として定着する。しかし、マルクスは、一八五三年へ、更にその翌年へと繰り延べて、恐慌と革命を待望し続ける。古典経済学の批判的研究にうちこむ傍での政論活動として、進歩的、労働者的諸新聞に寄稿される大量の時評論文のなかから、革命の震源地と目されているフランスの時局に関する論評を取りだして、マルクスの分析を追っていこう。

一八五三年後半、翌年の恐慌と革命を期待しながら、マルクスは、あらゆる階級が、ルイ・ナポレオン政府に不満を表明している政情不安を論じて、こう結語する。「今や経済的災厄と社会的激動とが近づきつつあり、これこそヨーロッパ革命の確かな先駆者となるに違いない。一八四九年以来、商工業の好況が反革命の安眠するソファとなってきたのだ(1)」。

一八五四年からは、新しい恐慌と革命の予言は背後に退けられるが、フランスの金融、財政の危機的状態、ルイ・ナポレオンの統治の内的矛盾の蓄積と不断の動揺、そしてすべての社会階層のあいだに噴出する革命的兆候、これらを描出する論調に変化はない。かかる現状認識を、マルクスは、一八五六年前半に、「ボナパルティズムの時代がその盛りを過ぎた(2)」と述べたり——ここで初めて「ボナパルティズム」の語が用いられる——、第二帝制を没落と解体の過程にある国家の通称たる「末期帝国(3)」と呼んだりして、端的に表示する。

一八四八年の諸事件の基底にあった一八四七年の恐慌に次ぐそれ、マルクスとエンゲルスにとり待望久しかった恐慌は、漸く一八五七—五八年に訪れる。恐慌と革命の同時到来という見地からすれば、今度は最終的決着を迎えるはずである。大洪水が起きる前に『経済学批判要綱』だけでも仕上げておこうと連日夜を徹して気違いのように勉強している、このように、一八五七年末にマルクスがエンゲルス宛に書き送るのは、周知のエピソードに属する。恐慌の渦中、一八五八年初期には、マルクスは、恐慌がフランスにもたらす影響をこう予想する。「農業のこの窮迫は、商取引の不況や、工業の停滞や、懸案の商業上の破局とあいまって、いつもフランス国民を新たな冒険にのりださせるあの精神状態に彼らを引きいれてゆくに違いない。物質的繁栄とそれに常にともなう政治的無関心とが消え去るとともに、第二帝制の延命を正当化するいっさいの口実もまた消え去ってしまうのである」[4]。

しかし、恐慌はやって来たが、革命に類するような出来事は、どの国にも、何一つ起こらなかった。恐慌は、政治的爆発に連結することなく、全般的好況の局面へ再転する。一八五〇年代には、その心臓部たるイギリスが産業革命の成果を豊かに稔らせて未曽有の繁栄の時代にさしかかったのをはじめとして、資本主義経済は世界史的にその最盛期にむかって急上昇しつつあり、フランスやドイツでも安定した政治的秩序を造形する土台が築かれていたのである。

景気が回復にむかったことを認めた一八五八年秋、マルクスは、八年前にもまして深刻な挫折を体験する。彼は、唯物史観を練磨し、資本主義経済の内部的仕組みを解析しつくす経済学研究に一段と精進してゆくが、ここでは、一八五九年の『経済学批判』で述定される唯物史観の公式中の次の命題に、マルクスの理論的反省即前進が如実に示されている点を押えればよい。「一つの社会構成は、それが生産諸力にとって十分の余地をもち、この生産諸力がすべて発展しきるまでは、けっして没落するものではなく、新しい、更に高度の生産諸関係は、その物質的存在条件が古い社会の胎内で孵化されてしまうまでは、けっして古いものにとって代わることはない」[5]。この理論的到達から振り返れば、一八五〇—五二年の時期の『フランスにおける階級闘争』と『ルイ・ボナパルトのブリュメール一八日』は、特に前著の第一—第三篇において、階級闘争史観への偏倚を免れていなかったことも明らかであろう。「革命は、歴史の機関車である」[6]。だが、この機関車の動力が考慮されることなく、どこへでも機関車が走行できるかのように論じられていたのである。

一八五九年には、マルクスは、恐慌に代えて戦争を持ちだし、第二帝制についての従前からの分析の基調を保持する。対外的な戦争の敗北あるいは外交の失敗が「にせ帝国の弔鐘となる」[7]と占うのである。「一八一三年のナポレオン一世が一八五九年のナポレオン三世の原型であった。そして、後者は、恐らく、前者に劣らずまっこうからその破滅にむかって突進するであろう[8]」。

ドイツにおける資本主義経済の飛躍的成長の認識に橋渡しされながら、マルクスによるフランス現状分析が転換するのは、一八六〇年にはいってからである。この年の年明けにルイ・ナポレオン政府がパーマストン内閣とのあいだに締結した英仏通商条約が、その機縁を提供する。「ルイ・ナポレオンは、自由貿易に改宗して新たな平和の時代をひらこうとしている。……一八六〇年という年は、ヨーロッパの年代記において、至福千年期の第一年として記録されるであろう[9]」。英仏通商条約の成立がフランス資本主義の経済的発展に画時代的な意義を有することは、イギリスにおいて自由貿易運動が経済史上の新時代を切り開いてきた過程をつぶさに観察していたマルクスには、容易に察知されたであろう。事実、英仏通商条約の締結は、フランスにおける産業資本主義の確立の指標としての意義をもっとともに、国際的な自由貿易時代の幕明けによる資本主義経済の世界史的成熟期への到達の合図になる。

マルクスは、第二帝制下における工業、貿易、交通、金融などの急激な発達を事後的に承認しはじめる。「製造工業は第二帝制のもとで長足の進歩を遂げたものの、未曽有の輸出増大や鉄道その他の交通手段の巨大な発展にもかかわらず、また、フランスではこれまで知られていなかった信用制度の法外な拡張にもかかわらず、フランスの農業は衰微しており、フランスの農民は零落している[10]」。農業についても、すぐに見方が逆転する。「帝制の一〇年間に、フランスの輸出貿易は二倍以上に成長した。工業とともに農業が発展し、両者とともに鉄道組織が発展した。信用制度は、一八四八年以前には存在しはじめていたにすぎなかったが、四方八方にぐんぐん伸びていった[11]」。こうして、マルクスの分析は顕著に変更され、〝産業帝国〟としての第二帝制の物質的基礎の認識がかたちづくられる。

他方、マルクスは、イギリスを対象にした時局評論をつうじて、この資本主義の最先進的な中心国の経済的現状を詳細に研究するとともに、その経済的状態を基礎にして政治的部面に生じた変動を摑みとり、一八五〇年代に顕勢化している資本主義経済とブルジョア国家の世界史的発展の傾向を析出してきていた。唯物史観の鍛成や経済学批判の深化、そして世界史の現段階的特徴に肉迫する経済学的、国家論的認識の形成、これらの相互連関的な理論的前進に媒介され、かつそれらを媒介するモメントとなりつつ、マルクスによるフランス現状分析も新たな段階に達するのである。

しかし、一八六〇年代には、永年にわたる経済学研究の総成果を『資本論』として結晶させることに理論活動を集中し、また国際労働者協会の指導にも携わるマルクスは、一八六二年以後、専制帝制の前半期に代わって自由帝制の後半期を迎えた第二帝制に関する論評を残さない。とはいえ、『資本論』と既に先取りして言及した『ルイ・ボナパルトのブリュメール一八日』第二版とには、第二帝制・ボナパルティズム研究上の重要な示唆が黙示されている。

『資本論』においては、資本主義経済の本質的構造が学問的に開示されるが、イギリスが資本主義経済の古典的な発展の地として挙げられるのにたいし、フランスは「産業資本がまだ十分には発展していない諸国」[12]の一つに位置づけられる。また、その学問的叙述過程に散在する国家、法に関する記述には、第三章において究明したように、ブルジョア国家の本質的構造に関する理論的構制が予示されている。これらは、第二帝制の経済的、政治的現実をその特質において解析するにあたって、方法的根本基準となる。

『ルイ・ボナパルトのブリュメール一八日』第二版については、「事件の直接の印象のもとに書かれた」[13]第一版から、「今ではもう通じなくなった暗示を削る」[14]ことが、マルクスによってなされる。これを、絶対に看過してはならない。その削除諸箇所が、ルイ・ナポレオンのクーデタをブルジョア的な政治的支配の滅亡として把握し、プロレタリア革命によるルイ・ナポレオン統治権力の間近な崩壊を予言した一連の文脈にあることは、既に摘出した。この削除は、第二帝制の歴史的発展の事実に照らして明白になった一八五二年時点の分析の謬点をマルクスが反省し撤回したことを意味し、一八六〇年からのフランス現状分析の視座転換を自証する。

(1) マルクス「ヨーロッパにおける穀物不足」、第九巻、三〇七頁。
(2) マルクス「フランスで起こっていること」、第一一巻、五九七頁。
(3) マルクス「小ボナパルトのフランス」、第一一巻、六〇〇頁。
(4) マルクス「フランスの経済恐慌」、第一二巻、三七八頁。
(5) マルクス『経済学批判』、第一三巻、七頁。
(6) マルクス『フランスにおける階級闘争』、八二頁。
(7) マルクス「ヨーロッパにおける戦争の見通し」、第一三巻、一七四頁。
(8) マルクス「歴史的な類似」、第一三巻、二九〇頁。
(9) マルクス「フランスの事態」、第一五巻、三頁。
(10) 同右、六頁。
(11) マルクス「フランスの財政状態」、第一五巻、三五九頁。
(12) マルクス『資本論』、第二五巻、七八六頁。但し、こうしたフランスなどの資本主義経済への論及は、『資本論』の抽象のレベルにも関連して、イギリスにおける典型的な発展からの時間的遅速という観点でおこなわれ、同時代的に存在するイギリス資本主義との対抗関係においてかたちづくられざるをえないフランスなどの後進資本主義の個性的特質の考察にはつながっていない。
(13) マルクス「『ルイ・ボナパルトのブリュメール一八日』第二版への序文」、第一六巻、三五二頁。

(14) 同右、三五三頁。

三　第二帝制・ボナパルティズム論の到達

マルクスが再び第二帝制に関する研究をおこなうのは、対プロイセン戦争の敗北によって第二帝制が瓦解して新しい共和制が発足した直後、一八七一年三月に生起するパリ・コミューン事件をめぐってである。革命的武装反乱に立ち上ったパリの民衆がコミューンを創設して短命のうちに圧殺される闘いの炎を燃えあがらせている期日のうちに、国際労働者協会の活動の一環として執筆する『フランスにおける内乱』のなかで、マルクスは近代フランスの歴史について概説し、第二帝制期の社会と国家についても論説する。この概説は、マルクスによる近代フランス史研究の総括的な到達点に位置するが、そのなかで、第二帝制・ボナパルティズムについていかに究明されているだろうか。『フランスにおける内乱』の第一草稿および第二草稿をもあわせて、マルクスの論述を敷衍的に解釈し批判的に検討することにするが、その前段として、ブルジョア革命から第二共和制期までの概説を、『ルイ・ボナパルトのブリュメール一八日』において与えられていたフランス国家の歴史的発展行程の概述と重ねて、要点的に縦覧しておこう。

ブルジョア革命期。

「常備軍、警察、官僚、聖職者、裁判官という、いたるところにゆきわたった諸機関——体系的で階層制的な分業の方式にしたがってつくりあげられた諸機関——をもつ中央集権的な国家権力は、絶対君主制の時代にはじまるもので……この近代的国家構築物は、第一帝制のもとで築きあげられた」[1]。ブルジョア革命は、中央集権的に統一された絶対君主制国家の軍事的、官僚的装置を打ち砕かず、ブルジョア国家は、いわば中心部移転にともなう絶対主義国家の増改築として、その軍事的、官僚的機構を改編的に受け継いで誕生する。しかし、この時期の国家権力の中央集権的機構を過度に見てはなるまい。[2] 官僚的、軍事的組織の強大性は、フランス国家の類型的特質をなすとはいえ、イギリスにおいてもそうであったように、産業革命の本格的進展にともなう社会のブルジョア的再統一とプロレタリア階級闘争の展開――これらは、第二共和制から第二帝制にかけて現実化する――に対応して、中央、地方の国家権力機構は一段と集権的に増強されるからである。

第一帝制期。

ナポレオンの第一帝制下でブルジョア国家は築造された。この第一帝制は、対外的契機からすると、「近代フランスにたいする古い半封建的ヨーロッパの同盟戦争の生みの子」[3]だったが、逆にまた古いヨーロッパを糧として近代フランスを発育させた。それは、「フランス革命が国外に打撃を加え、封建的諸君主国に代わって多少ともフランスの姿に似せた諸国家をフランスのために大陸につくりだす道具であった」[4]。世界市場の総括者たるイギリスの側圧に対抗して国内の産業を温室的に育成するとともに大陸市場を自国の産業用に仕立てる保護制度と植民地制度の結合としての〝大陸体制〟、および大陸諸国を軍事的に制圧してブルジョア革命の諸成果を輸出した〝ナポレオン戦争〟、これらからすれば、第一帝制の国家構築物は、絶対主義国家からの歴史的継承の面に加え、フランスにおける資本の原始的蓄積過程および国際的環境の特殊性との連関の面から説明されるべきだろう。

復古王制―七月王制の時期。

これらの時期に国家権力を掌握して支配したブルジョアジーの諸分派については既に取りあげたので、二点を摘記する。

第一点は、国家権力の機構的編制に関して、「政府は、議会の統制のもとに――すなわち、有産階級の直接の統制のもとに――置かれて」[5]いた。この二つの立憲君主制の時期には、有産階級に制限された選挙制にもとづく議会が政府にたいして優位していた。一八三〇年の七月改革は、イギリスでの一八三二年の改革と同じように、土地所有に準じた制限選挙制を有産階級の内部で等しく拡大したものであった。

第二点は、産業革命の開始にともなう国家権力の性格変化について、「近代工業の進歩が資本と労働の階級敵対を発展させ、拡大し、強化するのと歩調をともにして、国家権力は、労働にたいする資本の全国的権力、社会的奴隷化のために組織された公的権力、階級専制の道具という性格をますますおびるようになった」[6]。一方では鉄道建設、他方ではリヨンやパリの労働者の自然発生的な暴動、これらによって象徴的に示される産業革命の進行につれて、国家権力は、「中間階級社会〔の〕封建制度からの自分自身の解放の手段」[7]から「資本による労働の奴隷化の手段」[8]へと性格を転じてゆくのである。

第二共和制期。

この時期に、立憲君主制時代からの議会の優越は頂点に達した。と同時に、普通選挙制が敷かれた第二共和制下では、国家権力は「労働にたいする資本の全国的権力」としての性格を全面的に発展させつつ、議会権力の完成から政府権力の完成という過程、すなわち議会の優越から政府の優越へという国家権力の機構的構造の転換が進行した。「以前の諸統治のもとでは、支配階級が分裂していたため、国家権力はまだしも抑制されていたが、今や彼らが連合した結果、そういう抑制は取り除かれてしまった。そして、プロレタリアートの決起の脅威に直面して、今や彼らはこの国家権力を、労働にたいする資本の全国的な戦争の道具として、容赦なく、これ見よがしに使用したのである。しかし、彼らは生産者大衆にたいする彼らの絶えまない十字軍戦役のなかで、執行府に絶えず増大する抑圧権力を与えることを余儀なくされただけでなく、同時に彼ら自身の城砦である議会――国民議会――から、この執行府にたいするあらゆる自衛手段を次々に剝ぎとることを余儀なくされた(9)」。

如上の歴史的要覧に踏まえて、われわれは、一つの重要な問題を理論的に解明しておこう。マルクスは、一八五〇年代のイギリスの現状を仔細に観察した諸論文で、イギリスにおいても、従前の議会に代わって内閣＝政府が国家権力機構の最中枢部に位置するに至っている諸事実をあばきだし、パーマストン内閣とルイ・ナポレオン政府の類似性を立論していた。産業資本主義時代にはブルジョア国家が政府権力の最優位という構造で機構的に再編制されるのは、何故か。われわれは、イギリスとフランスにおける歴史的過程を念頭におき、『ルイ・ボナパルトのブリュメール一八日』のフランス国家史の概述のなかにある次のような行を論理的に再構成しながら、ブルジョア国家の歴史的発展法則を説明しよう。「この〔国家権力機構内の〕分業は、市民社会内部の分業が、新しい利害集団を、したがってまた国家行政のための新しい材料をつくりだすにつれて、拡大していった。村の橋や校舎や公有財産からフランスの鉄道や国有財産や国立大学に至るまで、およそ共通の利害は、たちまち社会から切り離されて、より高い、一般的な利害として社会に対立させられ、社会成員の自主的活動の範囲からはずされて、政府の活動の対象とされた。最後に、議会的共和制は、革命に反対して闘う際に、弾圧措置を強めるとともに、政府権力の手段を増大させ、その集中を強めざるをえなかった(10)」。

産業革命は、その一環として交通革命を不可欠にしており、公道、橋、運河、港湾、鉄道、郵便などの建造をもたらす。また、都市を群生させて上下水道などの公衆衛生上の設備をともなう。これらのいわゆる公共事業や公共施設は、機械制大工業のために大量の労働力を陶冶する公教育とともに、国家の手に委ねられる。産業資本主義の形成とともに、前段階に比して飛躍的に、国家によって遂行される資本主義社会の共同事務が増加し、行政諸機関が拡充されるのである。しかも、この国家行政は、分業的に細分化されており、専門性、熟達性を要求する。他面では、産業革命は、産業資本家階級とともに産業労働者階級を生みだして、資本家と労働者との階級対立を基軸とする社会を出現させるが、そうすることによって両階級間の闘争もまた不可避になり、国家は、絶えず湧き起こるプロレタリアート階級闘争を抑圧しなければならないし、そのための警察、軍隊を増強しなければならない。このプロレタリアートにたいする弾圧は、対外的な外交、戦争とともに、速断性、機密性を要する。官僚的、軍事的装置に生じるこうした発展的変化と並行して、この時代には、普通選挙権が最たる政治的闘争目標になっているかないしは実施されるかしており、議会に諸階級間の敵対的な対立や闘争が持ちこまれるのは防げなくなる。議会は、前段階におけるような制限選挙制によるブルジョアジーの独占物たりえなくなっているのである。これに加え、ブルジョア政党も改編的に発達して、政党政治としての様相も強まる。これらの発展的動向を凝集して、政治的支配を円滑に保つには、議会から政府へと国家権力機構の最中心が移動することが避けられなくなる。政党あるいは政治的支配者集団と密着した政府が、従来からの執行権力とともに主要な立法権力をも新たに手中にし、第二義的な国家権力機関に転化した議会を媒介的な通路にしながら、格段に強大化した官僚的、軍事的機構とその活動を統轄するようになるのである。

かかる一般的傾向が、イギリスに較べて後進的な資本主義国たるフランスにおいては、鉄道さえが「政府の活動の対象」として建設されるなど、その産業革命、産業資本主義構築が国家によって積極的に助成されねばならず、また諸階級間の対抗関係が尖鋭的であり、激烈化するプロレタリアートの闘争にたいする弾圧装置を格別に強化せねばならないという特質のゆえに、以下明らかになるように、より極端な形姿で、ボナパルティズムとして実現することになる。フランス・ブルジョア国家の類型的特質に加重された現段階的な産業資本主義建設時代のかかる特質が、一八五二年のマルクスによって「執行権力の自立化した力」として特徴的に把握されたのであった。

さて、その崩壊の直後になされた第二帝制期に関する論説をめぐって、マルクスによる第二帝制・ボナパルティズム研究の到達水位を見定め、幾つかの論争的題目の解決にも取り組もう。

第一の論点として、第二帝制のもとでの資本主義経済の大規模な発達が確認されている。「ブルジョア社会は、政治の苦労から解放されて、自分も予期しなかったほどの発展を遂げた[11]」。「カリフォルニアやオーストラリアが世界市場にもたらした変化や合衆国の驚くべき発展と時をともにしていたこの帝制の支配のもとで、未曽有の産業活動の一時期が、証券仲買、金融詐欺、株式会社投機の羽目をはずした跋扈がはじまった[12]」。フランスにとって空前の産業的飛躍については、事実の走り書き以上に掘りさげられていないが、「政治形態の変転は、社会が現実にこうむった変化の政治的表現にすぎなかった[13]」のであり、フランス産業資本主義の形成と確立こそが第二帝制・ボナパルティズムの基礎過程をなしている点を、まず押えることができる。

第二の論点は、第二帝制権力の社会階級的基柱について、『ルイ・ボナパルトのブリュメール一八日』ではその社会階級的主柱として規定された分割地農民階級は、受動的な支持階級と認められるにすぎない。「農民は、第二帝制……の受動的な経済的基礎であった。……第二帝制は、このプロレタリアートにたいする積極的な闘争のなかで、農民の受動的な支持に支えられて生みだされた[14]」。ルイ・ナポレオン統治権力の農民階級的性格というかつての把握は、改められているのである。それでは、第二帝制権力の社会階級的主柱は、どこに求められるか。「〔すべての階級にたいするデマ的な呼びかけが〕支配階級とその国家寄生者の政治的誇りをどんなに傷つけようと、皇帝制度は、その産業のあらゆる無礼講、その投機の卑劣さ、その生活のあらゆるけばけばしいきらびやかさを欲しいままに発揮させることで、それがブルジョア『秩序』の真に適切な統治であることを立証する[15]」。かかる記述からすれば、すべての階級を救うと称してあらゆる階級のうえに立つ外見をとるにもかかわらず、第二帝制権力のブルジョア的性格、わけても産業資本家的な性格が明らかであろう。この点は、後の第四や第六の論点と合わせることによって、より明確になる。

その他に、ブルジョアジーとプロレタリアートの階級的均衡に言及される行がある。「それは、ブルジョアジーが国民を統治する能力を既に失っており、そして労働者階級がまだそれを獲得していないような時期における、ただ一つの可能な政府形態であった[16]。」しかし、この階級均衡についての記述は、それ自体一箇所に見られるにすぎず、前後の文脈関係が示すように、パリ・コミューンによる労働者階級の新しい政府の樹立という地点からの反省規定にすぎない。

第三の論点は、第二帝制権力が占める歴史的位置に関する。「皇帝制度こそは……成熟しきったブルジョア社会が遂に資本による労働の奴隷化の手段に転化した、あの国家権力の最もけがれた形態であると同時に、その終局の形態である[17]」。近代フランスの社会と国家は、第二帝制期に成熟の段階に達した。この認識は、正しい。第二帝制権力は、フランスのブルジョア社会と成熟をともにしたブルジョア国家の歴史的形態、つまりフランス産業資本主義の構築に適応した国家形態である。しかし、それがブルジョア国家の歴史的に終局の形態でもあるというのは、パリ・コミューンを圧殺して後、更に爛熟の段階から衰退の段階へと推転していく第三共和制時代を未見の時点での、パリ・コミューンのなかに透視された新しい社会と国家を基準とした位置づけである。「パリ・コミューンは没落しても、それが開始した社会革命は勝利するであろう[18]」。かかる予言と一体的に、第二帝制権力に「古い社会秩序に一時的延命を保障する唯一の可能な国家形態[19]」という歴史上の位置が与えられるわけである。前掲の階級均衡論的記述も、この点と不可分である。

第四の論点として、第二帝制権力の機構的構造が、次のように分析されている。「政府権力の絶対的支配[20]」がおこなわれ、「議会制度は、単なる茶番劇であったし、最も粗野な形態をとった専制の単なる添え物であった[21]」。「階級支配の執行府形態と議会形態……相補って一体をなしているこれら二つの形態……のうちでは、議会形態は執行府の欺瞞的な添え物にすぎなかった[22]」。これこそ、政府の優越と議会の従属という産業資本主義時代のブルジョア国家権力の機構的構造のフランスにおける実現形態に他ならない。そしてまた、第二共和制における「議会の全能[23]」から第二帝制における「政府権力の絶対的支配」への著しく対照的な国家権力の機構的編制の転換は、議会の優越から政府の優越へという産業資本主義の形成にともなうブルジョア国家の歴史的段階的発展を、激烈な階級闘争によって政治的諸形態が次々に鮮明な輪郭をとって交代するフランス的特徴を開披しつつ実現したものであった。

第二帝制権力は、また、「クーデタをその出生証明書とし、普通選挙制をその認可証とし、剣をその帝笏とする[24]」。クーデタによって生誕するが国民投票の実施によってその全国民的な承諾をかちとり、第二共和制の過程で廃止された普通選挙権を復活させて専制的支配についての国民の信任を定期的に更新する。このような軍事的、官僚的専制と民主主義との制度的合成によって、第二帝制権力は、政治的秩序を造出し保持するのである。

第五の論点は、第二帝制権力の外観上の超然性にかかわる。「国家権力は、外見上は社会のうえに高くそびえていた[25]」。この階級超越的な外見は、およそ二つの面から説かれていると言えよう。一つは、すべての階級のあいだを泳ぎまわる政策ないし政治的宣伝である。「この帝制は、資本と労働の闘争に直接まきこまれていない膨大な生産者大衆、すなわち農民に立脚する、と称した。それは、議会制度を打ち砕き、それとともに有産階級にたいする政府のあからさまな屈従を打ち砕くことによって、労働者階級を救う、と称した。

それは、労働者階級にたいする有産階級の経済的優越を維持することによって、有産階級を救う、と称した。そして最後に、それは、万人のために国民的栄光のまぼろしを復活させることによって、すべての階級を団結させる、と称した」[26]。また一つには、皇帝制そのものである。イギリスを含めて、この時代には、外見的超階級性によって階級対立を緩衝する君主制がブルジョア的に再確立される。「君主制は、少なくともヨーロッパでは階級支配のおきまりのお荷物、なくてはならない衝立となっている」[27]。ルイ・ナポレオンの帝制再興も、この政治史的傾向の実現である。だが、内閣を主軸に編制された国家権力機構のなかで、君主は国民的統合を象徴するイデオロギー的機関を分担するにすぎないイギリスとは違って、ここでは、君主にしてかつ絶対的な権力を有する政府の統轄者として、イデオロギー的にしてかつ実際的な権力を一身に集中した至高の統治者として、皇帝が存在する。

第六の論点としては、プロイセンやオーストリアを例証として、第二帝制権力の世界史的な意義が指摘されている。それは、「社会の救い主として、世界中で喝采された」[28]。「単なる見せかけの議会をもつ帝制制度は、現在、大陸の大部分の大軍事国家で栄えている制度である」[29]。「それは、少なくともヨーロッパ大陸においては近代の階級支配の国家権力そのものである」[30]。フランスと同じように後進的な産業資本主義の建設に突入しているヨーロッパ大陸諸国では、第二帝制権力を模倣した同類国家が建造される。また、第二帝制権力と同時代のイギリスの国家との同一性と差別性について、われわれは先に論及しておいた。

他に、普通選挙権について、『フランスにおける階級闘争』に見られたような、プロレタリア革命にとっての期待的評価は、根本的に改められる。議会が国家権力機構の最高位を占めていた時代には、一八三〇年七月や一八四八年二月においてそうであるように、選挙制＝議会改革が政治上の最大の争点になり、その改革の達成は政治的支配階級部分の交代や統治形態の変化に直接連結した。ところが、第二共和制下で実施された普通選挙制は、多数の名においてプロレタリアートの闘争を封殺し、人口の大半を占める農民階級のルイ・ナポレオン支持によって第二帝制への道を開いたし、政府の絶対的優位が機構的に確立している第二帝制下の普通選挙制は、ブルジョア的秩序を保全する巧妙な安全装置として作動した。「ボナパルトの治下でこの普通選挙権に、それを執行府の手中の単なる玩弄物、執行府による単なる欺瞞と不意打ちと偽造の道具とならせるような組織が与えられた(31)」。二月改革の国民的要求であった普通選挙権は、政府権力の絶対的支配という国家権力の機構的編制がなしとげられた第二帝制のもとで定着したのである。イギリスでも、議会の優越から政府の優越への転換後、一八六七年の第二次選挙法改正による都市労働者部分への選挙権の拡張は、かえって労働者階級の体制内定着を政治部面にまで拡大した。これらが、かつては時代の変革を予想させた普通選挙権が、実際に採用されたことによる現実的結果であった。こうして、マルクスは、パリ・コミューンのそれと対質して、かく断言する。「普通選挙権は、支配階級のどの成員が人民のえせ代表となるべきかを、三年ないし六年に一度決める(32)」。

ブルジョア国家にたいするプロレタリアートの実践的態度の原則も、パリ・コミューンの教訓として定式化される。「労働者階級は、できあいの国家機構をそのまま掌握して、自分自身の目的のために行使することはできない(33)。」このブルジョア国家粉砕の原則の定式化は、『ルイ・ボナパルトのブリュメール一八日』での提起を前段にしながら、叙上のブルジョア国家権力の機構的編制、そしてまたその一部に定位した普通選挙制についての分析に立脚している。こうすることによって、およそ『フランスにおける階級闘争』までの恐慌—革命という枠組に、『ルイ・ボナパルトのブリュメール一八日』以来の国家—革命という視点が複合され、経済学的分析と革命論的展望とのあいだに国家論的分析が固有に位置せしめられた経済—国家—革命という理論的連関が、それとして確立される。

分割地農民階級論と労農同盟論の帰結も見届けなければならない。『フランスにおける内乱』では、ほぼ従来どおり、分割地所有の資本への隷属の深化、農民のプロレタリア化が確認され、「都市生産者と農村生産者のあいだ、産業プロレタリアートと農民のあいだには深刻な対立がある」[34]という一面が新しく指摘されながらも、「農民は、まもなく都市プロレタリアートを彼ら自身の指導者、先輩と仰ぐようになるだろう」[35]という見通しが維持されている。だが、マルクスの分析は、これに終わるのではない。

農村と農民からの孤立のうちにパリ・コミューンが壊滅させられた後、マルクスは、分割地農民のプロレタリア革命への志向性の評価を一八〇度的に変更する。種々の形でのブルジョアジーへの経済的隷従状態にもかかわらず、「自分のささやかな行動分野の外でおこなわれる社会的運動についてはまったく無知なこの農民は、今なお狂熱的な愛着をもって、この一片の土地とこの土地の単に名目的な所有権とにしがみついている。フランスの農民は、このようにして、工業労働者階級にたいする甚だ致命的な対立に追いこまれた」[36]。この分割地農民の経済的な状態と政治的な志向との背反の察知にしたがって、マルクスは、労農同盟論をも組み立てなおす。土地国有化の課題を含むプロレタリア革命にたいする農民の保守性、それゆえ労農同盟の至難性を十分に考慮して、プロレタリアートの側に農民を組織するための特別に配慮の行き届いた積極的な諸方策を講ずべきこと、これが、一八四〇—七〇年代の多くの政治的諸事件を目撃し観察した後にマルクスが達した分析と指針であることは、後年の以下のような論述に展示される。「農民が私的土地所有者として大量に存在するところでは、次のようなことが起こる。すなわち、農民が、これまでフランスでやってきたように、あらゆる労働者革命を妨げ挫折させるか、あるいはプロレタリアートが、(私的所有者としての農民はプロレタリアートに属せず、またその状態からプロレタリアートに属する場合にも自分では属していないと信じているから)政府として、農民の状態が直接に改善され、そのため農民を革命の側に獲得する諸方策をとらなければならないか、どちらかである」[37]。

(1) マルクス『フランスにおける内乱』、第一七巻、三一二―三一三頁。
(2) この点に関しては、「一八五〇年三月の（共産主義者同盟）中央委員会の同盟員への呼びかけ」のなかの、「一七九三年のフランスがそうであったように、今日のドイツでも厳格な中央集権化を実現するのが真の革命党の任務である」(第七巻、二五七頁)という一文につき、一八八五年にエンゲルスが加えた注も一つの反省を提起している。「今日では、この箇所が一つの誤解にもとづいていることを注意しておかねばならない。これが書かれた当時には、フランスの中央集権的な行政機構は大革命によって導入されたもので、特に王党および連邦主義派の反動や外敵を打ち破る際になくてはならない決定的な武器として国民公会によって運用されたということが――ボナパルト派や自由主義派の歴史偽造家のおかげで――間違いのないことだとされていた」(同上、二五七―二五八頁)。
(3) マルクス『フランスにおける内乱』、三一三頁。
(4) マルクス『フランスにおける内乱』第一草稿、第一七巻、五一一頁。
(5) マルクス『フランスにおける内乱』、三一三頁。
(6) 同右。
(7) 同右、三一五頁。
(8) 同右。
(9) 同右、三一三―三一四頁。
(10) マルクス『ルイ・ボナパルトのブリュメール一八日』、第八巻、一九三頁。
(11) マルクス『フランスにおける内乱』、三一四頁。
(12) マルクス『フランスにおける内乱』第二草稿、第一七巻、五六四頁。
(13) 同右、五六八頁。
(14) マルクス『フランスにおける内乱』第一草稿、五一四頁。

(15)マルクス『フランスにおける内乱』第二草稿、六七九頁。
(16)マルクス『フランスにおける内乱』、三一四頁。
(17)同右、三一五頁。
(18)マルクス『フランスにおける内乱』第二草稿、五六九頁。
(19)同右、五六三―五六四頁。
(20)マルクス『フランスにおける内乱』第一草稿、五一二頁。
(21)同右、五一四頁。
(22)同右、五一三頁。
(23)マルクス『フランスにおける内乱』第二草稿、五六一頁。
(24)マルクス『フランスにおける内乱』、三一四頁。
(25)同右。
(26)同右。
(27)同右、三一八頁。
(28)同右、三一四頁。
(29)マルクス『フランスにおける内乱』第二草稿、五六一―五六二頁。
(30)同右、五七九頁。
(31)マルクス『フランスにおける内乱』第一草稿、四九七頁。
(32)マルクス『フランスにおける内乱』、三二七頁。後年、一八八〇年の「フランス労働党の綱領前文」において、マルクスは、普通選挙権の活用を次のように指示する。「普通選挙権を含めて、プロレタリアートの自由になるあらゆる手段で努力しなければならないこと、このことによって、普通選挙権は、これまでのような欺瞞の用具ではなくなって、解放の用具に転化すること」(第一九巻、二三五頁)。この評言は、『フランスにおける内乱』でのそれと相反するかのようである。しかし、マルクスは、一八六〇年代の国際労働者協会の諸活動をつうじて、この時期には、革命と改良を区別し、最大限綱領と最小限綱領を有機的に結合するという革命戦略戦術論の前進をもかちとっている。普通選挙権についての二通りの論評は、一方が革命闘争にとっての本質的なしい戦略的評価、他方は改良闘争にとっての現実的ないし戦術的評価として、統一的に理解されるべきものである。
(33) 同右、三一二頁。
(34) マルクス『フランスにおける内乱』第一草稿、五二〇頁。
(35) 同右。
(36) マルクス「土地の国有化について」、第一八巻、五四頁。
(37) マルクス「バクーニンの著書『国家と無政府』摘要」、第一八巻、六四二頁。

四　残されている問題

マルクスによる第二帝制・ボナパルティズム分析の全過程を追思惟的に検討して、その研究の性格を、われわれは次のように結論的に特徴づけることができる。

第一に、マルクスの分析は、三部作の場合といえども、世界史的に重要な諸事件に遭遇して、それらを時を同じくして論説した時論であり、かなり理論的に深められているにしても、ボナパルティズム論ないしフランス国家論として独自に琢磨されるに及んでいない。第二に、歴史的現実の進展とそれに並行したマルクスの理論構築の経緯に照らすと、第二帝制・ボナパルティズムの科学的分析の地平が開かれたのは、一八六〇年代にはいってからである。西ヨーロッパ諸国での資本主義経済の爛熟とブルジョア国家の成熟、唯物史観の鍛錬と『資本論』の創造などが、その客観的ならびに主体的なメルクマールである。マルクスの第二帝制・ボナパルティズム研究の基本的成果もまた、通例依拠される『ルイ・ボナパルトのブリュメール一八日』ではなく、『フランスにおける内乱』に求められねばならない。第三には、マルクスは、第二帝制・ボナパルティズムと一体的な基礎過程である産業資本主義建設の分析に取り組まなかったし、他方では、ブルジョア国家の本質論的解明を遂行することもできなかった。こうした経済学的分析や国家論研究を欠いている点からも、その第二帝制・ボナパルティズム研究の到達は限界づけられている。

ところが、ボナパルティズムについてのマルクス主義的定義として通念化しているエンゲルスによるそれは、マルクスによる研究のまったくの一面的固定化である。限界や誤謬を孕みそれらを克服しながら、第二帝制を現実的対象とした追跡的な分析を積み重ね、マルクスは、『フランスにおける内乱』において、一八五〇―五二年当時の分析の軸線と要点を根本的に変更した第二帝制・ボナパルティズムの理論的把握に達する。その後に、エンゲルスが簡単な特徴に整理したボナパルティズムについての周知の定義をおこなうのであるが、エンゲルスの定義は、マルクスの第二帝制に関する現状分析の一八六〇年を区切りとした転換を没却しており、マルクスの到達成果に立地していない。このエンゲルスのボナパルティズム論についての批判的検討は第七章一節に譲り、ここでは、以下を明記しておく。

マルクスが達した第二帝制・ボナパルティズムの具体的な研究さえ充足的たりえないのだから、それを上すべり的に単純化したエンゲルスによる概念規定は根本的な再検討を要すること、そのエンゲルスの定義を前提とし基準としてマルクスの諸論著を解釈する従来の論法は、逆立しており、根底的に打破さるべきこと、ボナパルティズム論の形成には、その原型となるマルクスの現実的研究の総体を今日までの歴史学研究の実証的な成果を吸収しつつ創造的に継承することから出発すべきこと、これである。

最後に、第二帝制の統治構造をボナパルティズムとして理論化していくうえに押えておくべき二、三の基礎視座を確認しておこう。

一つは、近代フランス史に第二帝制が占める位置に関する。ブルジョア革命によって生成し、資本主義経済の発展につれて形態的に転変しながら発達してきた国家が、経済的、社会的構造を根本的に改造する産業革命の本格的進行と完成に並行して成熟する時期に、それは座する。一七八九年の革命に続いて一八三〇年七月の改革が資本主義の発展の道を掃き清めたように、一八四八年二月の改革と一八五一年一二月のクーデタは資本主義の産業資本主義としての確立への道を平坦にしたのである。「第一次フランス革命では……革命は上向線を描いて進む。一八四八年の革命はこの逆である。……革命は下向線を描いて進む(1)」。こうした一八五二年当時の第二共和制から第二帝制へかけての政治史認識が、主観主義的で現象論的であることは、既に明らかである。晩年になって、エンゲルスは、ドイツにおける一八六六年と一八七〇年の政治的変革を「上からの革命(2)」として解明し、ルイ・ナポレオンのクーデタをもって、「下からの革命はひとまず終わって、上からの革命の時期がはじまったのである(3)」と反省するのであるが、一八五一年一二月のクーデタは、まさしく一個の上からの改革であったと言えよう。この上からの改革を介して、ブルジョアジーの政治的支配は螺旋形的に上向線を辿ったのである。

これと一個二重的に、第二帝制の世界史のうえでの発展段階的位置が定められねばならない。世界史的に産業資本主義の最盛期を迎えた時代に、産業資本主義経済ならびにブルジョアジーとプロレタリアートによる基本的な社会編成に適合して成熟するブルジョア国家——産業資本家と大土地所有者の階級同盟にもとづき、政府権力の議会権力にたいする優越という機構的構造をとる——の特殊フランス的形態として、第二帝制権力は存在する。上記の視座と合わせれば、第二帝制・ボナパルティズムは、成熟したブルジョア国家の発展段階的特質と後進的なフランス国家の類型的特質の統一において研究される。

また、産業上の大躍進によって基礎づけられると同時にそれを強力的に助成する第二帝制・ボナパルティズムの分析には、フランス産業資本主義建設の特殊性の解明が不可欠の前提的作業である。この点では、第二帝制権力の特質は、ブルジョア革命以来の政治史との水平的連接においてとともに、本格化する産業革命との垂直的連結において観察され、垂直的観察においては農業、土地所有の特質からよりも工業、産業資本の特質からアプローチされるべきであろう。世界市場の専制君主たるイギリス資本主義との対抗のなかで、〝大公共事業〟[4]を柱に国家権力を槓杆として産業革命を完成しなければならなかったフランス産業資本主義の独自性の解明は、その政治的上部構造としての第二帝制・ボナパルティズム研究の視座をもより具体的に提供するだろう。

（1）マルクス『ルイ・ボナパルトのブリュメール一八日』、一二八―一二九頁。
（2）エンゲルス「一八九一年の社会民主党綱領批判」、第二二巻、二四二頁。
（3）エンゲルス「カール・マルクス『フランスにおける階級闘争』（一八九五年版）への序文」、第二二巻、五一一頁。
（4）中木康夫「第二帝制＝ボナパルティズムとフランス資本主義」（川島武宣・松田智雄編『国民経済の諸類型』、岩波書店、一九六八年）、同「フランス第二帝制＝ボナパルティズムの成立」（『名古屋大学法政論集』五三号、一九七一年）は、示唆に富む。なお、本章が成った後に、西川長夫「ボナパルティズム概念の再検討」（『思想』五八三号、一九七三年）に接した。通説を越える問題提起が試みられているが、マルクスのボナパルティズム論の解釈の範囲内で、以下のような誤解が含まれていることだけを記しておく。①、マルクスのボナパルティズムも「当然のこととして、第一、第二帝政を含む」ことが前提されるが、ボナパルティズムの第一帝政への拡張的適用はマルクスの死後、エンゲルス『家族、私有財産および国家の起源』においてなされる。②、一八五〇年秋の「自己批判」に惑わされて、『階級闘争』

と『ブリュメール一八日』の異質性」が説かれる。このため、最も肝要な『ブリュメール一八日』におけるボナパルティズム論への批判的きりこみを欠く。③、例外国家論とは裏返し的に、マルクスのボナパルティズム分析はむしろ近代ブルジョア国家の典型を論示すると見なされる。

第六章　マルクス、エンゲルスのドイツ国家論

近代日本政治史が比較されるべき同類的な原型像の索出という観点から、マルクス、エンゲルスのドイツ国家論に関説した研究の歴史が、わが国には遺されている。本章では、しかし、マルクス、エンゲルスのドイツ国家に関する論説について、多くは特定の視座からのきりもりによって既得の歴史図式のなかに矮小化せしめているわが国の解釈的研究から離れ、マルクス、エンゲルスの国家論の綜合的な追体験の一環として、従来の諸系列とは異なる新しい解釈を提出する。

ここで扱う一八四八年三月革命以後のドイツ国家に関するマルクス、エンゲルスの現状分析的研究は、それぞれにエンゲルスの著名な論作によって代表される三つの重要な理論的環節を辿って繰り広げられる。その第一は、『ドイツにおける革命と反革命』に統括される一八四八—五二年の時期で、三月革命とそれにたいする封建的反革命の勝利という構図が描かれる。第二は、『住宅問題』を中心にする一八七〇年代前半の時期に、ドイツ・ボナパルティズムの形成が解明される。そして第三は、「歴史における暴力の役割」に集約される一八八〇年代中頃、上からの革命によるドイツ・ブルジョア国家の生成と発展が総括される。

あらかじめ強調しておかねばならないのは、この三つの段階に区分されうる理論的研究が、客観的対象たるドイツの政治的現実そのものの飛躍と停滞を抱合した個性豊かな歴史的発達に規定されつつ、新たに出現した事態の分析的解明において同時に前段階における状況認識をもまた修正し、研究の段階を重ねるごとにドイツ的現実の特異性の論理的にして歴史的な究明に接近してゆくという、過程的な前進構造をなして展開されること、これである。したがって、われわれは、任意の時期の論説、あるいは一定の論説の任意の側面の固定的な把握を極力避け、マルクスとエンゲルスによる理論的研究の全過程を総覧して、その立論の発展的軸線の掌握に心懸ける。また、理論的到達地平を示すにもかかわらず、第一期の三月革命論、第二期のボナパルティズム論に比して検討されることが少なかった第三期の所論を相対的に重視するが、そこにおいてもなお残される問題をめぐって論点を追記する。

一　革命と反革命の構図とその修正

一八四八年、パリの二月改革に連動して、ドイツ連邦でも、ウィーン、ベルリンをはじめとする都市で、結社、言論、出版などの自由や憲法制定を要求する民衆が決起して、三月革命が起きる。プロイセンでは、民衆運動の昂揚のまえに国王は立憲制への移行とドイツ統一への努力を公約し、五月には普通選挙にもとづいた国民議会が召集される。また、同じ五月、小邦に分裂しているドイツの統一を掲げて、各邦から選出されたドイツ国民議会もフランクフルトに開設される。
亡命生活を送っていたマルクスとエンゲルスは、革命がはじまるや、ドイツに帰り、ラインに本拠をおいて、この革命闘争に直接参加する。彼らが、相つぐ諸事件の進行を目撃しながら、三月革命の具体的推移を日々論評した『新ライン新聞』の諸論文のなかから、ドイツ連邦の中心地プロイセンにおける革命の敗退過程に関する要点を極く大まかに抜きだして、一八四八—五二年の時期における彼らの三月革命分析の原版を明らかにすることからはじめよう。

三月革命の直接的結果は、こうである。「一方には、人民の武装、結社の権利、事実上闘いとられた人民主権。他方には、君主制が維持されたこと、カンプハウゼン＝ハンゼマン内閣、すなわち上層ブルジョアジーの代表者の政府。こうして、革命は二系列の結果を生んだが、それは必然的に背馳せざるをえないものであった。人民は勝利した。彼らは断然民主主義的な諸自由を獲得した。しかし、直接の支配権は、人民の手には移らないで、大ブルジョアジーの手に移った。一言でいえば、革命は完成されなかった」(1)。三月革命によって、ドイツで最も資本主義的発達を遂げているライン地方の商工業界の重鎮、カンプハウゼン、ハンゼマンの内閣が誕生した。政治的支配の座に登ったブルジョアジーは、だが、人民による革命のそれ以上の進展を恐れて、国王および宮廷党と攻守同盟を結び、国民議会は、ブルジョアジーと王権が合意して立憲的秩序を制定するという協定理論を承認した。かかる革命の否認に反対し、現在の「なかばの革命」(2)を完全な革命にまで発展させなければならない。

その後に交代したアウエルスヴァルト＝ハンゼマン内閣も、協定理論にしたがって行動し、そうすることによって三月革命前に支配していた党派の復活に道を開く。「行動内閣は、ブルジョアジーの支配をうちたてたいと思いながら、同時に古い警察＝封建国家と妥協を結ぶ(3)」。こういう二面的な任務を果たしてゆくなかで、ブルジョアジーは絶対主義的な反動派に敗れさるに相違ない。なぜなら、「ブルジョアジーは、あらかじめ全人民を同盟者としないでは、したがって多少とも民主的に行動しないでは、自分身身の支配を闘いとることができない[4]」のだから。

九月には、ブルジョアジーの内閣は退陣し、勢力をもり返した反動派は、ブルジョアジーと抗争しはじめる。「カンプハウゼン氏が立憲的な夢想にふけっていたあいだに、打ち破られた党派は、官僚と軍隊のなかに足場を強め、あちこちであえて公然たる闘いを挑むまでになった[5]」。そして、三月革命来の臨時的な権力の分立状態にかたをつけるべく貴族、官僚、軍人に支えられた王権とブルジョアジーの国民議会とが衝突する。一八四八年一二月、遂に、国王ヴィルヘルム四世は、抵抗する国民議会を軍隊を使ってクーデタ的に解散させ、プロイセン国憲法を欽定する。「王権は、ブルジョアジーの中途半端な革命にたいして完全な反革命でこたえた[6]」。三月革命の民主主義的成果は踏みにじられる。

このように、『新ライン新聞』の現状追跡は封建的反革命の勝利を結論づけるが、そこには、如上の論点にも窺えるように、次に挙げるおよそ四つの特徴的な理論的立場が複合的につらぬかれている。

第一は、三月革命直前の『共産党宣言』において定式化されたような、「ドイツのブルジョア革命は、プロレタリア革命の直接の序幕となる他はない[7]」という革命論的予測である。マルクス、エンゲルスは、イギリスやフランスのブルジョア革命とは異なり、資本主義化されたヨーロッパ的環境および国内におけるプロレタリアートの形成という条件下で、ドイツのブルジョア革命はプロレタリア革命へ連続して発展的に転化すべき「永続革命[8]」であるという展望に立っている。しかも、この展望は、「プロレタリア革命と封建的反革命とが一つの世界戦争で武器をとって勝敗を決する[9]」という、一八四八年の諸革命の性格についてのこの時期特有の評価と一体化して、プロレタリア革命かそれとも封建的反革命かの択一として問題構制されている。

第二には、ブルジョア革命に関して、人民大衆を総動員して絶対君主制を打ち倒したイギリス、フランスの経験を唯一のものとして認識している。「ブルジョアジーが、神の恩寵によって欽定された国王と協力して、自分たちの政治的国家形態を実現できた実例が、歴史的にこれまで一度でもあっただろうか？」[10]。それだけではなく、イギリスやフランスのブルジョア革命についての史的認識もまた制限されている。例えば、イギリス革命の「妥協」性についての分析は、この後、一八五〇年代半ばに提出される。

第三には、国家論の見地から最も肝要な領域であるが、ブルジョア国家に関する認識についても、マルクス、エンゲルスは、第二の点と同じく、主にはイギリスの議会主権、議院内閣制の立憲制国家を唯一の尺度として、それをドイツにも機械的にあてはめる。「世俗的な立憲国家では、議院はその委員会、すなわち内閣を媒介として統治し、国王は、然りとかアーメンとかと言い、署名をする以外にはどんな権利ももっていない。……しかし、プロイセン王国の神の恩寵による立憲君主制のもとでは、事情はこれとは正反対である」[11]。場合によっては、自由主義的な国家が現状批判の基準にされる。「彼らの階級の共通事務、つまり、商業、工業、農業の利益を自由に処理し、国費を最も生産的な仕方で支出し、国家財政を最も安上りな仕方で整備し、外にたいしては国民労働を有効に保護し、内においては封建的な汚泥でふさがれた国民的富のあらゆる源泉を開く可能性を与えるような国家形態を、ブルジョアジーは手に入れているだろうか？」[12]。

更に、第四として、階級論について、この時期のマルクス、エンゲルスは、近代社会においては土地所有者は消滅し資本家と労働者との二つの階級によって構成されるようになる[13]、つまり土地所有者と資本家とは相いれない社会階級であると理解している。このことも、後論の関係上、押えておかねばならない。

これらの理論的立場からして、『新ライン新聞』の論評には、全般的傾向として、以下のような偏向ないし誤謬の発生が避けられなくなっている。第一の革命論的展望から、ある場合にはプロレタリア的要素が過大視され、他の場合には一転して封建的要素が誇大評価される。第二と第三のブルジョア革命およびブルジョア国家に関する認識から、イギリスやフランスとは同型たりえないドイツのブルジョア革命ならびに立憲君主制国家の特異性は、反（非）革命性、反（非）ブルジョア性として意味づけられる。

さて、プロイセンにおいて絶対主義的反動が復位して欽定憲法が発布された後、一八四九年になって、いみじくも「議会的クレティン病」[14]と名づけられたように、演説に明け暮れて徒に時間を費してきたフランクフルトのドイツ国民議会が、漸く憲法を可決する。しかし、その憲法は、プロイセンをはじめとする諸邦政府の反対によって結局は絞殺されてしまい、自由とともに統一を目指したフランクフルト国民議会の闘いも、みじめな末路を辿る。

革命闘争の最後的敗北とともに再び亡命を余儀なくされ、以降終生を過すことになるイギリスの地に落着いたマルクス、エンゲルスは、一八四九年後半から一九五二年にかけての時期に、一八四八年の革命的諸事件の経過と現状を詳しく分析する。マルクスによる『フランスにおける階級闘争』と『ルイ・ボナパルトのブリュメール一八日』に照応的に、エンゲルスが『ドイツ国憲法戦役』と『ドイツにおける革命と反革命』を著わす。ここでは、エンゲルスの二論著について、歴史的諸事実の具体的論述は措き、三月革命にたいする封建的反革命の勝利という基本構図にかかわる描写を結論的に確かめるにとどめる。

フランクフルト国民議会の手になる帝国憲法の擁護を旗印にした西南ドイツの武装蜂起の経緯をスケッチした『ドイツ国憲法戦役』では、プロレタリア革命と封建的反革命とを二者択一する革命論的立場がはっきりと提示されている。「一八四八年六月の敗北以来、ヨーロッパ大陸の文明諸国にとっての問題は革命的プロレタリアートの支配か、二月革命以前に支配していた諸階級の支配か、ということである。中道はもはや不可能である。特にドイツでは、ブルジョアジーは支配する能力をもたないことを明らかにした。彼らは、その支配権を再び貴族と官僚に譲り渡すことによってのみ、人民に対抗して自分の支配を維持することができた。……この〔ドイツ国憲法〕戦役が敗北に終わった後では、幾分立憲化した封建的＝官僚的君主制が勝利するか、それとも真の革命が勝利するか、そのどちらかでしかありえない[15]」。附言すれば、これに続いて、現在の運動との相似という視点から一六世紀の農民戦争を振り返って執筆されるエンゲルス『ドイツ農民戦争』にも、如上の見地は前提されており、この労作での一八四八年の革命への論及には、ドイツ・ブルジョア革命の類型的特異性への注目をまったく欠いている。

一八五〇年秋に革命への幻想を自己批判した後に書かれ、一八四八年のドイツ革命を反省的に総論した『ドイツにおける革命と反革命』においては、『新ライン新聞』につらぬかれていた理論的立場がむしろ完成する。「一八四八年の嵐の前にあった『過去の権力』が、再び『現在の権力』になっている[16]」。こうした情勢把握にはじまるこの著作については、通説的に言う絶対主義の復活がいかなる内実を指しているかを明確にしておこう。それは、基本的に以下の二点からなっている。その一つは、三月革命以前に統治していた階級の復位である。三月内閣のもとでも、大臣の顔ぶれが変ったのを除いて、「ただ一人の官僚も、ただ一人の将校も罷免されなかった。従来の官僚的行政組織には、ほんの少しの変更も加えられなかった[17]」。そして、一旦敗れはしたものの決して滅ぼされはしなかった旧来の絶対主義的党派は、ブルジョアジーの内閣と議会が人民に対抗するのに軍隊の銃剣に頼る他なくなったとき、再び統治の座を全体的に掌中に収めた。他の一つは、三月革命の成果を集中的に体現する国民議会、とりわけ、「あらゆる係争問題を解決し、全ドイツ連邦の最高立法権力として行動するであろうと、人民から期待されていた[18]」フランクフルト国民議会の解散である。各邦で復活する反動派に陣地を覆されながらも、ドイツ全土の民主派が最後の望みをかけていたフランクフルト国民議会が消滅したとき、反革命も完成した。しかし、これらが果たして、絶対主義国家への回帰のメルクマールとして捉えられるべきものかどうか、晩年のエンゲルス自身による再解答に俟つことにしよう。

ところで、この時期には、これまでに概略的に検討してきた主軸的論調とは区別される論調として、三月革命の結着をブルジョアジーの革命路線のおよその貫徹とする分析も傍系的に並存していることを見落してはならない。「ブルジョアジーは、是非とも穏便な方法で封建的王権をブルジョア的王権に変えたいと切望していた[19]」し、『二院制にもとづく立憲君主制、両院と王権による立法権の共同の行使。』……これが、内閣を手に入れた、ハンゼマンを典型的な代表者とするプロイセン・ブルジョアジーの政綱であった[20]」。そして、国王によって欽定された憲法も、この三月内閣が議会に提出した草案に大筋において合致していた。そこで、金融貴族、国家の大債権者、政府を取引相手にしている工場主や商人、鉄道投機者等々、世俗的利益の追求を充足させられているブルジョアジー大衆は、政治については、「欽定憲法を（したがってまた神の恩寵による王権、官僚およびユンカーを）、自分の合言葉として吹聴する[21]」。こうした立憲制は、反動派の復位にもかかわらず定着する。「プロイセンは、その工業的発展全体と、不断の赤字、国債とによって著しくブルジョア化していたので、どんなに身もだえし、抵抗しようとも、ますます取り返しのつかない程に立憲主義の手に落ちていった[22]」。

かかる分析によれば、当時流布され、マルクス、エンゲルスも述べ[23]、爾来今日まで受け継がれている、ブルジョアジーが人民を裏切ったとする説明は成りたちえない。「自由主義的反政府派の諸氏のことを、三月革命の後で自分の主義に背いたという理由で非難した人があった。だが、これは思い違いである[24]」。ともあれ、この傍系的な論説が、後年には、封建的反革命の勝利説に代えて救いだされるべきものになろう。

これ以後繰り広げられていくマルクス、エンゲルスの研究は、歴史的現状そのものの発展的変化に促されつつ、『新ライン新聞』から『ドイツにおける革命と反革命』にかけての支配的な理論的立場を一つ、また一つと修正して、ドイツのブルジョア革命と国家の個性的特質にアプローチする理論的発達過程と言ってよい。その最初の転機は、一八五八年に訪れる。

周知のように、一八五七―五八年の恐慌に際して、マルクスは、経済恐慌とプロレタリア革命の連関をめぐって深刻な理論的破産を体験し、その反省をつうじて唯物史観を一段と錬りあげるが、この一八五八年の転換は、ドイツの現状分析にも一定の変換をもたらさざるをえない。ブルジョア革命を直接の序曲としたプロレタリア革命、またプロレタリア革命か封建的反革命か、という革命論的見地の過誤性があらわになるからである。ここで、一八四八―五二年当時の現状分析の一つの基準が打ち砕かれてしまう。

一八五八年には、折しもまた、プロイセンでは、ほぼ一〇年間に及んだ反動時代が終わって、国王と王弟が王位を争った宮廷革命を機に、〝新時代〟がはじまる。マルクス、エンゲルスは、自由主義的色彩の〝新時代〟の様相を「新規の立憲主義(25)」と特徴づけて把握する。では、一体どうして、急に政治的舞台が変わったのか。自由主義的政治運動の再勃興の基底にあるのは、ドイツ資本主義の急激な成長である。「比較的に言って、過去一〇年間にこの〔商工業〕方面で、ドイツ人ほど、ことにプロイセン人ほど巨大な前進を遂げた国民はいないように思われる(26)」。この期間に、「ドイツは、いわば農業国から工業国に転化した(27)」のである。

三月革命の終息後、出版、集会、言論などの自由や立憲代議制の大幅な制限、土地貴族による国家権力の座の独占に加えて死手権の復活や貴族の免税特権の回復などが見られた反動時代に、資本主義経済の飛躍的発達が基礎過程をなしていたのであれば、その政治面での反動も単なる過去への逆戻りではありえない。経済上の革命と一体をなしていることによってブルジョア的変革へと転進せずにはおかない反動、つまり螺旋形を描いて非可逆的に前進する過程における後退の局相として、次第に反省されてくるだろう。しかし、マルクスもエンゲルスも、当分のあいだは、従前の分析を否定的に改めることなく、政治的反動と経済的躍進を二元論的に接木した論述を進める。代表的な例として、「土地ユンカーは、国王の個人的気まぐれを実際的な目的に利用して、政府を、一八四八年以前のではなく、一八一五年以前のでさえなく、一八〇七年以前の状態にまで逆戻りさせることに成功した[28]」が、「だが、メダルのもう一つの面がある[29]」。「ブルジョアジーがバビロンの幽囚の身をかこち、小さくなってその頭をうなだれた時期こそ、まさに彼らが国の有力な勢力にのしあがった時期なのであり、他方では、尊大な貴族でさえも、内心では金儲けに夢中で、利殖に目のない証券業者になりかわった時代だというわけである[30]」。

〝新時代〟のプロイセンでは、反動的な官僚的、軍事的専政に黙従しながら富の蓄積に邁進してきた商工業ブルジョアジーが、大規模な発展的変動を遂げた経済状態の桎梏と化してきた政治状態を打破すべく自由主義的運動にのりだすが、これに対応して、反動派もまた、かつては彼らが押しつぶした自由と統一に関する諸要求を取り上げ、自らの堡塁を固める形でそれらの実現を図るようになる。この新たな事態を、一八五九年のマルクスは、先の二元論的立場から、「反動は革命の綱領を執行する[31]」と、矛盾的に把握する。一八六六年からの政治的大変動を先見した意義をもつこの評言から、ドイツの革命過程の独特性についての注目もはじまる。

〝新時代〟における資本家階級の自由主義的反政府運動の興隆に続いて、一八六二年、反動派の巻き返しによる〝新時代〟の終了とともに公然化する憲法紛争、そしてビスマルク内閣の発足と憲法紛争の膠着化、およそこうした過程が一八六〇年代前半のプロイセンでは進行する。しかし、この一連の政治過程についでは、当時、エンゲルス『プロイセンの軍事問題と労働者党』での論及が残されるにすぎない。エンゲルスは、憲法紛争の直接の争点たる軍制改革問題について、台頭しつつある労働者運動がとるべき態度を論示するのであるが、われわれは、マルクス、エンゲルスによるドイツ国家研究の第一段階を締め括るものとして、この論文について三点を摘記しよう。

注意すべき第一の点として、エンゲルスは、依然、「社会全体を、資本家という一階級と無産の労働者という一階級との単純な対立に還元する[32]」という、資本家と賃労働者の二つの階級による近代社会の編成、土地所有者の衰滅という階級論的理解に立脚している。ところが、他方でマルクスは、この頃には『資本論』において、それまでの階級論を克服し、「近代社会の三大階級[33]」論をうちたてる。マルクスが階級論についてもかつての現状分析の基準としていた立場をのりこえた地点に達するのにたいし、エンゲルスはなお以前からの理論的見解を繰り返しているのである。この両者の階級論上の差異は、今後、ドイツ国家の考察にあたっても微妙な差を及ぼしてくる。

第二点は、現下の憲法紛争について、軍隊の改組に直接敵対する愚を避けて、増強される軍隊の費用のための新税負担とひきかえに、「軍隊を議院の統制下におく[34]」、また「イギリスの下院がもっているような大臣の任免力を同時に獲得する[35]」、そのための絶好の機会たらしめる、これを自由主義的ブルジョアジーがとるべき戦術として推奨していることである。エンゲルスは、ブルジョアジーが租税をつうじて国家を買いとり議会の優越を確立していったイギリスの歴史的経験を、憲法紛争にもあてはめる。イギリス、またフランスとは異なるドイツ独自の政治的発展の道も、未だ予想外にある。

第三の点として、エンゲルスは、フランス第二帝制をボナパルティズムとして特徴づけるにあたり、ボナパルティズムを「近頃大成功をおさめ、ある人たちのあいだで大いにもてはやされているもう一種の反動派[36]」と規定する。一八四八年の諸革命の敗北後ヨーロッパ大陸諸国を覆ってきた政治的反動には、絶対主義的反動以外に、ボナパルティズム的反動があることを指摘し、そうすることによって、次の段階でのプロイセン国家へのボナパルティズム概念の適用に道を開くのである。

(1) エンゲルス「革命についてのベルリンの討論」、第五巻、六〇頁。
(2) 同右、六一頁。
(3) エンゲルス「市民軍法案」、第五巻、二四六頁。
(4) 同右。
(5) マルクス「危機と反革命」、第五巻、四〇三頁。
(6) マルクス「ベルリンの反革命」、第六巻、八頁。
(7) マルクス＝エンゲルス『共産党宣言』、第四巻、五〇七頁。
(8) マルクス＝エンゲルス「一八五〇年三月の中央委員会の同盟員への呼びかけ」、第七巻、二五九頁。
(9) マルクス「賃労働と資本」、第六巻、三九三頁。
(10) マルクス「モンテスキュー五六世」、第六巻、一八九頁。
(11) エンゲルス「ベルリンの上奏文討論」、第六巻、三七一頁。
(12) マルクス「モンテスキュー五六世」、一八八頁。
(13) 『共産党宣言』の「一 ブルジョアとプロレタリア」において一般理論化されている。
(14) エンゲルス『ドイツにおける革命と反革命』、第八巻、八四頁。
(15) エンゲルス『ドイツ国憲法戦役』、第七巻、二〇一頁。
(16) エンゲルス『ドイツにおける革命と反革命』、五頁。
(17) 同右、三八頁。
(18) 同右、四三頁。

(19) マルクス「ベルリンの反革命」、八頁。
(20) マルクス「ブルジョアジーと反革命」、第六巻、一一一―一一二頁。
(21) マルクス「モンテスキュー五六世」、一九二頁。
(22) マルクス＝エンゲルス「評論　一八五〇年五―一〇月」、第七巻、四六六頁。
(23) 「一八四八年と一八四九年にいたるところで裏切った諸階級と階級諸分派は、既に一五二五年に、もっと低い発展段階においてではあるが、やはり裏切者として見いだされるであろう」（エンゲルス『ドイツ農民戦争』、第七巻、三三五頁）。
(24) マルクス「ブルジョアジーと反革命」、九九頁。
(25) マルクス「プロイセンの事態」、第一二巻、六一〇頁。
(26) 同右、六五一頁。
(27) マルクス「戦争についてのプロイセンの見解」、第一三巻、三五六頁。
(28) マルクス「プロイセンの事態」、六五〇頁。
(29) 同右、六五一頁。
(30) 同右、六五二頁。
(31) マルクス「一八五九年のエルフルトごっこ」、第一三巻、四一六頁。
(32) エンゲルス『プロイセンの軍事問題と労働党』、第一六巻、六六頁。
(33) マルクス『資本論』、第二五巻、一一三〇頁。
(34) エンゲルス『プロイセンの軍事問題と労働者党』、五七頁。
(35) 同右、六一頁。
(36) 同右、六八頁。

二　ドイツ・ボナパルティズム論の展開

一八六六年の対オーストリア戦争の勝利による北ドイツ連邦の結成、続いて一八七〇年の対フランス戦争の勝利によるドイツ帝国の創設、このプロイセンの軍事的制覇をつうじたドイツの政治的な統一と自由の達成過程についての、マルクス、エンゲルスによる時局的な論評は、プロイセン＝オーストリア戦を純軍事的な見地から取りあげた小論を除いて、存在しない。[1]「これまでは、一八六六年のことに触れるのを避けてきた」[2]と打ち明けられているように、彼らは、一八四八年のそれにもまして重要な一八六六年と一八七〇年の政治的大事件について公然と論じることを、後述の政治的配慮から回避する。この政治的激動過程に寄せていた彼らの関心がいかなるものであったかは、両者のあいだに交わされた私信のなかに見いだされなければならない。

ドイツの統一をめぐって争覇してきたオーストリアとの開戦直前、ビスマルクは、諸邦の自由主義的ブルジョアジーが結集している国民同盟が掲げている小ドイツ方式でのドイツ統一案の採用をうちだすとともに、フランス第二帝制にならっての普通選挙制の導入を爆弾的に提案する。これに接したエンゲルスは、プロイセン国家もまたボナパルティズムに転成しつつあると示唆して、『資本論』公刊のための最後の仕上げに励んでいるマルクスに書き送る。「ビスマルクの普通選挙権案は、彼のラサールがいないのにおこなわれた。見受けるところ、ドイツのブルジョアは、多少の反抗の後にはそれに同意するだろう。何故なら、ボナパルト主義は、なんと言っても近代ブルジョアジーの真の宗教だからだ。僕にとってますます明らかになってくるのは、ブルジョアジーは直接に支配する手段をもっていないということ、したがってまた、ここイギリスにおける寡頭支配がブルジョアジーのために十分な報酬とひきかえに国と社会の管理を引き受けることができない場合には、ボナパルト的な半独裁が正常な形態だ、ということだ[3]」。

更に、対フランス戦の開始後、両人はビスマルク政府による統一と自由の国民的悲願の実現という現実に直面して、次のような意見をやりとりしている。「なにはともあれ、意図された経路によってでもなければ予想された仕方においてでもなく、見受けるところ、第二帝国以来のあらゆるごまかしが、遂には、一八四八年の『国民的な』諸目的を達成するに至らしめたのだ[4]」。「第一に、今ビスマルクは、一八六六年と同じように、やはりわれわれの仕事の一片を、彼のやり方で、しかもそれを欲することなしに、やっているのだが、とにかく彼はそれをやっているのだ。……およそ、リープクネヒト流に、一八六六年以来の全歴史を、それが気にくわないからといって、後戻りさせようと欲することは、たわごとなのだ[5]」。彼らは、一八六六年以来の画期的変革をそれがビスマルク政府の手になるからといって否定する態度を峻拒し、その国民的事業を受けいれつつ必要な補足を加えて徹底させる方策を探るのである。

ユンカー階級のビスマルク内閣が、ユンカーとしての主義に反し、自由主義的ブルジョアジーの小ドイツ計画を実施し、また普通選挙権にもとづく国会を開設して、多年の懸案であるブルジョア革命の基本課題を解決する、これは、マルクスとエンゲルスにとって、予測と期待を裏切る発展であっただけでなく、極めて好ましくない事態でもあった。けだし、生成途上の労働者運動を大きく分かっている、いわゆるラサール派とアイゼナッハ派との最たる対立点ともいうべきドイツ統一の方式に関し、ビスマルクに接近して小ドイツ主義を支持してきた前者の路線の現実的有効性が証明され、反プロイセンの大ドイツ主義的な民主共和国の形成を要求してきた後者の路線は打ち破られた結果になるからである。ラサール派との激しい闘争を介してアイゼナッハ派が伸長しマルクス、エンゲルスの思想的影響下に転じつつある状況にあって、一八六六年と一八七〇年の政治的変革をそれとして論じることは、その国民的意義を否定しえないだけに、彼らがなすところではなかったのである。

こうして、一八七〇年のエンゲルス「『ドイツ農民戦争』第二版の序文」では、政治的現状については、「今ではドイツには革命の重大な敵は一つしかいないこと——プロイセン政府がそれである[6]」、こうした新しい変化に触れながらも従来の諸分析との連続性が保たれ、「一八六六年の大国事劇よりもはるかに重要な[7]」経済上の飛躍的前進に的があてられる。一八五〇年代から世界的な規模で進展した経済革命の一環を担って産業資本主義の時代に突入しているドイツの経済的現状を述べているこの論文について、看過してはならないのは、産業資本家階級の社会的比重の増大ならびにそれと対をなす労働者階級の社会的、政治的進出に着目して、資本家と労働者との階級対立が社会の編成基軸として把握され、それとともに反動派は資本家階級の同盟者として位置づけられるようになっている点である。「この同盟者は、どれもこれも反動的なものばかりである。そこには軍隊と官僚を従えた王権がある。大封建貴族がある。小田舎ユンカーがいる[8]」。絶対主義的反動派とブルジョアジーの対立から両者の同盟による労働者階級との対立へ、ここで基本的階級対抗関係の認識が転換する。

この直後にマルクスが記す「フランス＝プロイセン戦争についての国際労働者協会総評議会の第一の呼びかけ」に、ドイツでのボナパルティズムの成立についての公式には最初の言及が現われる。「プロイセンは、自国の旧来の制度の固有の長所をすべて注意深く保存したばかりか、まだそのうえに、〔フランス〕第二帝制のあらゆる詭計、その内実の専政主義とみせかけの民主主義、その政治上の欺瞞と財政的汚職、その高尚ぶったおしゃべりと卑しい手品をつけ加えた。それまではボナパルティズムの制度はライン河の一方の岸にだけ栄えていたのに、今やもう一方の岸にもその模造品ができたのだ[9]」。マルクスは更に、『フランスにおける内乱』において、ボナパルティズムのドイツへの移植について論述する。

ドイツにおけるボナパルティズム国家の誕生についての明瞭な理論化は、一八七二年、エンゲルスの『住宅問題』のなかでうちだされる。ドイツが達している発展の新段階を、今度は政治に関してそれとして分析するのである。この論文では、「一言でいえば、古い国家のあらゆる要素の分解、絶対君主制からボナパルティズム君主制への移行が、盛んに進行している(10)」現状が、周知のごとく、以下のように論じられる。「プロイセンには……今なお強大な大土地所有貴族のほかに、比較的に若く、しかもことのほか臆病なブルジョアジーがいる。……だが、以上の二階級のほかに、急速にその数を増しつつあり、著しい知的発達を遂げ、日々にますます組織性を加えつつあるプロレタリアートが存在する。したがって、ここには、古い絶対君主制の基本的条件であるブルジョアジーの均衡とならんで、現代のボナパルティズムの基本的条件であるブルジョアジーとプロレタリアートの均衡も見いだされるのである。しかし、古い絶対君主制のもとでも、現代のボナパルティズム君主制のもとでも、現実の政府権力は将校と官吏の特殊なカストの手に握られている。……プロイセンで（そしてその先例にしたがってドイツの新帝国制度のもとでも）、こういう矛盾に満ちた社会状態のなかから必然的な帰結として発展した国家形態は、外見的立憲制である。この形態は、古い絶対君主制の、今日における解体形態であるとともに、ボナパルティズム君主制の存在形態でもある。プロイセンでは、一八四八年から一八六八年までの外見的立憲制は、絶対君主制の緩慢な腐朽を隠蔽し媒介したにすぎなかった。しかし、一八六六年以来、特に一八七〇年以来は、社会状態の変革が、そしてそれとともに古い国家の解体が、万人の見るなかで、ますます大規模に進んでいる(11)」。

一八四八年三月革命と一八六六年、一八七〇年の大国事劇の第一幕、第二幕とを両端的区切りとするプロイセン国家の歴史的、階級的性格の変化に関する、この論述について、摑みとるべき諸点を列記しよう。

その一は、「今日ドイツにおいて存在する国家もやはり、それを育ててきた社会的基層の必然的な産物である[12]」とする方法的視点である。この視点から、「ドイツでは、国家は未だある程度まで独立の社会のうえに宙に浮かんでいる権力であって、まさにこの理由で、個々の一階級の利益を代表せずに、社会の総体的利益を代表している[13]」という「反動家の議論[14]」を却けるとともに、一八五〇年代以来の経済と政治の二元論的に分裂した分析の克服も図られる。

その二として、ドイツの国家の基礎をなす資本主義社会の発展段階は、「ブルジョアジーとプロレタリアートの均衡」として示されている。しかし、これは、文字通りの階級均衡としてではなく、次章の第一節でエンゲルスの時代認識の偏倚を批判するように、資本家階級と労働者階級による基本的社会関係の構成の意味に是正して理解すべきであろう。この階級対立と並んで存在する「土地貴族とブルジョアジーの均衡」は、対抗と同時に同盟であり、他の面から、土地所有貴族と産業ブルジョアジーの対流と融合として、次に論じなおされる。

その三は、産業資本主義社会の形成に基礎づけられ、絶対君主制からなしくずし的にボナパルティズム君主制に移行している実体的様相が、およそ、このように説明されている。経済的に支配する第一の階級たる産業ブルジョアジーは政治的支配権を闘いとっておらず、絶対君主制時代の統治階級が政治的支配の座にとどまり続けて政府権力を掌中にしている。が、「社会の外部に、いわば社会のうえに立っているように見えるこのカストの独立性[15]」にもかかわらず、すべての支配諸階級は、現今の産業的飛躍、ことに株式会社設立ブームの渦中に引きこまれている。大土地所有貴族は株に憂き身をやつし――反面では産業界からの貴族の登用。新たなブルジョア的貴族制の形成へ――、既に火酒醸造業やテンサイ糖製造業にのりだしていたユンカーは株式会社取締役に名をつらね――ユンカーのブルジョア化――、官僚、更には将校も企業重役の椅子をあさったり株式投機に一役かったりしている。要するに、「国家内の非ブルジョア的分子が、日々にますますブルジョア化しつつある」[16]のである。

その四として、成立したボナパルティズム国家の制度的仕組みは、一八四八年から一八六六年までのそれと同じく、「外見的立憲制」である。立憲制ではあるが、イギリス、フランスに出現した立憲制とは違って形骸化され実質を欠いている。フランス第二帝制・ボナパルティズムにおいてそうであったように、政府権力が絶対的であり、議会は官僚的、軍事的専制の飾り物に化している。この「外見的立憲制」という規定の核心点は、この規定が、イギリスやフランスでの議会優位の立憲制国家を範型としつつその不具的な畸型としてドイツの国家の現状を把握するところに成りたっているということにある。「外見的立憲制」が、絶対君主制の存続形態としてではなく、その解体形態として立言されているゆえんである。

絶対君主制のボナパルティズム君主制への移行については、二年後、エンゲルスによって再論される。「もはや、ひしひしと押しよせてくるブルジョアジーから貴族を守ることではなくて、ひしひしと迫ってくる労働者階級から有産階級全体を守ることが必要になったその瞬間から、旧絶対君主制は、わざわざこの目的のためにつくりだされた国家形態であるボナパルティズム君主制に完全に移行しなければならなかった」[17]。同じ論文のなかでは、このドイツ・ボナパルティズムの将来について、今なお残存している封建的遺物をすべて除去して全面的にブルジョア化された国家に発展するという見込みも表明されている。エンゲルスは、ボナパルティズム形態でのドイツ・ブルジョア国家の成立を確認しながら、そのボナパルティズム国家の進路に関しては、三月革命当時と同じように、イギリスあるいはフランスと同型の発展を辿ることを想定しているのである。以後再三にわたって述べられるこうした見通しの問題性については、「歴史における暴力の役割」の検討の際にまとめて摘出しよう。

このように、この時期にドイツ国家の現状分析的研究を推し進めたエンゲルスは、「とにかく封建制の除去を前提とする一つの近代的な国家形態[18]」たるボナパルティズム君主制を、①、その社会階級的基盤――ブルジョアジーとプロレタリアートの基本的対抗、それにブルジョアジーと土地貴族の同盟、②、その政府権力の担掌者――ブルジョア化を強めている大土地所有貴族、ユンカー階級、③、その国家権力の制度的仕組み――外見的立憲制、更に、④、その政策――一連のブルジョア的諸改革、以上のおよそ四つの面から解析している。

ここで、エンゲルスが展開してきたボナパルティズム論の根本的特徴について触れておかねばならない。それが、エンゲルスによるドイツ国家の具体的研究を規制しているからである。振り返って点検すれば明確なように、エンゲルスは、一貫して、ブルジョアジーが経済的に支配しているにもかかわらず、国家権力の座を占めているのは貴族、ユンカー階級であるという、統治階級の実体構成（前記の②の面）を視軸として理論的アプローチをおこない、いわばユンカー・ボナパルティズムとしてドイツ国家の理論化を図る。そして、これは、既に指摘してきた階級論的理解――資本家と土地所有者を歴史的に異質な対立関係におく――とも絡みあっている。この研究視角から、一八八四年の『家族、私有財産および国家の起源』においては、ボナパルティズムを、経済的に支配する階級と政治的に支配する階級とが相異する例外的な国家の一つとしてまとめあげる。

ところで、マルクスは、ドイツ帝国の現状について掘りさげた分析をおこなっていない。僅かに、以下のような断片的記述を遺すにすぎない。ドイツにおける資本主義経済の確立について、「一八四八年以来資本主義的生産はドイツで急速に発展し、今日では既にその眩惑の花を咲かせている[19]」。そのボナパルティズム国家を領導しているビスマルクの階級性について、「他ならぬ自由主義的ブルジョアジーの独裁官[20]」と言及し、またその国家について、「議会的諸形態で飾られ、封建的な付加物をまじえ、それと同時に既にブルジョアジーの影響下にあり、官僚制ふうに組み立てられ、警察に守られた軍事的専制でしかない国[21]」と簡明に特徴づける。

エンゲルスに比すると、マルクスの場合には、論述が甚だ少ないが、ドイツ・ボナパルティズムのブルジョア的性格をよりはっきりと語っているし、国家権力の直接的掌握者たるユンカー階級に注着した例外国家論的な視角を窺うことはできない。一八五〇年代の細密な現状分析的研究を集成して『資本論』のなかに止揚されたイギリス社会・国家像、一八五〇年代初めからの迂余曲折的な第二帝制・ボナパルティズム研究を経て『フランスにおける内乱』にまとめあげられたフランス社会・国家像など、マルクスのこの期間の理論的研究成果からすれば、それには十分な根拠がある。ここでは、土地所有者は、近代社会の骨組みをなしている三つの階級の一つであり、その有産にして有閑な存在性格から、産業資本家階級が決定的に支配する時代においても、政治的支配の担い手として大きな比重を占めること、また社会と国家、経済的支配と政治的支配が相対的に分離する歴史的特質を有する近代においては、その直接的掌握者の社会階級的出自から国家権力の階級的性格を決定しえないこと、これらの点をマルクスが解明していることを確認しておこう。

さて、一八七〇年代後半、世界的な交通革命にともなうロシア、アメリカ合衆国などの低廉な穀物のヨーロッパへの流入という事態が生じて、窮地に立たされたユンカー階級は、自由貿易に代わる保護貿易を要求して動きだす。エンゲルスは、この転機を捉えて、「ドイツ帝国議会における火酒討論」を発表する。この論説では、プロイセンの火酒醸造業が世界の中心的な火酒工場にまでのしあがってきた一九世紀初頭来の歴史を縦覧して、今日では火酒醸造業が「ユンカー階級の新たな延命[22]」を支える経済的基礎になっていることが明らかにされ、そこから、現在ドイツ国内に侵入してきているロシアの火酒との競争が、ユンカー階級を経済的に破滅させるとともに、ユンカー階級をその官僚団、軍閥の供給源にしている国家の瓦解を招来するだろうという予想が立てられる。「ロシアの火酒競争だけでも、それが、東部諸州の農業を現在の発展段階に保っているプロイセン工業を破壊することによって、プロイセンを破滅させるに違いない。……またそれによって、プロイセン国家の基礎、すなわち、将校ならびに下士官および命令に絶対服従する兵士をつくる原料、つまり現在のプロイセンに独特な性格を押印している原料を破壊する。火酒醸造業の倒壊とともに、プロイセンの軍国主義は倒れるのであって、この軍国主義なくしては、プロイセンは無である」[23]。しかし、この議論では、第一に、『住宅問題』において示されたような、ドイツの具体的現状を経済的な全構造と社会諸階級の総対抗のなかで捉える方法が、火酒醸造業とユンカー階級の孤立的な分析に単純化され、第二に、ドイツ・ボナパルティズムの帰趨をその担掌者たるユンカー階級の動向から直接に決定する一面性が発露されている。また、火酒醸造業者あるいはテンサイ糖工場主としてのユンカーのブルジョア化を強調的に指示しながら、何故、ユンカー階級消滅の予想が繰り返されることになるのか、この新しく生じてくる問題については、後に言及しよう。

この頃にまた、エンゲルスは、『反デューリング論』の暴力論の章において、経済的発展にたいし政治的暴力はどういう関係にたつかをめぐって歴史分析の方法を提示している。政治的暴力は、経済的発展にさからって作用する場合、通常、無力化し経済的発展に屈服してしまう。逆に、政治的暴力は、経済的発展に合致して働く場合、経済的発展を加速し、「マルクスの言葉を借りれば、新しい社会を孕んでいるあらゆる古い社会の助産婦……社会的運動が自己を貫徹し、そして硬直し麻痺した政治的諸形態を打ち砕くための道具」[24]として革命的役割を演じる、と。前の場合の例として、近代の大工業のうえにロマン主義的反動を接着しようとしたヴィルヘルム四世の空しい試みが挙げられる。反動時代についての反省が、絶対主義的統治への逆戻りという一八五〇年代当時の把握とはまったく異なってきているわけである。この点を確かめ、後の場合の例として挙げられる一八六六年と一八七〇年の大国事劇の革命的意義がそれとして考察される次の時期へと、われわれの検討を進めよう。

(1) エンゲルスからマルクスへの一八六六年四月二日付けの手紙などでは、オーストリアの軍事的優勢が予想されている。
(2) エンゲルスからマルクスへ、一八七〇年二月一一日付けの手紙、第三二巻、三五七頁。
(3) 同右、一八六六年四月一三日付けの手紙、第三一巻、一七三頁。
(4) マルクスからエンゲルスへ、一八七〇年八月八日付けの手紙、第三三巻、二八頁。
(5) エンゲルスからマルクスへ、一八七〇年八月一五日付けの手紙、第三三巻、三六頁。
(6) エンゲルス「『ドイツ農民戦争』第二版の序文」、第一六巻、三八九頁。
(7) 同右、三九〇頁。
(8) 同右、三九二頁。
(9) マルクス「フランス＝プロイセン戦争についての国際労働者協会総評議会の第一の呼びかけ」、第一七巻、五―六頁。
(10) エンゲルス『住宅問題』、第一八巻、二五五頁。
(11) 同右。
(12) 同右。
(13) 同右、二五三頁。
(14) 同右、二五四頁。
(15) 同右、二五五頁。
(16) 同右、二五六頁。

(17) エンゲルス「『ドイツ農民戦争』第二版の序文への追記」、第一八巻、五〇五頁。
(18) 同右。
(19) マルクス「『資本論』第二版後記」、第二三巻、一五頁。
(20) マルクス「『ケルン共産党裁判の真相』のあとがき」、第一八巻、五六六頁。
(21) マルクス『ゴータ綱領批判』、第一九巻、二九頁。
(22) エンゲルス「プロイセン帝国議会における火酒討論」、第一九巻、四八頁。
(23) 同右、五三頁。
(24) エンゲルス『反デューリング論』、第二〇巻、一九〇頁。

三　上からの革命の概念的把握

四年程の中断の後、一八八〇年代にエンゲルスによって展開されるドイツの現状分析的研究は、一八七〇年代のそれとはやや色合いの異なる論調を呈する。一八七八年以来の社会主義者取締法に抗しドイツ社会主義労働者党のもとで着実に前進する労働者階級への強圧、他方では世界市場に君臨してきたイギリス資本主義の圧力にたいする挑戦、このような厳しい緊張関係を内外に持しながら世界有数の強国に転じているドイツ帝国の発展に面して、エンゲルスは、その現状と歴史の具体的諸特徴の解明に心するようである。

一八八〇年、「ビスマルク氏の社会主義」では、前年に制定された保護関税、ならびに産業上の大躍進の動輪となってきた鉄道を題目にして、製鉄業における買占め連合の結成と独占の発生、鉄道の国有化という注目すべき事象が描出される。かかる資本主義経済の編成主軸についての分析は、産業資本主義の全体的な動静からボナパルティズム国家の実状を再把握することを促すであろう。

ドイツ産業資本主義についての構造的な分析は、一八八七年の『『住宅問題』再閲第二版序文』において一つの地点を得る。世界市場においてイギリスとも角逐しうる工業国へとドイツを急激に押しあげたのは、大工業の躍動である。が、反面では農村家内工業も広く残存していて、「農村家内工業が、ドイツの若い大工業の広範な基礎になっている」(1)。また、イギリス、フランスに占拠されていた世界市場に割りこむほかなかったために、ドイツの輸出品は雑貨から成っており、雑貨を生産する農村家内工業は、輸出貿易を支える基礎にもなっている。こうした事情から、園地栽培や小規模農耕と結合して営まれる農村家内工業での法外に低い賃金が、ドイツの大多数の輸出商品の驚くべき廉価の秘密やドイツの労働者全体の賃金、生活水準の低さの原因にもなっている。だが、家内工業の普及によって、小農民のプロレタリア化も広がり、産業化の波に洗われる農村地方にまで革命的労働運動が拡大している。

エンゲルスは、しかし、それらの経済的社会的諸様相をドイツ産業資本主義の類型的特質として理論化する視点を築いていない。ドイツでもまた、『資本論』第一巻のなかで描かれているごとく、小工業は機械制大工業によって全面的に駆逐されとって代わられる過程が進展すると展望しているのである。「その範囲の広さからみてドイツの決定的な生産部門となっており、それとともにドイツの農民をますます革命化しているこの農村家内工業とマニュファクチュアは、それ自体一層進んだ変革の前段階にすぎない。既にマルクスが証明しているように、この両者にたいしても、一定の発展段階で、機械と工場経営が没落の時の鐘を鳴らす」(2)。独占資本主義段階への移行の新現象をそれとして認識しえていないことと相まち、エンゲルスは、ドイツ産業資本主義の特徴的な諸事実の幾つかを記しながら、それらを『資本論』の論理に還元し、イギリスとは類型の異なるドイツの資本主義的発展の個性的特質を究明するには至らなかったのである。[3]

如上の経済学的分析に並行して、エンゲルスは、近来の政治的諸事件の見なおし作業を進める。一八八三年にマルクスが死去した後、三月革命当時の状況を回顧した小論に新しい反省が現われだすが、それは、一八八七年から翌年にかけての論文「歴史における暴力の役割」として集大成される。

「歴史における暴力の役割」において、エンゲルスは、『反デューリング論』のなかで定式化した歴史分析の方法を適用して、絶対主義時代からの諸経緯を含め、ドイツ帝国生成過程を総括的に研究する。一八四八年以来のドイツの国家の変転を鳥瞰しうる時点をむかえて、特に従来は独自に論じることのなかった一八六六年、そして一八七〇年の画時代的な政治的変革を特異な〝上からの革命〟として解明し、この新しい理論的見地から「絶対君主制のボナパルティズム君主制への移行」という前段階の分析枠組みを実証的に深化するのである。この論文を中心にして、三月革命以後の政治的諸過程についての論述を追って注釈し、マルクス没後も続行されたエンゲルスによるドイツ国家研究の最終的な到達地平を明らかにしよう。

三月革命について。

一八四八―五二年当時の論評とは異なり、極めて制限されているにせよ、ブルジョア革命としての面、ブルジョア革命の第一歩としての意義が摘示される。「一八四八年の革命は、国家を外面的な立憲的形態に変えた[4]」。「市民層は、たとえ僅かにせよ、政治権力への参加権を手に入れた[5]」。反動派の主導下で不具化されたものであれ、立憲制、選挙制が、三月革命の政治的所得であった。

反動時代について。

「一挙に勝利をおさめたブルジョアジーの背後には、既にいたるところで、実際に勝利を闘いとったプロレタリアートの威嚇的な姿が立ち現われており、これがたったいま打ち負かしたばかりの敵――君主主義的・官僚的・半封建的・軍事的反動派――の腕のなかへブルジョアジーを追いやり、革命は一八四九年にこの反動派に敗れた。[6]」ここでのプロレタリアートは、ただにドイツだけではなく、六月暴動に決起したフランスのプロレタリアートをも指すであろうが、諸階級の総対抗関係においてプロレタリアートの力量が依然として過重評価されている点は否めない。それはともあれ、この反動派が勝利した後の国家の性格は、いかなるものであろうか。

反動時代には、三月革命前に統治していた国王、貴族、官僚、軍人がそのまま復位する。しかし、他方では、三月所得としての立憲制がそれ自体改竄されながらも定着する。「今では一〇年にわたってのさばってきたユンカー的・官僚的内閣は、確かに立憲的な形態で統治しなければならなかった[7]」。つまり、かの外見的立憲制のもとで旧套の官僚的、軍事的反動派が統治しているという、国家権力のブルジョア的な制度的仕組みとその絶対主義的な掌握階級とが背反している自己矛盾的な国家である。この二重性からして、その政策も二面的――一方である封建的特権を廃止するが、他方では他の封建的特権を復活するなど――である。こうした意味で、この時代の国家は、まさしくブルジョア革命の過渡にある、なかばブルジョア的でなかば絶対主義的な国家と言うべきだろう。誤解を正さなければならないのは、絶対主義的反動の復活は、国家権力の直接的掌握階級に関するのであって、それがそのまま国家権力の歴史的、階級的性格を決定するのではないという点である。

この時代は、産業的大躍進の時代でもあった。政治的反動とはうらはらに、産業革命が本格化し資本主義経済が急激に発達するが、そうすることによって、世界市場での競争にさらされている工業と商業が一段と発展するためには、なお広汎に存在している封建的諸制限、なかんずく小邦分立状態の打破が絶対的な必要事になってくる。まったく不徹底に終わった三月革命に続く、ブルジョア的な自由と統一を課題とする再度の革命の経済的基礎条件が成熟するのである。

これに加えて、資本主義経済の革命的成長の裏面では、エンゲルスが他の論文「プロイセン農民の歴史によせて」において実証的に論じるように、一九世紀初め以来徐々に進展してきた諸賦役の有償償却方式による農民解放が最終的な段階をむかえる。[8] 一八五〇年の償却令によって、領主制的諸関係の廃止の歴史的仕上げの過程が進行しはじめる。資本主義的蓄積と原始的蓄積が重畳的に強行されてゆくのである。

こうした経済的地殻変動にも対応しつつ、大土地所有貴族、ユンカー階級から成る反動派は、政治的に、立憲制を既成事実として容認し、時代への適応を図りながら従来の特権的地位を強固に防衛するブルジョア的な保守派、ブルジョア的党派の守旧的翼へと、次第に転身しだす。反動時代が終了する頃には、この反動派ないし保守派の内部に〝新時代〟内閣を構成することになる穏健自由派さえ生まれる。

〝新時代〟について。

もはや我慢できないものになっている小邦分立制と市民の無権利状態を変革すべく、経済的力量と社会的影響力を増大した商工業ブルジョアジーの自由主義的運動が興隆する。各邦の資本家階級は、「ドイツのブルジョアジーが今までにもったことのある最も強力な政治組織[9]」として国民同盟を結成し、プロイセンのヘゲモニーによる国民的統一を要求する。プロイセンでは、進歩党が創設され、進歩党を中心にした自由派が、議会の三分の二近い多数を占めて、貴族、ユンカーの政府とのあいだに政治的支配権をめぐる争いを繰り広げる。この対立は、政府が提案した軍制改革に議会の自由派が反対して軍事費への協賛を拒否するのを発端として、憲法紛争へと突き進む。

この局面では、反動時代に存在したブルジョア的立憲制と絶対主義的統治集団との矛盾は、自由主義的資本家勢力の議会への進出によって、国家権力機構における政府と議会との対立へ、また政治的支配階級内部における保守派と自由派との対立へと発展的に展開する。

憲法紛争期について。

新しく登場したビスマルク内閣は、議会の反対を無視して軍制の改革とそのための資金の支出を断行する。軍隊の増強がプロイセンの強国化とそれをつうじてのドイツの統一の要件であるかぎり、それは、小ドイツ計画の実施を待望する国民同盟のブルジョアジーに応えるものとなった。他方、議会の自由派は、「独占的な政治権力を自分の手に、すなわち自由主義的な議会多数派のうちから選ばれた内閣の手に移すことを要求した(10)」。ところが、なによりも議院内閣制、議会の優越を形成し、その政治的自由の達成のうえでドイツの国民的統一を図るという信条に固執する自由派は、現内閣の手による軍制改革に反対することで、統一の課題を遠ざけてしまうというジレンマに陥る。

かくして、ビスマルク内閣が、「血と鉄の暴力実践(11)」として、強化された軍隊の力により、一八六三年にオーストリアとともに対デンマーク戦争によってシュレスヴィヒ、ホルシュタイン両公国を占領したのに続き、一八六六年には遂にオーストリアとの戦争に勝利したとき、議会の自由派もまた打ち破られ、憲法紛争は除去される。「〔ビスマルクは〕今では事実上武装解除された議会に紛争時の憲法違反の統治に事後承諾を求めた。今では無害な進歩党は、感動のあまり涙を流して、これを承認した(12)」。

上からの革命について。

オーストリアを軍事的に打倒した結果として、ビスマルク内閣は、三つの邦と一つの自由都市をプロイセンに併合した北ドイツ連邦を結成し、ドイツの国民的統一をなかば実現するとともに普通選挙権にもとづく国会を開設する。これは、「革命的手段によって遂行された完全な革命(13)」であった。更に、ビスマルク内閣は、一八七〇年のフランスとの戦争にも勝利して、北ドイツ連邦に南ドイツの諸邦をも引き入れ、全ドイツを政治的に統一したドイツ帝国を創設する。

「政治にはただ二つの決定的な勢力しかない。組織された国家暴力たる軍隊と、人民大衆の組織されていない自然力的な暴力である[14]」。イギリスやフランスのブルジョア革命とは異なり、ブルジョアジーが人民大衆に訴えることをとうにやめているドイツでは、「上からのプロイセン流の革命家[15]」としてのビスマルクの鉄血政策に導かれ、軍隊に集中的に組織された国家暴力によって、自由と統一を課題としたブルジョア革命が遂行されたのである。「ドイツ帝国は、革命の創造物である。——確かに独特な革命ではあるが、それだからといって革命であることに変わりはない。ある人がやってよいことは、別の人がやってもよいのだ[16]」。既にこのようにうちだされていた認識は、今後、「上からの革命[17]」として概念的に定立される。これによってエンゲルスは、イギリス、フランスのブルジョア革命の経験をドイツにもあてはめて現状を裁断した三月革命当時のブルジョア革命に関する認識を超克した理論的地平を築きあげる。

ところで、一八六六年の革命後、反政府的自由主義勢力の主力をなしてきた進歩党は、一変した世論を前にして選挙に大敗するとともに分裂し、国民自由党が誕生する一方、三月革命に反対して結成され反動時代には議会の多数を占めていた保守党からは自由保守党が分裂し、この国民自由党と自由保守党がビスマルク与党をかたちづくる。資本家的自由派と貴族的、ユンカー的保守派が融合した新しい党派が成立するのである。そして、このブルジョア的な諸党派の再編による新党派の出現は、憲法紛争において争闘した資本家階級と大土地貴族、ユンカー階級が、「初めて社会主義者の代議士、プロレタリアートの代表が議会という団体に現われた[18]」点に象徴される労働者階級の独自な勢力としての台頭を前にしつつ、相互の支配力を補強しあう同盟関係を構築するに至っていることの表示でもある。「〔一八四八年の〕革命を弾圧した当の本人たちが、カール・マルクスがよく言っていたように、その遺言執行人となった」[19]。だが、一八五〇年の償却令にはじまった領主制的諸関係の廃止の最終的段階が一八六〇年代末には完了し、土地所有も総じて封建的性格を解消するように、革命を弾圧した張本人たちもまた、政治的変身を遂げたのである。

ドイツ帝国について。

上からの革命によって生まれたドイツ帝国は、フランス第二帝制を手本にしたボナパルティズム国家である。「ブルジョアジーは彼〔ビスマルク〕に目標を示し、ルイ・ナポレオンはこの目標に達する方法を教えた」[20]。ドイツ帝国が産業資本主義の躍動を土台にしていることについては繰り返さないが、その社会階級構成において産業資本家と土地所有者の同盟による労働者との対抗が基本的関係をなしていることについて、「一八八六年の今日なお、プロイセン国家とその基礎――すなわち保護関税によってうちかためられた大土地所有と産業資本の同盟――とが維持されているのは、まったく、一八七二年以後その人数において階級意識においても素晴らしい成長を遂げたプロレタリアートにたいする恐怖のためである」[21]。この階級同盟を基盤として、「大土地所有と農民層の一部は保守党の大衆をなし……産業ブルジョアジーはブルジョア自由主義派の右翼、すなわち国民自由党をつく[22]」り、両保守党と国民自由党の親ビスマルク・ブロックが形成されている。「ドイツの人民大衆を搾取するために、ユンカーと成金が結んだ同盟――諸党連合というのがそれであり、それ以外の何物でもなかった[23]」。

『家族、私有財産および国家の起源』において典型的に、資本家と労働者の階級均衡のうえにユンカー階級が統治する例外的な国家というふうにドイツ・ボナパルティズムを理論的に特徴づけたエンゲルスは、「歴史における暴力の役割」以降の最晩年の時期の具体的論述においては、力点を置き換えて、一八七〇年代のマルクスのそれとほぼ同じような分析を開陳している。この点はもっと明確にしなければなるまい。

ドイツ・ボナパルティズムが産業資本家と土地所有者の階級同盟に立脚していることについて再び、「国家は、広範な国民大衆の利益からますます疎外されてゆき、国民を搾取するための農業地主や取引業者や大工業家の組合に変わっている[24]」。一八七〇年代末からの保護貿易政策も、「ユンカーと工場主との保護関税カルテル[25]」に他ならない。そして、この国家は大土地貴族、ユンカーによって担われており、「ブルジョアジーが彼らの権力を完全に行使しているときでさえ、国家を代表すること、したがってまた最も収入の多い官職および非常に大きな影響力をそれにまかせざるをえなかった[26]」のだが、にもかかわらず、究極のところでは、産業ブルジョアジーの利害を代表している。「ブルジョアジーは、当時すでに経済的には住民のうちの最も有力な階級で……彼らの経済的利害に国家は従わなければならなかった[27]」。ビスマルクについても、「貴族は彼を真の保守主義にたいする裏切者といつも見てきた。……中間階級は彼の主柱だった[28]」。

他に、国家権力の機構的編制として、「政府がほとんど全能で、帝国議会やその他のすべての代議機関が実権をもたない[29]」。それに加え、フランス第二帝制・ボナパルティズムと違って、「立法や行政のなかにひき続きはびこっていた腐朽しつつある封建制度からの大量の遺物[30]」が存在しており、「半封建制とボナパルティズムの混濁[31]」という特徴を有している。

ドイツ帝国の将来について。

ドイツ・ボナパルティズムの進路をめぐっては、従前からの予想が、この段階にも繰り返される。エンゲルスによれば、「旧プロイセン国家の大黒柱の一つ[32]」たるユンカー階級は没落する運命にあり、それゆえ、ボナパルティズムの維持を目指して進むならば、反動的であり、結局は挫折せざるをえない。他方、資本家階級は「すべての所有階級のうちで将来への見込みをまだ持っている唯一の階級[33]」だから、「意識的に断固として究極的なブルジョア支配を目指して進む[34]」ことが、有産階級の立場からする唯一の合理的発展である。

それでは、ドイツ・ボナパルティズムが発展的に移り行くべき「究極的なブルジョア支配」、目指すべきブルジョア国家とは、いかなる内実を意味するか。その基本的構造は、およそ次のように考えられている。その一は、「遂には新帝国は、封建制度と、官僚をなお強く支配している俗物根性の伝統とを最後の残滓まで払いおとす[35]」、すなわち全面的なブルジョア化の達成、その二は、資本家階級による「排他的または主導的な政治権力[36]」の掌握、その三は、「イギリス憲法に対応する状態への道を開く[37]」、つまりは議会権力が最優位する機構的編制、である。エンゲルスは、ビスマルクの政策いかんによって、現今のボナパルティズム国家が、封建的遺物を一掃して完全に民主化され、資本家階級が政治的にも直接支配する、議会主権の国家へと発展しうると想定しているのである。

だが、このような見通しを最後まで保持したこと、これは、エンゲルスのドイツ国家に関する研究の限界と欠陥の面を集約していると評さざるをえない。そうした展望は、以下に列記するような理論的謬点の合体の所産だからである。第一に、ドイツの資本主義経済もイギリスが辿ったのと同じ道を後追いしながら発展するという、前に摘示した経済学上の誤った想定を前提にしそれに対応している。この点の想定に支えられて、「ドイツ帝国議会における火酒討論」での議論にあったような火酒工業家としてのユンカー没落の予想も立てられる。ボナパルティズム倒壊の観測の要石たるユンカー階級消滅の見通しは、この時期においては、ドイツ資本主義のイギリスと同型の発展という将来的見込みと土地所有者は近代においては衰滅すべき階級とする理解との結びつきのうえに成りたっている。これが、第二である。第三に、上の階級論的誤解にも関連するが、資本家階級による排他的または主導的な政治権力の掌握について言えば、資本家階級が「排他的」に国家権力の掌握階級になることはない。資本家と土地所有者との近代ブルジョア階級としての共生と分業の関係がつらぬかれるのである。更に第四には、イギリスの国家構造についても誤認している。この時代のイギリス国家について、エンゲルスは、「人民の代議機関が全権力をその手に集中していて、人民の多数者の支持を獲得しさえすれば憲法上は何でもやれる[38]」と認識している。しかし、フランスと同じようにイギリスでも、一八五〇年代から、議会の優越から政府の優越へと国家権力の機構的構造の転換が進展したことは、第四章において既に明らかにしたとおりである。他に、マルクスも同じであるが、一八七三年の〝大不況〟突入後生じてきている資本主義的発展の新現象への留目にかかわらず、独占資本主義段階への推転の始まりを知るには至らなかったことも、第五として加えられよう。

はるかに遅れて出発したドイツ・ブルジョア国家も、今後年月を経て、イギリスやフランスに見られるようなブルジョア国家へと発展していくだろう、この見通し自体誤っているが、かかる見通しに逆にまた制約されて、エンゲルスはドイツ・ブルジョア国家形成の特性についても十分には解明していない。当初、一八四八―五二年時の現状分析に措定されていた四つの理論的立場のうち、第三の国家論に関するものは、第四の階級論上のそれとともに、終生克服されることなく残されたと言うことができるのである。

それでは、「絶対君主制からボナパルティズム君主制への移行」、そして「上からの革命」という一八七〇―八〇年代の研究成果にもかかわらず、エンゲルスがなおその究明に成功しえていないドイツ・ブルジョア国家形成の特質は、いかなる諸点にあるか。エンゲルスによるドイツ国家研究の到達地平を継承し、マルクスによるイギリスならびにフランスの国家の現状分析的研究の達成にも学びながら、節を改め、補充的に考察しよう。

(1) エンゲルス「『住宅問題』再閲第二版序文」、第二一巻、三三四頁。
(2) 同右、三三八―三三九頁。
(3) ドイツの産業革命もイギリスやフランスのそれを同型的に後追いすると考えられている点は、「われわれの大きな利点は、フランスとイギリスにおいて終結したその時にわが国ではそれが漸くたけなわだということである。……自家需要を満たすための昔の農民的工業生産の遺物が、資本主義的家内工業によって駆逐される一方で、他の地点では資本主義的家内経営が、これまた早くも機械的に屈服しつつある。一番後から遅ればせについてゆくわが国の工業の本性そのものが、革命をいよいよ根本的にしているのである」(エンゲルスからベーベルへ、一八八四年一二月一一日付けの手紙、第三六巻、二二八―二二九頁)。
(4) エンゲルス「歴史における暴力の役割」、第二一巻、四五四頁。
(5) 同右、四一〇頁。
(6) 同右、四〇九頁。
(7) 同右、四二五頁。
(8) 藤瀬浩司「ドイツ産業資本の確立と上からの革命」(岡田与好編『近代革命の研究』、東京大学出版会、一九七三年、下巻)は、この点を含め、マルクス、エンゲルスによる分析に基本的に合致した実証的研究として有益である。
(9) エンゲルス「歴史における暴力の役割」、四二七頁。
(10) 同右、四三二頁。
(11) 同右、四〇九頁。
(12) 同右、四三六頁。
(13) 同右、四三四頁。
(14) 同右、四三二頁。
(15) 同右、四三四頁。
(16) エンゲルス「『ケルン陪審法廷に立つカール・マルクス』序文」、第二一巻、二〇七頁。
(17) エンゲルス「一八九一年の社会民主党綱領草案の批判」、第二二巻、二四二頁。同「『ロシアの社会状態』へのあとがき」、第二二巻、四三〇頁。同「『フランスにおける階級闘争』(一八九五年版)への序文」、第二二巻、五一一頁。

(18)エンゲルス「歴史における暴力の役割」、四三六頁。
(19)エンゲルス「一八四五年と一八八五年のイギリス」、第二一巻、一九九頁。但し、一八五〇年代のマルクスの「反動は革命の綱領を執行する」という述言と一八八〇年代以降のエンゲルスによる「上からの革命」の概念化とのあいだには、追跡的に明らかにしてきたように、理論上の根本的な諸断層がある。上のマルクスの言に依存して「上からの革命」を解釈してはならない。
(20)エンゲルス「歴史における暴力の役割」、四三三頁。
(21)エンゲルス『住宅問題』再閲第二版への注」、第一八巻、二五五頁。
(22)エンゲルス「歴史における暴力の役割」、四五五頁。
(23)エンゲルス「さてどうするか？」」、第二二巻七頁。
(24)エンゲルス「ジーギスムント・ボルクハイムの小冊子への序文」、第二一巻、三五六頁。
(25)エンゲルス「アメリカの大統領選挙」、第二二巻、三四二頁。
(26)エンゲルス「歴史における暴力の役割」、四五六頁。
(27)同右、四五四頁。
(28)エンゲルス「一八九〇年のドイツの選挙」、第二二巻、五頁。
(29)エンゲルス「一八九一年の社会民主党綱領草案の批判」、二四〇頁。
(30)エンゲルス「歴史における暴力の役割」、四五六頁。
(31)エンゲルスからベルンシュタインへ、一八八三年八月二七日付けの手紙、第三六巻、四八頁。
(32)エンゲルス「歴史における暴力の役割」、四五二頁。
(33)同右、四五四頁。
(34)同右、四五七頁。
(35)同右、四五六頁。
(36)同右、四五七頁。
(37)同右、四五五頁。
(38)エンゲルス「一八九一年の社会民主党綱領草案の批判」、二四〇頁。

四　ドイツ・ブルジョア国家形成の特質について

エンゲルスによるドイツ・ブルジョア国家の形成過程の分析的研究の理論的成果は、約言的に、上からの革命による絶対君主制のボナパルティズムへの移行、として再構成される。

最初に、ドイツ・ブルジョア革命の独自性をなす上からの革命とは、何か。イギリスやフランスのブルジョア革命においては、新興のブルジョア階級（大商人、製造業者、土地所有者など）が、自由、平等の諸権利およびそれらを保全する国家権力を求めて、議会に結集し、農民、手工業者、職人、労働者などの民衆を率いてその大衆的なエネルギーを爆発させる大動乱をつうじて、封建的諸特権を廃止し絶対君主制を打倒した。しかし、ドイツでは、絶対君主制において支配していた国王、貴族、官僚団、軍閥が、立憲制を導入して居坐り続け、組織された国家暴力たる軍隊を動員する戦争をつうじて、統一と自由に関する政治的変革を達成した。このブルジョア革命の、①、主体的な階級――新興のブルジョア階級にたいする旧来の絶対主義的統治階級、①、主導的な政治的党派――革命派のなかの中道派（フランスでは一時的に急進派）にたいする絶対主義的反動派から転身した保守派、②、推進的な組織的機関――議会にたいする政府、③、手段的方法――人民大衆の力に訴える内乱、革命防衛戦争やテロリズムにたいする軍隊による対外戦争、などにわたる特殊性が、古典的なブルジョア革命、「下からの革命」[1]と対質したドイツ・ブルジョア革命の「上から」の革命としての主な内実であろう。また、それが上からの「革命」であるのは、この過程で、ブルジョア階級が掲げた基本的要求が実現されて制度化されるとともに、絶対君主制の諸機関も立憲的に編みなおされ、旧来の統治階級とその政治的党派自体なしくずしにブルジョア的に変身したからである。

上からの革命についての如上の説明から、すぐに、一つの重大な国家論上の帰結が導きだされる。古典的な、下からのブルジョア革命が、議会を最高権力機関とする国家の成立につながるのに反し、上からのブルジョア革命の場合、その推進的な組織的機関ならびに手段的方法からして、それによって誕生する国家においては政府権力が最優位しかつ軍事的、官僚的専制がおこなわれるということ、これである。ここに、極く単純に図式化すれば、下からの革命→議会優位の国家、上からの革命→政府優位の国家という、いわばブルジョア国家生成の二つの道が存する。(2)

こうして、典型的に議会主権国家が成立したイギリスと対照的に、ドイツでは政府が優越し議会はそれに従属する国家が生まれでざるをえないが、それが、他ならぬボナパルティズムとして実現したのだった。だが、上からの革命によるボナパルティズム国家の成立、ここには、上からの革命によるということにとどまらないドイツ・ブルジョア国家形成の特質が凝縮されている。それは、一体、いかなる意味内容においてか。一まわり視野を大きくして考察を進めよう。

ドイツにおいて上からの革命によりボナパルティズム国家が生成する必然性は、どこにあったろうか。マルクス、エンゲルスが折に触れて論及している国際的環境も重大な条件をなすが、その最たる根拠は、既に産業革命が進行し産業資本主義の時代をむかえている国内の経済的、社会的現状に求められる。けだし、産業資本主義時代には、その経済的、社会的基礎に適応する国家は、必ず政府権力中心に編制されざるをえないからである。われわれは、前章三節において、このブルジョア国家の必然的発展傾向を、マルクスによるイギリスならびにフランスの国家の現状分析を理論的に綜合して説き明かしておいた。一八五〇年代から一八六〇年代にかけ、イギリス、フランス、そしてドイツでも、国家権力機構が政府の優位下に（再）編制される過程が、具体的な形姿を異にしながら共通に進展したが、その基底にあるのは、それぞれの産業資本主義の形成と確立である。そして、世界市場を支配する最先進国イギリスの側圧に拮抗しなければならないフランス、それにドイツにあっては、その産業資本主義建設は、鉄道敷設をはじめとする公共事業を柱にして国家権力の積極的な援助をうけて進められる。他方では、階級関係が複雑にして不安定で労働者階級の階級闘争が尖鋭化し激化するので、それを封じこめ、また国内に蓄積される矛盾を対外戦争の冒険によって打開するために、警察や軍隊の力にとりわけ依存せざるをえない。簡単に言ってかかる特質を備えるフランスやドイツの産業資本主義に適合する国家においては、政府の優越と議会の従属は極端化して、「政府権力の絶対的支配」③、「議会形態は執行府の欺瞞的な添え物」④になり、官僚的、軍事的機構が格別に強大化して専制的になる。これが、ボナパルティズムという形態をとることになるのである。

三月革命に端を発したドイツ・ブルジョア革命の過程で生起した憲法紛争においては、いわばブルジョア国家生成の二つの道が衝突する。しかし、ドイツの経済と社会が達している発展段階からして、絶対君主制への逆行はもはや不可能になっていたように、自由派が志向した議会権力が優越する国家への進路は非現実的であった。政府権力が最優位する国家の可能性だけが、現実政治家ビスマルクの鉄血政策に媒介され、それ自体産業的飛躍の所産として蓄蔵された軍事力を発揮する戦争を動力として、現実性に転化しえた。そして、上からの革命によって、憲法紛争における自由派と保守派の相克は、政府権力の絶対的優位のもとに、両派の運動を民主主義的モメント――普通選挙権にもとづく国会の開設――と君主主義的モメント――国王大権の温存――として包摂したドイツ・ボナパルティズムへと揚棄される。

こうして、ドイツのブルジョア国家は、産業資本主義の建設過程に基礎づけられていることによって、上からの革命によって、しかもこのブルジョア革命において同時に、イギリスやフランスではブルジョア国家の生成的展開の段階から確立的成熟の段階への発達として生じた構造的転換をも重畳的に実現して、ボナパルティズム形態で誕生する。換言すれば、こうである。イギリス、フランスでは、ブルジョア革命による成立以後、産業革命による経済的、社会的大変動に対応して構造的に変化するまでのあいだに、大土地所有者や金融業者などのブルジョア階級が制限選挙制にもとづいて寡頭的に支配する議会優位の国家が存立した。ところが、ドイツでは、ブルジョア革命と産業革命が同時的に進行したため、イギリス、フランスのそれが経過した生成的発展の段階を飛び越し、産業資本主義に適合して成熟する段階のそれとして生成したのである。したがって、ドイツでは、イギリス、フランスのように議会主権国家を初期的段階として経験することはない。憲法紛争における自由主義運動として胚芽状態で通過するにすぎない。

一九世紀中葉の国際的環境との関係では、「世界の工場」イギリスに対抗する後進的な産業資本主義の構築がドイツの至上的な課題になっていたが、諸強国に囲繞されているなかでも直接に重要なのは、隣国フランスへの反揆と牽引である。ドイツと同一の経済的、社会的課題を抱えていたフランスでは、第二共和制が、プロレタリアートが独自な階級として登場した時代における議会優位の国家がブルジョア支配にとっていかに動揺絶え間ないかを、その短命の歴史をもって如実に証明した後、ルイ・ナポレオンの第二帝制は、軍事的に政治的騒乱を一擲するとともに産業的繁栄を招きよせて、ヨーロッパ諸国の支配階級にもてはやされる成功をおさめていた。三月革命は、フランスの二月事件に触発され六月暴動によって早くも反動への誘引を蒙ったのであるが、一八六六年の革命にあたっては、二月共和制から第二帝制への経過が恰好の先例としてビスマルクにより教訓化され、第二帝制・ボナパルティズムが模範にされる。こうして、ドイツ・ブルジョア国家は、経済的、社会的基礎過程の基本的同一性のうえに、政治的にはフランスに急迫し一挙に肩を並べるものとして建造される。

このような特質をもって発生したドイツ・ブルジョア国家は、また、最高統治者の超然性、政府権力の絶対的支配、軍事的・官僚的専制、他面では普通選挙制などの民主主義的要素、大きな人口比を占める中間的諸階級を吸着し労働者階級を体制内化するための策略に満ちた政策、国民的栄光と海外市場開拓のための対外戦争の冒険、など、ボナパルティズムとしての基本的諸特徴を具有するとともに、絶対主義的な制度やイギリスやフランスでの初期ブルジョア国家的な制度を残置せざるをえない。古典的なブルジョア革命のみならず生成的発展の段階における七月改革や二月改革の民主主義的変革を経て生みだされたフランス第二帝制・ボナパルティズムに反し、ドイツ・ボナパルティズムは、封建的な遺物やブルジョア的に未成熟な制度を派生的な制度や副次的な制度として有機的に編入して存立するのである。幾つかの邦での等族的議会、多くの邦議会での三等級（あるいは二等級）選挙制、それに国王神権説的イデオロギー等が、その具体例である。

絶対主義的要素の融解を内含したブルジョア的成熟というドイツ・ボナパルティズムの構造的特質は、その国家の最中枢たる政府権力の構成に象徴的に示されている。政府権力の絶対性はボナパルティズムの権力機構編制の根本特徴であるわけだが、国民投票によって信任された皇帝ルイ・ナポレオンのもとに政府権力が一元的に統合されているフランス第二帝制と違って、ドイツでは、この政府権力は帝国宰相権力と皇帝権力との縒り合わせから成っている。政府権力の最重心は、内閣を統率する宰相ビスマルクにあるが、場合によっては血統にもとづく皇帝ヴィルヘルムにも可動する。つまり、国王大権が宰相を任命し軍隊を統帥するそれとして温存され、それと宰相権力とが一体化して、したがってまた両者の二元的対立を孕んで、政府権力が存在する。勿論、その国王大権はそれ自体独立してあるのではなく、絶対的な政府権力の部分を編成しているにすぎない。ドイツ・ボナパルティズムの絶対主義、絶対君主制との形態的な共通性と本質的な差別性も、核心的には、この点にある。[5]

そして、ドイツ・ボナパルティズムは、エンゲルスが想定していたような純然としてブルジョア的な議会主権国家への道を辿って発展することはない。[6] ドイツでは、産業資本主義が確立されるや、逸速く独占資本主義への移行の徴候が生じてくるが、この経済史のうえでの新たな時代への推転の開始とともに、政治的にも、早くも一八八〇年代からは、〝新封建化〟と称されるような保守化と反動化の傾向にむかうからである。イギリスやフランスにおいてブルジョア国家が成熟し完成しつつあった一九世紀中葉になって漸く上からの革命をなしとげてボナパルティズムに移行したドイツは、今度は他国に先駆けて帝国主義化への道を歩むことになり、絶対主義的遺物やブルジョア的に未成熟な政治制度を民主主義的に改革するどころか逆に定着させ、政府権力の絶対的支配や軍事的・官僚的専制をかえって昂進させてゆくのである。

これまで解明してきたドイツ・ブルジョア国家形成の特質をまとめておこう。

1、上からの革命によって成立するブルジョア国家においては、議会権力ではなく政府権力が最優越するが、ドイツの場合には、そのことは、産業資本主義の形成という国内の経済的、社会的発展段階に規定されて決定的になる。

2、しかも、ドイツでは、産業資本主義時代におけるブルジョア革命という経済的、社会的発展と政治的発展の跛行性、換言すればブルジョア革命の晩熟性から、ブルジョア国家は、イギリス、フランスが経験したような生成的発展の段階を飛びこえ、当初から成熟した段階のそれとして誕生する。その現実形態は、ボナパルティズムである。

3、ドイツ・ボナパルティズムは、第一に上からの革命により、第二に絶対君主制からの移行として生成的発展の段階をそれとして経過することなしに成立したことで、民主主義的改革を欠如しており、絶対主義的な遺物やブルジョア的に未成熟な政治制度を並存させて構制される。

これらの個性的特質を含むものとして、われわれは、上からの革命による絶対君主制のボナパルティズムへの移行という定式を理解する。

（1）エンゲルス「『フランスにおける階級闘争』（一八九五年版）への序文」、五一一頁。
（2）従来、資本主義的進化の二つの道の対抗について多大の論議が重ねられてきたが、ブルジョア国家生成の二つの道については明らかにされることがなかった。上からの革命についての理論的解明が欠如して、経済過程における二つの道の問題に解消されてきたのである。その結果、次のごとき見解が多く主張されることになっている。「ブルジョアジーの政治的意志が議会＝国家意志としてそれ（軍事・警察権を中心とする官僚制）を制約しうる国家機構（諸機関の総体）が成立するとき、はじめて、経済構造＝土台から相対的に独自な国家形態そのものの質的転換が劃されよう。」（芝原拓自『所有と生産様式の理論』、青木書店、一九七二年、二七九頁）。議会が国家意志の最高決定・発動機関たることをブルジョア国家成立のメルクマールとする説は、上からの革命についての国家論的無理解の所産である。こうした見解によれば、上からの革命はありえないし、ドイツ以降の後進国がブルジョア革命を経験することもおよそないであろう。
（3）マルクス『フランスにおける内乱』第一草稿、第一七巻、五一二頁。
（4）同右、五一三頁。
（5）山田盛太郎『日本資本主義分析』（岩波書店、一九三四年）においてうちだされた概念をうけた松田智雄『「近代」の史的構造論』（近代思想社、一九四八年）の「えせボナパルティズム」論は、こうしたドイツ・ボナパルティズムの特質を捉えんとして捉えきれていない。この系列を継ぐ大野英二「ドイツ資本主義の歴史的段階」（『土地制度史学』四六号、一九六九年）は、「半封建的なユンカー的生産関係」からビスマルク・レジームの絶対主義的性格を規定するが、基本的研究方法として、資本主義分析において資本ではなく土地所有に決定因を置き、ユンカー的生産関係の封建性を過大視したうえで、政治過程の分析をその経済構造に還元している。政治構造について僅かに摘示される「ユンカー的プロイセン支配の機構」も、絶対主義存続の指標たりえるものでは何らない。

（6）エンゲルスは、『家族、私有財産および国家の起源』において、ボナパルティズム概念をフランス第一帝制にも拡張的に適用するが、ドイツ・ボナパルティズムにフランス政治史における第一帝制の位置を与えるという考えが、あるいはあったかもしれない。それはさておき、エンゲルスによってしばしば表明されたドイツ・ボナパルティズムの将来的発展についての誤った想定に、またこの想定と一体的に、場合に応じてなされたドイツ・ボナパルティズムの絶対主義的側面の強調に、無批判的に依拠することによって、ドイツ国家のボナパルティズムへの移行の未終了を唱える見解は成りたっている。例えば、「本来ボナパルティズムは、封建制の除去を前提とするブルジョア国家であるが、一八六六—一八七〇年以降の新国家は、このようなボナパルティズムにむかって移行しつつあり、しかもなお移行が完了していない——なお本来のボナパルティズムとは異なる、すなわちビスマルク的ボナパルティズムである。」（下山三郎『明治維新研究史論』、一九一頁）。エンゲルスによるドイツ帝国の進路の見通しへの注解を含め、マルクス、エンゲルスのドイツ国家論に関する従来の解釈的研究としては、服部之総「絶対主義論」（一九二八年）が最も正鵠を射ている。

第七章　後期エンゲルスの国家論

マルクス主義国家論に関しては、経済学についてとは違って、マルクスよりもエンゲルスの貢献が広く認められている。その理論的生涯の後期に、『資本論』の完成を最大の事業にしたマルクスとは別に、エンゲルスが国家とは何かについての明快な一般的論説を残したからである。一八七〇年にマンチェスターでの企業経営から解放されてロンドンに移ったエンゲルスは、以後、マルクスを直接に補佐するのみならず、やがて一八八三年に没するマルクスに代わって、マルクス主義の理論上、実践上の指導者として、マルクス主義学説の展開と普及のために、またドイツをはじめとした社会主義運動の発展のために、精力的に活躍する。マルクス主義の最も良く知られた教科書たる『オイゲン・デューリング氏の科学の変革』(『反デューリング論』)、それに『家族、私有財産および国家の起源』、『ルードヴィヒ・フォイエルバッハとドイツ古典哲学の終結』(『フォイエルバッハ論』)、といったマルクス主義の世界観的基礎文献が、後期エンゲルスの代表的な著作である。国家論上の貢献も、これらの著作のなかで果たされている。

それでは、後期エンゲルスの国家論とは、いかなる性質のものか。本章では、マルクス主義国家論の最たる遺産として今日まで処遇されてきた『家族、私有財産および国家の起源』の当該部分を中心に据えながら、ボナパルティズム論、国家論の方法、そしてなによりも国家一般論、この三つの領域にわたって吟味する。

一　ボナパルティズム論

われわれは、マルクスによるフランス第二帝制・ボナパルティズム研究を批判的に吟味して、エンゲルスによるボナパルティズム定義への根本的な疑問を呈しておいた。階級均衡論や例外国家論として通説化されているエンゲルスのボナパルティズム論の批判的検討が、この節の課題である。

エンゲルスのボナパルティズム論も、勿論、フランス第二共和制下の諸階級と諸党派の政治的抗争のなかからルイ・ナポレオンが政治的支配者として登場してくる過程の時局論評をもってはじまる。一八五二年初めに書かれる「昨年一二月にフランスのプロレタリアが比較的に不活発だった真の原因」が、この当時の代表作であるが、この論文は、同時期のマルクス『ルイ・ボナパルトのブリュメール一八日』の縮小版としての意義を有している。その諸要点を確認しよう。

第一に、社会情勢としての階級均衡について、「ルイ・ナポレオンの成功の全秘密は、彼が、彼の名前にまつわる伝統のおかげで、一時的に、フランス社会の相闘う諸階級の均衡を維持できる立場におかれていたということにある(1)」。第二に、ルイ・ナポレオンのクーデタがブルジョアジーの政治的支配の滅亡を意味することについて、「ルイ・ナポレオンは、中間階級議会を覆して、中間階級の政治権力を打ち砕いた」[2]。第三に、ルイ・ナポレオン支配権力の農民階級的性格について、「幾百万の帝制派の農民がその票をもって登場し、官庁の偽造に助けられて、ほとんどフランス全国民の一致した願望を代表する統治として、ルイ・ナポレオンの統治をうちたてた」[3]。第四には、恐慌と革命の早期到来によるルイ・ナポレオンの統治の倒壊について、「一八五三年には、商業が全世界にわたってかつてなかったほど深刻にぐらつかされ長期にわたって攪乱されるだろうということは、十中八九まで間違いのないことである。ところで、そうなったら必ず襲ってくるにちがいない嵐をのりこえるほどに、ルイ・ナポレオンの乗った船が堅牢であると、誰か考える者がいるだろうか?」[4]。『ルイ・ボナパルトのブリュメール一八日』についてわれわれが摘出した現状分析上の誤りを、エンゲルスもまた共有するのである。

これに先だつ一八五〇年秋、マルクスとエンゲルスは、それまで抱いていたプロレタリア革命の切迫という情勢認識が幻想にすぎなかったことを自己批判したのであったが、この自己批判によって「きっぱりとこうした幻想を捨て」[5]たと、最晩年のエンゲルスは回想する。だが、革命の幻想は抱かれなおしたにすぎないことは、上記の第四の点にも示されている。重要なのは、この一八五〇年秋の自己批判についての思い違いが、前記の二論著におけるルイ・ナポレオン支配体制についての分析の正当視につながることである。つまり、その経済的隆盛において特に、予想を完全に越える発展を示すフランス第二帝制の推移を追跡し、第二帝制の崩壊時には一八五〇年代初頭の分析を全面的に訂正した研究の新地平に達するマルクスとは違って、エンゲルスは、一八五二年当時の分析をボナパルティズム論の原型として固定化するのである。

一八六九年、マルクスは、『ルイ・ボナパルトのブリュメール一八日』第二版において、一八五〇年代初頭の分析に一連の削除を加えて、第二帝制の現実からの遊離の解消に努めるが、一八八五年、エンゲルスは、同じ著作の第三版に序文を付して、「その後どんな新しい事実がわかってきても、それらはすべて、この描写がどんなに忠実に現実を反映したものであるかということの新しい証明となったにすぎなかった」[6]だけではなく、歴史の運動の大法則——唯物史観——を具体的に証明した、「天才的な著作」[7]だと、その第一版を賞讃する。この対照的な対応からも、マルクスとエンゲルスとのあいだでのボナパルティズム論に関する一八六〇年代からの分岐は明らかであろう。

こうして、エンゲルスは、「昨年一二月にフランスのプロレタリアが比較的に不活発だった真の原因」に代表される分析を原型として維持して、一八六〇年代中頃から、プロイセン国家のボナパルティズムへの転成の現状を分析的に研究しながら、そのボナパルティズム論を錬りあげてゆくが、ドイツ・ボナパルティズム論の展開については、前章において一つの独立した論題として取りあげたので、ここでは、ボナパルティズムとは何かについての定義の最初の試みとして、『プロイセンの軍事問題と労働者党』のなかに現われた、フランス第二帝制の諸特徴の記述を見ておくにとどめよう。「ボナパルティズムは、都市においては高度の発展段階に到達しているが農村では数のうえで小農民に圧倒されている労働者階級が、革命的大闘争におい て資本家階級と小ブルジョアジーと軍隊とに敗れた国における必然的な国家形態である」[8]。続いて、ブルジョアジーとプロレタリアートの均衡と両者の勢力喪失、農民に依拠した軍隊とその首領ルイ・ナポレオンの勝利が述べられ、ルイ・ナポレオンの帝制について、資本家と労働者の双方にたいする超然性、ブルジョア的な基本権の剝奪、官許の普通選挙権、民族的誇りにへつらう対外戦争の冒険、国家による大土木工事、工業の大規模な発達、などの諸事象が列挙される。このような未整理ではあれ多面的な特徴の列記は、しかし、以後の『住宅問題』などで単純化して定義化される過程を辿る。

エンゲルスのボナパルティズム論は、『家族、私有財産および国家の起源』において、一つの到達地点を画する。この著作の最終章において展開される国家についての一般理論のなかで、周知のように定式化された叙述がなされるのである。「国家は……通例、最も勢力のある、経済的に支配する階級の国家である。この階級は、国家を用具として政治的にも支配する階級となり、こうして、被抑圧階級を抑圧し搾取するための新しい手段を手に入れる。……とはいえ、例外として、相闘う諸階級の力がほとんど均衡しているため、国家権力が外見上の調停者として、一時的に両者にたいしてある程度の自主性を得る時期がある。例えば、貴族と市民階級が互いに勢力伯仲していた一七世紀と一八世紀の絶対君主制がそれである。ブルジョアジーにたいしてはプロレタリアートを、プロレタリアートにたいしてはブルジョアジーをけしかけたフランスの第一帝制、特に第二帝制のボナパルティズムがそれである。この種の最新の作品で、支配者も支配される者も同じように滑稽に見えるのは、ビスマルク氏の新ドイツ帝国である。ここでは、資本家と労働者とが互いに力の釣合を保たせられ、零落したプロイセンの田舎貴族のために一様にだましとられている」(9)。

マルクス主義のボナパルティズム論の通説的な典拠として援用される、この論説を中心にして、われわれは、エンゲルスのボナパルティズム論の核心をかたちづくっているブルジョアジーとプロレタリアートの均衡、および経済的に支配しているブルジョアジーとは異なる階級による政治的支配という意味での例外国家的性格、この二大論点を、それらを成りたたしめている理論的諸要素を反省しながら、以下において検討しよう。

最初に、ブルジョアジーとプロレタリアートの均衡という論点は、何処に由来しているだろうか？　結論的に言えば、エンゲルスの歴史認識にである。再三明らかにしたように、一八四八年のフランスやドイツにおける革命的諸戦闘に際して、マルクスもエンゲルスも、プロレタリア階級闘争の誇大評価に陥り、一八五〇年秋の彼らの反省も、状況ないし局面に関したのであって時代ないし段階に関するものではなかった。そして、マルクスは、一八五八年の再度の自己批判において、生産力と生産関係の矛盾に関する唯物史観の提題の形成のうちに、従前の時代認識をも問いなおしたと言ってよいが、エンゲルスの場合にはプロレタリア革命の間近かな勝利を見込んでいた時代認識が、その後にも一貫するのである。

エンゲルスが一八七〇年の『ドイツ農民戦争』第二版への序文」のなかで論示している同時代についての認識を見よう。「イギリスでは、ブルジョアジーは、選挙権の大拡張によって初めて、彼らの本当の代表者であるブライトを政府内に送りこめたのだが、その結果は、やがてはブルジョア支配全体に終止符をうつことになるのは、決りきったことである。フランスでは、ブルジョアジーがブルジョアジーとして、つまり階級全体として支配したのは、共和制時代の一八四九年と一八五〇年の二年間にすぎず、彼らは自分の政治的支配権をルイ・ボナパルトと軍隊に譲り渡すことによって、わずかにその社会的生存を続けることができたのである。……イギリスとフランスでブルジョアジーの政治的支配がその寿命をすぎたのに、ドイツではこれから楽しくそれをうちたてるというようなことは、もはや不可能である」[10]。すなわち、エンゲルスは、一八四八年の諸変革の当時にブルジョアジーの政治的支配の頂点を求め、爾来、ヨーロッパ諸国ではブルジョアジーが既に政治的に没落する道を辿ってきているという歴史認識に立っているのである。

しかし、一八四八年の諸戦闘におけるプロレタリアートの登場は、パリの六月事件といえども、プロレタリア革命を現実の日程としていたのではなく、プロレタリアートを不可欠の同伴者とする産業ブルジョアジーの時代の到来を告示していたのだった。一八五七―五八年の恐慌が、最初の世界的な恐慌としての性格をもち、政治的激動を惹起することなく経過したことは、イギリスに続いてフランスやドイツが加わり世界的に規模を拡大して、産業資本主義が旺盛な発達の途上にあることを実証したし、ブルジョアジーの政治的支配も、なお当分は上昇線を辿ったのである。

エンゲルスのブルジョアジーとプロレタリアートの勢力均衡という論点は、基本的に、このような時代の発展段階についての誤認の所産として批判される。

『家族、私有財産および国家の起源』の論説において、エンゲルスは、絶対君主制とボナパルティズムを、階級均衡にもとづく国家として並べている。その際、歴史的な認識としては、衰退する封建貴族と台頭するブルジョアジーの勢力伯仲のうえにたつ末期の封建国家としての絶対君主制と同じように、ボナパルティズムには、衰退するブルジョアジーと興隆するプロレタリアートの勢力均衡のうえに立つ末期のブルジョア国家という位置を与えているのかもしれない。

次に、非ブルジョアジーが政治的に支配する例外国家という論点について、これも、『『ドイツ農民戦争』第二版への序文』の次のような一文に、論趣を窺い知ることができる。「これまでのすべての支配階級にくらべて、ブルジョアジーが独特なのは、次の点である。それは、ブルジョアジーの発展途上には一つの転機があって、それから先は、彼らの権力手段、したがって彼らの資本をふやせばふやすほど、かえって、彼らの政治的支配の能力を減らすことにしかならないということである。……彼らは、彼らの分身であるこのプロレタリアートが彼らの手に負えなくなっていくことに気づきはじめる。この瞬間から、彼らは独占的な政治支配をおこなう力をなくす。彼らは同盟者を探し求め、そして、そのときの事情しだいで、その同盟者と支配を分かつか、あるいはそれをそっくり譲り渡すかする」(11)。同様な論述は、晩年にかけて幾度にも及ぶ。一例として、「ヨーロッパのどの国でも、ブルジョアジーは政治権力を――少なくとも長い期間にわたっては――封建貴族が中世をつうじてそれを保持したのと同じ排他的な仕方で握ることができないということは、歴史的発展の一法則であるように思われる」(12)。

エンゲルスは、イギリスでの土地貴族、フランスでのルイ・ナポレオンと軍隊、ドイツでのユンカーなどによる政治的支配に着目し、経済的支配力にたいする政治的支配の逆比例、独占的な政治的支配の至難性、そして政治的支配の他階級への分与ないし譲渡、などをブルジョアジーの政治的支配の特異な法則的事態としてまとめている。しかしながら、こうした把握は、前章において批判したような理論的謬点、すなわち、①、資本家と土地所有者を歴史的に異質な対立関係におく階級論的考察――エンゲルスの立論では、ブルジョアジーは資本家階級と同義であり、土地所有者は非ブルジョアジーである――、②、近代の国家権力の階級的性格をその国家権力の直接的掌握階級から決定する一面的な論法、に立脚して成りたっている。これへの批判は繰り返さない。

ここでは、資本家の経済的支配にもかかわらず非資本家が政治的に支配するという点から、ボナパルティズムを絶対君主制とともに例外的な国家として括りあげる方法について、新しく問題にしよう。後述のように、『家族、私有財産および国家の起源』での国家についての一般理論では、古代から近代までのすべての国家を対象とした論じ方がおこなわれている。本当は、古代、中世、近代それぞれの国家は歴史的に独自な構造をなしており、古代国家と中世国家、そして近代国家を一列的に論じることは、科学的にはできない。ところが、エンゲルスは、それぞれの歴史的国家の独自性を抹殺して、あらゆる歴史的国家に共通する一般的な規定をおこなう。そうした方法をとることによって、国家一般のなかでの例外として、中世封建国家の一形態たる絶対君主制と近代ブルジョア国家の一形態たるボナパルティズムとを扱ってしまうのである。

マルクスとともに、エンゲルスも、「ブルジョアジーがまだ絶対君主制を完全にかたづけていなかった初期[13]」におけるブルジョア国家の形態としての立憲君主制や、「最高の国家形態である民主共和制[14]」について、しばしば語っている。とすれば、近代ブルジョア国家の形態としての民主共和制や立憲君主制とボナパルティズムとはいかに関係するか。これが、問題意識に登るであろう。そして、近代ブルジョア国家に関して、その多様な存在諸形態を、近代ブルジョア国家の本質形態と現実諸形態、あるいは本来形態と疎外された諸形態として立体的に理論化する方法的見地に立つならば、ボナパルティズムは、その現実的な一形態、あるいは疎外された一形態として研究されるのであって、国家一般のなかでの例外として位置づけられることはありえない。絶対君主制をめぐっても、方法的に然りである。こうした方法を欠如し、古代から近代に至るすべての国家に共通する国家一般の論理を抽出するという方法を採用しているからこそ、絶対君主制とボナパルティズムが例外的な国家として規定されるのである。このエンゲルスに特有な国家論の方法については、次節で更に検討する。

エンゲルスによるボナパルティズム論をその時代認識、近代における政治的支配の特質の理解、方法的見地の三つの面から取りあげて、その理論的成りたちの誤謬性を解明してきた。かかる批判において、階級均衡や例外国家の論点を軸にするエンゲルスのボナパルティズム定義は、根本的に破棄されるべきであろう。

最後に、ボナパルティズム概念のフランス第一帝制への拡張的適用について言及しておこう。エンゲルスは、『家族、私有財産および国家の起源』に至って、それまでのフランス第二帝制とドイツ帝国に加え、フランス第一帝制をもボナパルティズムのうちに数えいれる。だが、第二帝制についてと等しくブルジョアジーとプロレタリアートの均衡として挙げられている理由は、第一帝制については特に不適である。マルクスが『フランスにおける内乱』において概観したように、両者のあいだには、産業革命による経済的、社会的な変動が存在しているからである。

フランス第一帝制をもボナパルティズムとして規定することの可否は、なによりもボナパルティズムとは何かについての理論的把握にかかっているが、マルクス、エンゲルスのフランス第二帝制ならびにドイツ帝国に関する分析的研究の批判的再検討をつうじて、われわれは、フランス第二帝制において典型的なボナパルティズムを、本源的には後進的な産業資本主義建設に適応するブルジョア国家の統治形態として、さしあたり、最高統治者の超然性、政府権力の絶対的支配、その他の諸点で輪郭的に特徴づけておいた。[15] そして、そうした基本的諸特徴を有するボナパルティズムを、その経済的、社会的基礎――産業資本主義経済、産業資本家階級と大土地所有者階級の同盟による労働者階級との対抗――から相対的に区分し、統治構造固有にかかわるものとして、フランス第一帝制に拡張することは、可能であろう。われわれは、エンゲルスとは異なった意味内容において、ブルジョア国家の多様な現実的諸形態を理論化していく作業の一環として、フランス第一帝制の具体的研究にボナパルティズム論を適用してゆくのである。

(1) エンゲルス「昨年一二月にフランスのプロレタリアが比較的に不活発だった真の原因」、第八巻、二二二頁。
(2) 同右、二二四頁。
(3) 同右。
(4) 同右、二二五頁。
(5) エンゲルス「カール・マルクス『フランスにおける階級闘争』(一八九五年版) への序文」、第二二巻、五〇六頁。
(6) エンゲルス「カール・マルクスの著作『ルイ・ボナパルトのブリュメール一八日』第三版への序文」、第二一巻、二五四頁。
(7) 同右、二五三頁。
(8) エンゲルス『プロイセンの軍事問題とドイツ労働者党』、第一六巻、六八頁。
(9) エンゲルス『家族、私有財産および国家の起源』、第二一巻、一七〇―一七一頁。
(10) エンゲルス「『ドイツ農民戦争』第二版への序文」、第一六巻、三九一頁。

(11) 同右。
(12) エンゲルス『空想から科学への社会主義の発展』英語版への序論」、第二二巻、三二一頁。
(13) エンゲルスからカウツキーへ、一八八四年三月二四日付けの手紙、第三六巻、一一七頁。
(14) エンゲルス『家族、私有財産および国家の起源』、第二一巻、一七一頁。
(15) 本書第六章四節を見よ。

二　国家論の方法

後期エンゲルスの国家一般論の検討に進もうとするにあたり、『反デューリング論』や『家族、私有財産および国家の起源』における一連の論述が、歴史的に大昔の古代を場にとり、また古代から近代までの国家一般に関して展開されていることに、われわれは奇妙な感を抱く。マルクスが、近代のブルジョア国家の研究にほとんどもっぱら終始したのとは対照的なだけに、特にそうである。エンゲルスは、『反デューリング論』のなかで、諸階級と支配＝隷属関係の発生の説明を、何故、古代へと歴史的に遡及しておこなうのだろうか。また、『家族、私有財産および国家の起源』において、その古代国家成立史の研究を、何故、あらゆる国家についての一般理論へと拡張するのだろうか。そこには、一定の方法論が当然につらぬいている。では、マルクスとエンゲルスとの国家論研究の主対象の相異として現象しているものの基底として、いかなる方法論上の違いが存しているだろうか。最初に、いわゆる論理的・歴史的方法、次に唯物史観の適用、この二つの問題をめぐって、両者の識見を探索しよう。

言うまでもないが、マルクスは、『経済学批判要綱』の序説において、古典経済学への建設的批判においてヘーゲルの哲学的方法を創造的に継承した経済学の方法を明らかにしている。現実的な対象として与えられているのは、近代ブルジョア社会である。このブルジョア社会の認識においては、具体的なもの、複雑なものを表象の出発点として、分析的にだんだんと進み、遂に最も抽象的な、あるいは最も単純な諸規定に到達する。そこで今度はそこから逆戻りをはじめ、多くの規定を綜合して、最後には再び具体的なもの、複雑なものを生産する。この下向的な分析の道と上向的な綜合の道からなる認識＝思惟過程において、後者の方こそが「科学的に正しい方法[1]」である。更に、かかる下向・上向の弁証法的論理によるブルジョア社会の解剖は、ブルジョア社会に歴史的に先行した諸社会を解剖する鍵を提供する。歴史的に発達した現在の諸関係のうちに歴史的に未発達の過去の関係が副次的に残存し、過去の諸関係のなかに現在の支配的な関係が萌芽の形で含まれている。この歴史的存在関係からして、現在の諸関係に関して場所的に摑みとられた理論が、過去の諸関係にも妥当するのである。「ブルジョア社会は、最も発達した、また最も多様な、生産の歴史的組織である。だから、その諸関係を表現する諸範疇は、その仕組みの理解は、同時に、没落しさったすべての社会形態の仕組みと生産関係への洞察を可能にする[2]」。ミネルヴァの梟は夕暮れに飛び立つというのは、ヘーゲルの賢察であるが、人間生活の歴史的諸形態の科学的究明は、ポスト・フェストウムにはじまり、現実の歴史の発展とは反対の道を辿る。「経済学的諸範疇を、歴史的にそれらが規定的な範疇であったその順序で並べるということは、実行できないことであり、また誤りであろう。むしろ、それらの序列は、それらが近代ブルジョア社会で相互にたいしてもつ諸関係によって規定されているのであって、この関係は、その自然のままの順序として現われるもの、または歴史的発展の系列に相応するものとは、まったく反対である[3]」。

近代社会の科学的解明、そしてその場所的論理の歴史的適用による前近代諸社会の研究、かかるものとして、論理的・歴史的方法は提示されている。

ところで、エンゲルスは、『経済学批判』が公刊されると、その書評を寄せて、次のようにマルクスの経済学の方法にも言及する。「経済学の批判は、二とおりの仕方で、すなわち歴史的あるいは論理的におこなわれえた〔が〕、論理的取扱い〔は〕、実際は、歴史的形態と攪乱的な偶然事とを除き去った歴史的取扱いに他ならない。この歴史がはじまるところから、同じく思考の過程もはじまらなければならない。そして、それ以後の進行は、抽象的な、そして論理的に一貫した形式における歴史的経過の映像に他ならないであろう」[4]。この解説によれば、理論的思考は、現実の歴史の発展順序に対応して進められなければならない。そして、経験的現実形態の歴史的分析と、それから諸々の逸脱や攪乱的で偶然的な要素を捨象した抽象的な論理、これらが、理論的扱いにおける歴史的なものと論理的なものである。

如上の両者の方法的差異を、われわれは、マルクスの論理的・歴史的方法にたいするエンゲルスの歴史的・論理的方法と呼びあらわすことにしよう。但し、双方は、論理的なものと歴史的なものとの単なる前後入替えではない。次第に判明するように、エンゲルスの歴史的方法はかえって非歴史的で、その論理的方法は形式論理的である。エンゲルスのそれは、括弧づきの歴史的・論理的方法である。

マルクスは、『資本論』においては、『経済学批判要綱』から一段と発展的に前進した論理的・歴史的方法を開示する。前述の論理的・歴史的方法を踏まえ、更に、近代の資本主義社会の経済学的解剖そのものを、論理的かつ歴史的に区別と関連において達成するのである。すなわち、一方では複雑なもの、具体的なもの⇅単純なもの、抽象的なものという論理的な分析＝叙述、他方では現在的なもの⇅過去的なものという歴史的な分析＝叙述、この両者の統一において、資本主義経済の内部構造を本質論的に解明する。そして、この本質的な理論の内部においては、対象の論理的解明が軸になり、論理的叙述が歴史的叙述に先行する。その第一巻について例示すれば、貨幣の発生に関して第一章第三節「価値形態または交換価値」と第二章「交換過程」、資本の発生に関して第四章「貨幣の資本への転化」と第二四章「いわゆる原始的蓄積」、資本の蓄積に関して第二二章「剰余価値の資本への転化」と第二四章「いわゆる原始的蓄積」、第三巻では、商業資本の発生に関して第一六章「商品取引資本」以下と第二〇章「商人資本に関する歴史的事実」、利子生み資本の発生に関して第二一章「利子生み資本」以下と第三六章「資本主義以前」、地代の発生に関して第三八章「差額地代　総論」以下と第四七章「資本主義的地代の生成」、等々である。こうして、マルクスの論理的・歴史的方法は、相異なる歴史的対象（資本主義社会と前資本主義社会）についてのそれと、同一の歴史的対象（資本主義社会）についてのそれとの、二つの意味内容において確立される。

この『資本論』の解釈をめぐって、マルクスの論理的・歴史的方法からのエンゲルスの背反もあらわになる。代表的な二つの論目を取りあげよう。

『反デューリング論』の「暴力論」の章で、歴史における本源的なものを政治的暴力に求めているデューリングに反論すべく、エンゲルスは、『資本論』第一巻第二二章から、かの「商品生産の所有法則の資本主義的取得法則への変転」の行を引き、「この経過全体は、純経済的な原因によって説明されており、強奪や、暴力や、国家や、何らの政治的干渉を、ただの一度も必要としなかった(5)」と解説している。ところが、その際、資本主義的蓄積の論理的な叙述にかかわるマルクスの論点を、ブルジョアジーの発生史の歴史的叙述として誤解してしまい、「ブルジョアジーは、自分自身の地位のこのような変革とプロレタリアートという新しい一階級の創出とを、どんな暴力の手品も使わずに純経済的な方法でなしとげたのである(6)」と主張する。第二二章との区別・連関において第二四章で歴史的に叙述されている原始的蓄積過程を無視抹殺して、農村住民からの土地の収奪をはじめ、暴力が大きな役割を演じたところのブルジョアジーの発生史としては、まったく誤った説明を施すことになるのである。

また、『資本論』第三巻への序文のなかで、エンゲルスは、歴史的・論理的方法について再言しつつ、『資本論』冒頭商品に関する歴史上の単純商品説を唱える。「マルクスは第一部の冒頭では……彼の歴史的前提としての単純な商品生産から出発して、次にこの基礎から資本に到達しようとしている。……彼は、まさにこの単純な商品から出発して、概念的にも歴史的にも二次的な形態、すなわち既に資本主義的に変化した商品からは出発しない(7)」。しかしながら、マルクスにしたがえば、冒頭商品は、「資本主義的生産様式が支配的におこなわれている社会の富〔の〕原基形態(8)」として、資本主義的富の最も抽象的な形態に他ならない。そして、この抽象的な、つまり論理的に単純な、資本主義的商品は、「最も抽象的な範疇でさえも――他ならぬその抽象性のゆえに――すべての時代にたいして妥当する(9)」ものとして、歴史上の単純商品にもあてはまる。それだからまた、かかる商品から貨幣、更に資本へと「最も単純なものから複雑なものへと上向していく抽象的思惟の歩みは、現実的な歴史的過程に照応する(10)」ことにもなるのである。

それでは、マルクスの論理的・歴史的方法をそれとは似て非なる歴史的・論理的方法にエンゲルスがすりかえる結果になっているのは、何処に起因するのだろうか。両者の不一致の原点になった『経済学批判』へのエンゲルスの書評に立ち返って検討するが、その前に、一つの経過的事情に触れておこう。『経済学批判要綱』を書きおろしてすぐ、マルクスは、エンゲルス宛の書簡の一つで、経済学批判のプランをめぐり、資本から土地所有、土地所有から賃労働への「単に弁証法的であるだけではなく、歴史的でもある(11)」移行、つまり論理的と歴史的との二とおりの理論展開の方法を示している。これにたいし、エンゲルスは、抽象的な「弁証法的」移行についての理解の困難性をうちあける。「僕は、弁証法的移行を探すのにしばしば苦労しなければならない。というのは、およそ抽象的な思考は僕に無縁になっているからだ」[12]。恐らくは、こうしたやりとりがあって[13]、エンゲルスは、先述の歴史的・論理的な理論的取扱いという経済学の方法についての批評を記したと思われる。だが、その批評は、重大な諸点でのマルクスの方法の無理解を露呈している。

第一に、マルクスが再三強調しているように、直接的所与をなすのは近代ブルジョア社会である。この対象的現実をなすブルジョア社会を実践的に変革するために理論的に認識せんとするのであって、エンゲルスの場合には、この現実変革的な場所的立場が不明確である。それとともに、第二には、近代ブルジョア社会という歴史的に最も豊かな発達を遂げた社会の客観的な編成構造との関係において理論的抽象を進めるという、唯物論的な見地が欠けている。「抽象といっても、ただ社会の一定の経済的発展の基礎のうえでのみおこなわれえた歴史的抽象[14]」であるにもかかわらず、この経済学成立の物質的な可能根拠が反省されていないのである。この点では、エンゲルスの方法は、非唯物論的である。第三に、現実的対象を科学的に解明する主体的な方法が下向的分析と上向的綜合からなる思考過程であり、この論理的な下向・上向法にもとづいて歴史的方法にむかうのであるが、エンゲルスは、下向・上向法を欠いて、歴史的取扱いと論理的取扱いを関係づけている。ないしは、マルクスの下向・上向法と論理的・歴史的方法とを混同して一体化し、論理的な下向・上向法を歴史的な下向・上向法に取り替えている。第四には、マルクスの経済学の方法は、唯物史観を前提にしているが、エンゲルスは、『経済学批判』の方法の解説にあたって、唯物史観としての歴史的方法態度をそのまま経済学の歴史的方法にしている。この点では、エンゲルスの歴史的・論理的方法は、唯物史観としての歴史的見方と経済学の方法としての歴史的方法とを同一視して成りたっている。最後に、マルクスは、経済学の方法の形成に際し、ヘーゲルの近代市民社会・国家の内部編成論たる『法の哲学』の概念の論理的展開の方法を唯物論的に改作しているが、エンゲルスが、マルクスの弁証法の批判的源泉として挙げているヘーゲルの論作は、人類の意識の発展を歴史的に追跡し総括した『精神現象学』や『哲学史』である[15]。

このような歴史的・論理的方法にしたがって、国家論研究の対象を直接に古代へと横すべりさせていくエンゲルスと批判的に対質して、マルクスの国家論研究の根本的方法をまとめておこう。近代において、政治的国家と市民社会が分裂し、それとともに国家は宗教からも解放された。前近代における経済ないし社会や宗教などとの癒着から断ち切られて成立した近代国家は、いわば歴史的に完成された国家であり、かかるブルジョア国家の出現が、国家の科学的解明を可能ならしめる客観的基礎をもなす。この国家の完成は同時にまた国家の死滅の前提条件の形成でもあるが、こうした歴史的性格のブルジョア国家を、その国家を打倒しそうすることによってかつ国家そのものを揚棄していかざるをえないプロレタリアートの立場から学問的に認識することによって、科学的な国家論はうちたてられる。無論、近代ブルジョア国家だけではなく、経済ないし社会や宗教などと分かちがたく絡みあって存在した前近代の諸国家もまた、理論的に把握されなければならない。しかし、それらの歴史的に未完成の諸国家の理論的解明は、他方でのプロレタリアート独裁期の国家のそれとともに、近代国家の理論的解明を踏まえそれを基礎とすることによって達成される。

マルクスとエンゲルスとの国家論の方法の相異に関し、次に、唯物史観の適用の問題に移ろう。

マルクスは、『経済学批判』序言において、唯物史観が経済学研究の「導きの糸[16]」として役立った旨を述べているが、国家論研究においても唯物史観が方法上の基準となることは、言うまでもない。そして、国家論研究に唯物史観を適用するということは、経済的構造を土台としてそのうえに政治的上部構造が聳立するというこの見方からして、経済学を基礎にして国家論を構築するという方法を同時に意味する。国家論研究は、経済学研究を欠くべからざる前提とするのであり、近代ブルジョア国家に関する本質論的究明は、『資本論』に立脚して追求される。

右を問題の論理的側面とすれば、その歴史的側面として、唯物史観は、諸々の歴史的国家の研究にたいしてはいかなる関係に立つか？　マルクスの解答は、それ自身唯物史観に導かれた『資本論』のなかで、今度は古代や中世への唯物史観の公式的な事柄の適用について、以下のごとく指示しているところに見いだされる。唯物史観は、物質的利害関係が支配している近代の世界については正しいけれども、カトリック教が支配していた中世や政治が支配していた古代については正しくないという異論に反駁して、マルクスは言う。「中世もカトリック教によって生きてゆくことはできなかったし、古代世界も政治によって生きてゆくことはできなかったということだけは、明らかである。逆に、これらの世界がその生活を維持した仕方こそは、何故、あちらでは政治が、こちらではカトリック教が主役を演じたのかを説明するのである[17]」。すなわち、唯物史観は、人間生活の歴史的諸形態の科学的考察の「導きの糸」としては、まず近代の社会や国家の研究に役立てられ、続いて古代や中世にも、だが『資本論』や近代国家に関する本質的理論などと一緒に、適用されるのである。この唯物史観の適用の歴史的序列は、先の論理的・歴史的方法と相関する。

エンゲルスの場合は、唯物史観の適用の歴史的側面について、次のような見解が見られる。『フォイエルバッハ論』において、諸階級の利害の衝突と闘争が公々然と繰り広げられる現代的事態を、歴史の真の推進力を階級闘争に求める唯物史観が現代において成立したゆえんとして説明しながら、この唯物史観は、現代においてよりも以前の諸時代においてよりよくあてはまると主張するのである。「巨大な生産手段と交通手段とをもっている現代においてさえ、国家が独自の発展を遂げる一領域ではなくて、その存立も発展も結局は社会の経済生活の諸条件から説明されなければならないとすれば、人間の物質的生活の生産がまだ今日ほど豊富な補助手段をもって営まれておらず、したがってこの生産の必要性がもっと大きな支配を人間に及ぼさずにはすまなかった以前のすべての時代にとっては、このことは、もっとずっとよくあてはまるにちがいない[18]」。これによれば、唯物史観の土台・上部構造に関する公式は、歴史的に過去の時代ほどよくあてはまるのであって、人間生活の歴史的諸形態の科学的研究への唯物史観の適用を、古代からはじめても、当然なのである。こうした所説は、明らかに、歴史的・論理的方法と相補的である。

唯物史観の歴史的な適用についてのエンゲルスの見解もまた、欠陥を含んでいる。マルクスの経済学の方法についての所論を準用すれば、唯物史観という人間歴史についての唯物論的な一般的認識は、歴史が最も豊富な具体的な発展を遂げた近代的事態のもとでのみ成立し、どの歴史的時代にも妥当する。にもかかわらず、「この当の抽象という規定性の点では、やはりまぎれもなく歴史的諸関係の産物であ〔り〕……その完全な妥当性は、ただこれらの諸関係にたいしてだけ、これらの諸関係の内部でだけ[19]」なのである。社会と国家、宗教などの相互癒着した編成に示されるように、古代や中世にたいしては、唯物史観は妥当の制限性を有するのである。それゆえに、古代や中世への唯物史観の適用にあたっては、それぞれの時代の独自な歴史的諸関係の下向的な分析との統一に十全の考慮が払われなければならない。そうでなければ、唯物史観の公式主義的あてはめが生じるのは必定である。

国家論の方法にかかわる二つの問題を取りあげて検討してきたが、これらの方法的形式と対応する内容的方向について、最後に見ておこう。

近代↓前近代と国家論↑経済学との統一において追求されるマルクスの諸々の歴史的国家に関する研究は、それぞれの国家の構造の歴史的独自性の闡明を眼目としている。「独自な対象の独自の論理をつかむ[20]」、これは、つとに「ヘーゲル国法論批判」においてうちたてられたマルクスの哲学的立場であったが、後期においては次のような論述が示唆的である。「精神的生産と物質的生産との関連を考察するためには、なによりもまず、後者自体を、一般的な範疇としてではなく、一定の歴史的形態においてとらえることが必要である。つまり、例えば資本主義的生産様式には、中世的生産様式に対応するものとは別種の精神的生産が対応するのである。物質的生産自体をその独自な歴史的な形態においてとらえなければ、それに対応する精神的生産についての規定的なもの、および両者の相互作用を理解することはできない。もしそうでなければ、愚にもつかない文句にとどまってしまう[21]」。それぞれの歴史的時代の経済構造と同じように、各歴史的国家も客観的に独自な構造をなしており、そうであるがゆえに、それらに関する理論のあいだにも本質的な区別がある。

　これにたいして、エンゲルスが、古代→近代において実現する諸々の歴史的国家に関する研究は、国家一般論として、あらゆる歴史的国家の共通性、類似性を抽出する。それぞれの歴史的国家のあいだの本質的差異を、逆にむしろ消去するのである。エンゲルスは、ある機会に論じている。「すべて定義というものは、科学的には価値の乏しいものである。……けれども、日常の用途のためには、こういう定義は大変便利なもので、場合によってはなくては困るものである。それに不可避的にともなう欠陥を忘れさえしなければ、定義もまた害になるものではない[22]」。こうしたいわば類概念的な定義が、国家に関する一般的理論として展開される[23]。

　マルクスのそれとは異なるエンゲルスの国家論の方法にかかわる問題性を、以上のように見届けておいたうえで、その国家論の内容の吟味に移ろう。

（1）マルクス『経済学批判要綱』、二二二頁。

（2）同右、二七頁。同じく、「人間の解剖は猿の解剖にたいする一つの鍵である。これに反して、低級な種類の動物にある一層高級なものへの予兆は、この一層高級なもの自体が既に知られている場合にだけ、これを理解することができる。こうしてブルジョア経済は、古代等々の経済への鍵を提供する」（同上）。
（3）同右、二九頁。
（4）エンゲルス「カール・マルクス『経済学批判』」、第一三巻、四七七頁。
（5）エンゲルス『反デューリング論』、第二〇巻、一六九頁。
（6）同右、一七一頁。
（7）エンゲルス「『資本論』第三巻への序文」、第二五巻、一九―二〇頁。
（8）マルクス『資本論』、第二三巻、四七頁。
（9）マルクス『経済学批判要綱』、二七頁。
（10）同右、二四頁。
（11）マルクスからエンゲルスへ、一八五八年四月二日付けの手紙、第二九巻、二四六頁。
（12）エンゲルスからマルクスへ、一八五八年四月九日付けの手紙、第二九巻、二五〇頁。
（13）論理的方法と歴史的方法についてのほぼ同様な交信が、『資本論』の価値形態論をめぐってもなされている。「俗人たちはなんといってもこの種の抽象的な思考には慣れていないのだし、恐らく価値形態のために苦労してはくれないだろう……。せいぜいここで弁証法的に得られた結果が、もう少し詳しく歴史的に論証され、いわば歴史によってそれが検証されるだけでよいだろう」（エンゲルスからマルクスへ、一八六七年六月一六日付けの手紙、第三一巻、二五四頁）。「価値形態の展開について言えば、君の忠告にしたがったりしたがわなかったりした。この点でもまた、弁証法的にふるまうためにだ。……ここで相手にするのは、単に俗人だけではなく、知識欲に燃えた若者などもある。そのうえ、この問題はこの本全体にとってあまりにも決定的だ」（マルクスからエンゲルスへ、一八六七年六月二二日付けの手紙、第三一巻、二五六頁）。
（14）マルクスからエンゲルスへ、一八五八年四月二日付けの手紙、二四七頁。
（15）ヘーゲル『法の哲学』には、概念の論理的展開の順序と現実の歴史形成の順序について、次のように触れた行がある。「もっと思弁的な意志では、一つの概念の現存在の仕方と、その概念の規定されたあり方とは同一のものである。だが、注意されるべきことは、一つのもっと規定された形式を成果として生みだす諸々の契機は、理念の学的な発展においては、諸々の概念規定として、概念に先行するが、時間的な発展においては、諸々の形態化されたあり方として、概念に先行しないという点である」(『世界の名著、ヘーゲル』、二二三頁)。他方、ヘーゲル『哲学史』には、哲学史の見方について、こうある。「歴史における諸々の哲学体系の継起の順序が、諸諸の概念規定の論理的展開における理念の継起の順序と同一であることを、私はこの理念からして主張する。また私は言いたい。哲学史のなかに現われる諸々の体系の概念から、それらの外面的な形態とか、それらの特殊的なものへの適用とか、そういったものに関するものがまったく取り去られると、理念そのものの規定のそれぞれ異なる段階が論理的概念の形で見出されるということである。また逆に、論理的進展をそれだけ取れば、そこにその根本契機から見た歴史的現象の進展が見られる。……哲学が理念の段階のなかでもつ順序は、これらの概念が時間のなかでとった順序とは異なったものでなければならないと、人々は考えるかもしれない。しかし結局は、順序は同一なのである」(ヘーゲル『哲学史序論』、岩波文庫、一九六七年、八一―八二頁)。また、同書には、以下のようなことも述べられている。「この生起の唯一の在り方、即ち諸々の形態の由来、諸規定の思惟的、認識的必然性を叙述することこそ、哲学そのものの課題であり、仕事である。……この場合に重要なものは純粋理念である。……その叙述は、特に論理哲学〔論理学〕の課題であり、仕事である。ところが、もう一つ別の生起の仕方、在り方、即ち異なる諸々の段階や諸々の発展段階が時間のなかに、つまり生起の相において、特殊の場所に、これやあれやの民族のなかに、特殊の政治的状態の下に、またこれらがコンガラがって起こって来る模様、要するにこれらの諸段階や諸発展契機が特殊的な経験的形式の下に起こって来る有様――これは、哲学史のわれわれに見せてくれる舞台である。この見方〔光景〕こそ、この学問にふさわしい唯一の見方である」(同上、八一頁)。マルクスの、とりわけ『資本論』における論理的・歴史的方法は、この論理哲学と哲学史の二とおりの見方を、エンゲルスの歴史的・論理的方法は、哲学史の見方を、それぞれに批判的に継承していると言えよう。

(16)マルクス『経済学批判』、第一三巻、六頁。

(17)マルクス『資本論』、第二三巻、一一〇頁。

(18)エンゲルス『フォイエルバッハ論』、第二一巻、三〇六頁。

(19)マルクス『経済学批判要綱』、二七頁。また、「ブルジョア経済は、古代等々の経済への鍵を提供する。しかし、それは決してすべての歴史上の区別を抹殺して、すべての社会形態のうちにブルジョア的形態を見る経済学者たちの仕方でではない。……ブルジョア経済学の諸範疇は他のすべての社会形態にたいして一つの真実性をもつということが真理であるとしても、それは、ただまったく限られた意味で解すべきである」(同上)。

(20) マルクス「ヘーゲル国法論批判」、第一巻、三三二頁。

(21) マルクス『剰余価値学説史』、第二六巻第一分冊、三四六—三四七頁。他に、次のような論述がある。「特定の仕方で生産的に活動する特定の諸個人が、特定の社会的、政治的諸関係をとりむすぶ。経験的観察によって、それぞれの場合ごとに……社会的、政治的編制と生産との連関が示されなければならない。社会的編制と国家とは、いつでも特定の諸個人の生活過程がもたらすものである」(『ドイツ・イデオロギー新版』、三九頁)。「生産形態はいずれも、それ自身の法的諸関係、統治形態等々を生みだす」(『経済学批判要綱』、一〇頁)。

(22) エンゲルス『反デューリング論』、八五頁。

(23) その最晩年の一八九〇年代になって、エンゲルスは、しばしば、唯物史観の具体的適用をめぐって生じている諸偏向について厳しく批判しまた自己批判している。「唯物論的方法というものは、歴史的研究をする際に、それが導きの糸としてではなく、史実を具合いよく裁断するためのできあいの型紙として取り扱われると、その反対物に転化する」(エルンストへ、一八九〇年六月五日付けの手紙、第三七巻、三六一頁)。「われわれの史観は、なによりもまず研究に際しての手引きなのであって、決してヘーゲル主義者流の構成の梃子ではありません。歴史全体が新たに研究されなければならず、まず様々な社会構成の存在諸条件が一つ一つ探求されなければならぬのであって、そのうえで、これらの諸条件に照応する政治的、私法的、美学的、哲学的、宗教的などの見方を、これらの諸条件から導きだすように試みなければなりません」(シュミットへ、一八九〇年八月五日付けの手紙、第三七巻、三八〇頁)。他に、ブロッホへの一八九〇年九月二一—二二日付けの手紙、シュミットへの一八九〇年一〇月二七日付けの手紙、メーリングへの一八九三年七月一四日付けの手紙、シュタルケンブルクへの一八九四年一月二五日付けの手紙、など。指摘される事柄は正当であるが、唯物史観の一面的で機械的なあてはめについて言えば、エンゲルス自身の唯物史観の適用に関する見解やその一成果でもある国家一般論のなかに、そうした傾向が既に胚胎しているのである。

三　国家一般論

後期エンゲルスによる国家論的達成の主内容をなす国家一般論を討究するのが、この節の課題であるが、その所論は、『反デューリング論』において、全様相的に現われる。『反デューリング論』の第二篇「経済学」の「暴力論」の章と第三篇「社会主義」の「理論的概説」の章に分かれている諸論点を連関的に検討しながら、以後において整序されていくエンゲルスの国家論上の基本的な問題の構制を掌握することからはじめよう。

「暴力論」の章において、エンゲルスは、「諸階級と支配関係との発生」(1)を論題として、その「二とおりの道すじ」(2)を明らかにしている。第一は、社会にたいして社会的な共同利益の執行が独自化する道すじである。農耕を営んでいる原生的な共同体には争訟の裁決、個々人の越権行為の抑制、水利の監視、宗教的機能などの共同の利益が存在しており、それらの執行は個々人に委託される。「それらの職務は、ある種の全権を付与されており、国家権力 Staatsgewalt の端緒である(3)」。時が経つとともに、共同体群の発展につれてこれらの職務を執行する機関が生まれ、また職務の世襲化や他の共同体群との衝突などによって、それらの機関はますます不可欠になっていき、社会的職務とその執行は一層独自化する。このようにして、当初は社会の召使であったものが次第に主人に転じて、「最後に、個々の支配者たちが……一つの支配階級に結合(4)」する。これは、アジアに典型的な道すじである。第二の道すじは、古典古代に典型的であるが、奴隷制の成立によるそれである。原生的な農耕共同体が分解したところでは、生産が発展し剰余労働が容易になった状態で、他の共同体群との戦争によってもたらされる捕虜にたいして、それまでのように打ち殺すのではなく、その労働力を取りいれるようになる。ここに、奴隷所有者と奴隷の対立が生じる。「古代世界、特にギリシャ世界の歴史的前提のもとでは、階級対立に基礎をおく社会への前進は、奴隷制の形態によってしかおこなうことができなかった」[5]。

マルクスとエンゲルスは、一八五〇年代前半に、イギリスによるインド支配の論評に当面して、アジアの停滞的な社会と専制的な国家に関心を寄せるが、その後、マルクスは、『経済学批判要綱』のなかで、資本主義的生産に先行する諸形態としてのアジア的所有、古典古代的所有、ゲルマン的所有について分析的に考察し、『資本論』にも、そうした古代アジア、古典古代、中世に関する研究の一端を折りこんでいる。それらに則り、エンゲルスは、諸階級関係発生のアジア的コースと古典古代的コースとからそれぞれに独自な面を特徴的に抽出して、上記の二とおりの道すじを略説しているのである。但し、この場合にも、エンゲルスの主眼が、デューリングの暴力論批判として、諸階級と支配＝隷属関係の発生が政治的暴力にではなく経済的、社会的状態に由来する点の証明にあることを忘れてはなるまい。

ところで、右の第一の道すじの説明において、共同体の社会的職務が「国家権力の端緒」と把握されている――そのかぎり、国家の端緒的発生が諸階級の発生に先行させられる――のは注目に価するが、歴史的に段階づけられている諸階級関係発生の二とおりの道すじについての論述を、国家発生論の観点から論理的に要言したのが、「暴力論」の章の部分での次のような命題である。「社会は、特権的な階級と不遇な階級、搾取する階級と搾取される階級に分かれる。そして、国家というものは、同一部族に属する諸々の共同体の自然発生的な諸群が、初めはただその共同の利益（例えば、東洋における灌漑）をはかり、外敵を防御することだけを目的としてつくりあげたものなのだが、このとき以後、国家は、それらの目的とならんで、支配する階級の生活および支配の諸条件を、支配される階級に対抗して暴力によって維持することをも、同様に目的とするようになる」[6]。これによれば、国家は社会の共同利益の遂行および外敵からの防衛において端緒的にであれ発生し、こうして発生した国家が、社会の諸階級への分裂の後に、階級支配の維持にもあたるようになる。国家は、社会が諸階級に分裂する以前に成立し、ないしは階級発生以前と階級発生以後とにまたがって成立し、階級社会への移行とともに、無階級的な目的、任務と階級的な目的、任務とを合わせもつことにもなる。国家の発生、また国家の機能についてのこうした説明は、明らかに二元論的に分裂しているし、階級対立、階級闘争、階級支配に連接して国家に関説された『共産党宣言』における国家についての二とおりの命題からも逸脱している。

ところが、法律と国家についての同じような論じ方が、『住宅問題』で既におこなわれている。「社会のある発展段階、極めて初期の発展段階で、日々に繰り返される生産物の生産、分配および交換の行為を、一つの共通の規則のもとにまとめて、個々人を生産および交換の共通の諸条件に服従させるようにとりはからう必要が生まれてくる。この規則は、初めは慣習だが、やがて法律となる。法律が成立するとともに、必然的に、法律の維持を委託された諸機関——公的権力 öffentliche Gewalt, 国家——が成立する」[7]。ここでは、社会の、だがまだ階級的に分化していない社会の経済規範の遵守から、法律と国家の発生が説かれていたのである。

他方、「理論的概説」の章では、エンゲルスは、「暴力論」の章でのそれとは位相を異にした国家に関する論述をおこなっている。「階級対立の形をとって運動してきたこれまでの社会には、国家が必要であった。つまり、そのときどきの搾取階級が自分たちの外的な生産諸条件を維持するため、したがって、特に現存の生産様式によって規定される抑圧の諸条件(奴隷制、農奴制または隷農制、賃労働)のもとに被搾取階級を力ずくで抑えつけておくためにつかう組織が必要であった。国家は全社会の公式の代表者であり、目に見える一団体に全社会を総括したものであった。しかし、国家がそういうものであったのは、国家がそれぞれの時代に自ら全社会を代表していた階級の国家——すなわち、古代では奴隷所有者である国家市民の、中世では封建貴族の、現代ではブルジョアジーの国家――であったかぎりにすぎなかった」[8]。これは、既に発生した国家についての規定であり、「暴力論」の章での国家発生論に後続する位置を占めよう。ここでは、国家は階級対立に基礎をおくものとされる。だが、そうすることによって、国家の目的、任務については、階級支配の維持ないし被搾取階級の抑圧という、先行の国家発生論での一つの方面に力点が置かれるようになっている点に留意を要する。こうした国家一般についての規定に関しては、しかし、『家族、私有財産および国家の起源』での国家一般論にとりまとめて検討を加えることにする。

これに前後して、エンゲルスは、階級対立がなくなるとともに国家も消滅するという、『共産党宣言』以来の定見を繰り返している。国家権力を掌握したプロレタリアートは、生産手段の国有化を梃子として、「プロレタリアートとしての自分自身を揚棄し、そうすることであらゆる階級区別と階級対立を揚棄し、そうすることでまた国家としての国家を揚棄する」[9]、と。であれば、この国家死滅論と階級対立の成立以前の社会の共同利益の遂行に国家の生成因を求めている国家発生論とも、論理矛盾をきたしていることになる。ともあれ、この点から、われわれは、次の事柄を明確にしておくことができる。国家の死滅の問題は、プロレタリアートが変革すべき近代ブルジョア国家の問題に結びついているのであって、今日一部で主張されるような国家の原始的起源の問題と結びあっているのでは決してない。顧みても、マルクス、エンゲルスはともに、原始共産体の存在を知らず、古代史研究にも着手していない段階において既に、国家の消滅について立言している。国家死滅論は、現在直面している近代ブルジョア国家の批判的研究において論理的に推論されるのであって、過去の原始・古代史の研究から歴史的に実証されるのではない。

叙上のごとき『反デューリング論』のなかの国家論考は、『家族、私有財産および国家の起源』におけるそれへと体系的に整理され発展させられる。周知のように、『家族、私有財産および国家の起源』は、マルクスが、その最晩年の一八八〇年から翌年にかけ、モルガン『古代社会』(一八七七年刊)から書き抜いた詳しい摘録——以下「古代社会ノート」と呼ぶ——を、マルクスの死後発見したエンゲルスが、このノートにもとづいて書きあげた原始・古代史研究の労作である。この著述の経緯からすると、この労作は、「ある程度まで遺言を執行したもの」[10]であり、マルクスの「古代社会ノート」なしには生まれなかったと言える。だが、その内容的結果としては、『古代社会』の摘要にとどまっていたマルクスのノートを越えたエンゲルス自身の研究になっている。

『家族、私有財産および国家の起源』は、九つの章から成るが、序文で明記されているように、「七 ケルト人とドイツ人の氏族」と「八 ドイツ人の国家形成」が、一八八一—八二年のエンゲルスの手稿「ドイツの古代史によせて」、「フランク時代」などを基礎にしている他、「四 ギリシャの氏族」、「五 アテナイ国家の成立」、「六 ローマの氏族と国家」も、独自に増補されている。また、「九 未開と文明」は、エンゲルスによって新しく書き加えられている。更に、国家論に関係する諸章は、かの歴史的・論理的方法の具体化として、五、六、八の各章においては「ギリシャ人、ローマ人、ドイツ人という三つの大きな個々の実例」[11]について氏族制度の解体と国家の生成の過程を克明に歴史的に分析し、九章においてそれらを論理的に概括するという構成がとられている。このように、『家族、私有財産および国家の起源』は、われわれが留目する国家論部について特に、「亡友がもはや果たすことのできなくなった仕事のささやかな代用物」[12]というより、エンゲルス自身の国家論の積極的な開展なのである。

「古代社会ノート」に前後する「コヴァレスキー・ノート」と「ヴェラ・ザスリッチへの書簡」をつなぐならば、マルクスがモルガン『古代社会』に寄せた理論的関心の主要な線が、遠くは『ドイツ・イデオロギー』にはじまって『経済学批判要綱』から『資本論』へと引き継がれてきた原初的な共同体、なかでも共同体的土地所有形態の問題にあったことは確かであろう。国家の原始的な起源の問題については、どうだろうか。マルクスの関心を否定することはできないが、経済学での『資本論』に相当する理論の創造を欠いている国家論の分野では理論的追求はさほど直線的ではない。少なくとも古代の国家に関する歴史的研究という限定的な扱いにとどまると推考するのが自然である。だが、エンゲルスにおいては、その方法的立場からして、異なった問題の立て方がなされうる。マルクスの遺稿を受けた原始・古代史の実証的研究、その一部面をなす古代国家発生の歴史的研究を、マルクスが未達成に残した国家とは何かについての学問的探求へと横すべりさせうるのである。こうして、原始・古代史研究上のマルクスの遺言執行を機に、マルクスの国家論研究から区別されるエンゲルス独自の国家論研究が、『家族、私有財産および国家の起源』の国家論部、とりわけ総括的な最終章にある国家一般論として集大成される。

古代国家、また中世国家に関する実証的研究を今後の課題として残すわれわれは、アテナイ、ローマ、ドイツの国家の発生史論とそれを論理的に概括した国家一般論とから成る国家論部の検分を、後期エンゲルスの国家論の精髄をなし、かつエンゲルス固有の国家論でありながらその後マルクス主義国家論の原型とされてきた国家一般論に限らざるをえない。この国家一般論を、そのなかの例外国家論的な叙述についてはボナパルティズム論の検討に際して既に取りあげたので、国家発生論と国家の基本的諸標識とに大きく分けて吟味していこう。

アテナイでは、「国家は、直接に、また主として、氏族社会そのものの内部に発展する階級対立のなかから発生する」[13]が、ローマでは、「〔氏族社会外の〕プレブス〔平民〕のポプルス〔市民団〕にたいする勝利〔が〕、古い血族制度を打ち砕いて、その廃墟のうえに国家をうちたて」[14]、ローマ帝国を征服したドイツ人にあっては、「国家は、外国の広大な領域を征服したことから直接に発生する」[15]。国家が発生してくるこれら三つの主要な形態のうちで、エンゲルスは、アテナイの事例を国家成立の「最も純粋な、最も古典的な形態[16]」と見なす。そして、「国家の形成一般の特に典型的な見本[17]」たるアテナイ国家生成過程の具体的な歴史的研究に即して、国家の発生を、以下のように論理的に要約し一般化する。「国家は、決して外から社会に押しつけられた権力 Macht ではない。……それは、むしろ一定の発展段階における社会の産物である。それは、この社会が自分自身との解決不可能な矛盾に絡みこまれ、自分でははらいのける力のない、和解できない対立物に分裂したことの告白である[18]」。

国家の発生を社会の諸階級への分裂と諸階級間の闘争から説いたこの命題に孕まれている問題性を察知するには、先の『反デューリング論』や『住宅問題』に見られた国家発生論的説明との関係を問わなければならない。この『家族、私有財産および国家の起源』における国家発生論は、『反デューリング論』でのそれの批判的克服か。そうではない。この後、『フォイエルバッハ論』において、次のような論述が再現されるからである。「社会は、内外からの攻撃にたいしてその共同の利益を守るために、自分のために一つの機関をつくりだす。この機関が、国家権力 Staatsgewalt である。この機関は、発生するやいなや、社会にたいして自立するようになる。しかも、一定の階級の機関となり、この階級の支配権を直接に行使するようになればなるほど、いよいよそうなる[19]」。また、最晩年においては、以下のような説明が再三おこなわれる。「この問題は、分業の観点からとらえるのが一番容易です。社会は社会にとって不可欠な幾つかの共同の機能をつくりだします。この機能に指名された人たちが、社会の内部に分業の新しい部門をつくります。それにより、彼らは、委任者にたいしても特別の利害をもつことになり、委任者にたいして自立化し、そうなると――国家が、そこに生じます[20]」。

つまり、後期エンゲルスによる国家発生に関する一般理論的な説明には、二つの系流が存在する。この二つの異なる所説の共存は、一体、何を意味するだろうか。それらの所説をつうじて、エンゲルスは、国家の発生の要因あるいは必要性を基本的には二つの方面、ないし三つの方面で明らかにしている。一つは、その社会の共同利益の執行、他の一つは、社会を分かっている諸階級間の闘争の抑圧であり、それに今一つは、外敵からの防衛である。だが、これらの二大要因、ないし三大要因を含めて国家の発生を説こうとすると、『反デューリング論』や『フォイエルバッハ論』での叙述が示しているように、社会の共同利益の遂行の方面（それに外敵からの防御の方面）と階級闘争の抑制の方面との二元論的に分裂した説明に落ちこむ。逆に、『家族、私有財産および国家の起源』での命題のように、社会の諸階級への分裂を踏まえて国家の発生を論じると、上記の諸要因を階級闘争の抑圧の方面に一面化して社会の共同利益の執行の方面を欠落させてしまうのである。いずれの場合であれ、理論的な欠陥を免れない(21)。

エンゲルスが、こうした両刀論法に陥らざるをえなかったのは、何故だろうか。国家の発生を論じるにあたって、社会の共同利益の遂行を超階級的なものとして扱ってしまう誤謬の根拠を突きとめておこう。

すべての社会には、その社会が成りたっているうえでの共同の利益が存在する。しかし、階級的に分裂した社会にあっては、この社会の共同利益も、階級的に疎外され、支配する階級の特殊利益と統一されて、支配階級の利益の一要素に転化する。階級諸社会においては、それらの社会の共同利益もまた、支配階級的な性質を刻印されるのである。マルクスは、『経済学批判』において、「経済的形態規定にたいして……無関係な場合の……使用価値としての使用価値(22)」と「一定の経済的関係である交換価値があらわされる素材的土台(23)」として形態規定された使用価値、つまり商品の使用価値の質的差異を明確にし、更に『資本論』においては、この本来的なものとその疎外された現実形態についての論理を数多く示している。代表的な例では、生産物の使用価値にたいし商品の一要素として価値と統一された使用価値、人間生活の永久的自然条件たる労働過程にたいし資本主義的生産過程の一側面として価値増殖過程と統一された労働過程、共同的な労働過程での指揮の機能にたいし資本主義的労働過程での資本家の指揮、などである。このマルクス的論理を主体化して駆使すれば、社会の共同利益をめぐっては、上述のように理解される。

ところが、エンゲルスは、こうした立体的な論理を欠如し、ボナパルティズムをブルジョア国家の一現実形態として理論化することなく封建国家の絶対王制との共通性を国家一般のなかでの例外として位置づけたのと同じ方法的論理で、階級対立発生以前の社会の共同利益と階級的に分裂した社会の共同利益とを歴史的に共通するものとして扱っている。しかも、それは、氏族社会から古代への時間的経過のうちに国家の歴史的発生を把握しておいて、それを論理的に概括する方法、しかも歴史的な過程に論理的な展開を照応させる方法と不可分である。歴史的・論理的方法を前提にし、歴史的・階級的性質の異なるものを共通性において平板化して摑む形式論理的な方法に[24]よって、社会の共同利益とその執行を超歴史化し超階級化してしまう誤謬が避けがたくなっているのである。

それでは、エンゲルスの理論的破綻をのりこえて、国家論の要ともいうべき国家発生論を、いかに展開すべきか。この難題へのわれわれの解答の基本的発想のみを、ここでは、極く簡略に記しておこう。われわれは、マルクスの論理的・歴史的方法に学び、無論、近代ブルジョア国家を研究対象とする。この近代ブルジョア国家の発生は、「毎日われわれの目の前で繰り広げられている[25]」それの論理的考察と、ブルジョア革命によるそれの歴史的考察の二とおりにおいて追求される。前者をブルジョア国家の発生論、後者をブルジョア国家の発生史論とすることもできる。なかでも中軸をなすブルジョア国家発生の論理的解明について、ここでは取りあげる。

ブルジョア国家の必要性は、資本主義経済構造自体のうちに胚胎する。すなわち、貨幣の度量標準の確定ならびに鋳造、商品交換の規範の遵守、いわゆる公共事業や公共施設、それに公教育、最も抽象的なレベルではこれらの要素が、資本主義的生産の自然法則が円滑につらぬかれている事態においてもその運行を保全するものとして、経済外的な強力を有する公共体を要請する。すべての社会において生じるその社会の共同事務の資本主義的現実形態として、上記の諸要素からなる資本主義社会の共同事務、ここに、ブルジョア国家の発生が萌芽的に秘められているのである。しかし、資本主義社会の共同事務に含まれている国家発生の要因は、ただ抽象的にすぎない。資本家階級と賃労働者階級、あるいは資本家と土地所有者から成るブルジョアジーとプロレタリアートの関係から必然的に生じる階級闘争に、ブルジョア国家発生のより内容的に充実した要因が内在する。この階級闘争は、その原初的な形態として経済的な闘争であるが、その発端が経済的利益の対立にあれ、階級関係そのものにたいする反逆の可能性を常に含んでおり、それ自身の動力学にしたがって発展する。こうした階級闘争の激発は、ブルジョアジーがプロレタリアートを抑圧するための物理的な強制装置を不可避的に要求する。

このように二つの要因が重なるが、弁証法的に言えば、資本主義社会の共同事務が自己更新の動力を欠いているのにたいして、ブルジョアジーとプロレタリアートの階級闘争は、それ自身のなかに自己更新の動力を有し、新しい自己運動を可能にする。つまり、階級闘争は、対立物の統一と闘争の社会的表現として、階級対立の矛盾を解消しはしないが、その矛盾の新たな運動を可能にする形態として、国家をつくりだすのである。可能性——現実性——必然性というトリアーデを適用すれば、資本主義社会の共同事務がブルジョア国家の抽象的可能性、ブルジョアジーとプロレタリアートの闘争がその実在的可能性であり、この両階級間の敵対的矛盾から生じる階級闘争を動力にして、可能性は現実性に転化する。このような論脈で、国家の必然性は説かれよう。だが、この現実性への転化過程について記すのは、別の論文に譲らなければならない。

エンゲルスが、国家発生の要因の一つに挙げるが、氏族社会の内部に発展する階級対立のなかから発生したというアテナイ国家の例を国家の形成一般の典型と見なすことによって捨象する、外敵からの防衛という面について付言すれば、近代に即して分析するかぎり、国家は、なによりも社会の内部から発生する、内にむかってのそれであることは、叙上の論点からも明らかであろう。ブルジョア国家の発生の、またその内部編成の解明にあたっては、対外的関係は派生的な関係として捨象されるのである。

以上のような検討をつうじて、『家族、私有財産および国家の起源』における著名な国家発生論的命題が、他方に今一つの系流として見いだされる国家発生論の欠陥を克服しているのではなく、問題の半分の側面をあらかじめ切りおとすことによって成りたっていることも了解されよう。

先へ進もう。続いて、エンゲルスは、「古い氏族組織にくらべての国家の特徴[26]」を、およそ三点にまとめあげている。「第一に、国民を地域によって区分すること[27]」、「第二に、自らを武装力として組織する住民ともはや直接には一致しない、一つの公的強力 öffentliche Gewalt をうちたてること[28]」、そして第三に、「この公権力 öffentliche Macht を維持するためには、国家市民の費用負担が必要である。――すなわち租税[29]」、である。この国家の特徴づけの第一と第二について、批判的な注釈を加えよう。

モルガン『古代社会』は、氏族制度が解体し国家が出現する過程を丹念に跡づけて、血縁的紐帯から地縁的紐帯への移行を一つの特徴的な標識として明らかにしたが、その際、「氏族社会」にたいして、新しく出現する国家のみならずその国家が出現する社会をも「政治的社会」として概念化している。その「政治的社会」とは、捉え返せば、氏族社会にとって代わる新しい経済社会を含めた表現なのである。つまり、モルガンが血縁にたいする地縁をもって特徴づける「政治的社会」とは、新しい階級社会の謂に他ならない。エンゲルスは、モルガンの「政治的社会」をそのまま国家として受けとり、地域による区分を国家の基本的諸特徴の第一に挙げているのであるが、彼自身、序文においては、このように述べている。「国家に総括された新しい社会が現われるが、この国家の下部単位は、もはや血縁団体ではなくて、地縁団体である」[30]。われわれは、こう批判的に注解することができよう。「所属地によって国民を組織することは、あらゆる国家に共通のもの」[31]であっても、その地域による国民の区分は、国家自体に内属する基本特徴ではない。それは、血縁にもとづく原始社会に代わる階級社会によって与えられている、国家にとっては外的な属性である、と。

次に、「公的強力」の存在についてであるが、エンゲルスは、アテナイ国家の成立史的経過については、次のように概述している。「氏族制度の諸機関の一部は改造され、一部は新しい諸機関の割りこみによって排除されて、遂には本当の国家官庁によって完全にとって代わられ、また他方では、各自の氏族、胞族、部族によって自衛する本当の『武装した人民』にいれ代わって、これらの国家官庁に奉仕し、したがって人民に対抗して使用することもできる武装した『公的強力』が現われてきた」[32]。にもかかわらず、国家の行政的諸機関の設立を捨象し、ここでは、「公的強力」、つまり国家の軍事的諸機関に絞りあげた特徴づけをおこなっている。これは、先行の国家発生論的命題の一面性に対応している、それ自体一面的な規定である。

明らかなように、エンゲルスがとりまとめている国家の諸特徴的標識は、その前提たる国家発生論の説明とともに、氏族組織に国家を対比した極めて一般的なレベルで述べられている。すなわち、国家そのものの諸特徴の把握としては、対象の構造の一面のみを抽象しているにすぎない。以下の叙述も、そうした極度の一般性、抽象性において成りたっている。「国家は、階級対立を抑制しておく必要から生まれたものであるから、だが同時にこれらの階級の衝突のただなかで生まれたものであるから、それは、通例、最も勢力のある、経済的に支配する階級の国家である。この階級は、国家を用具として政治的にも支配する階級となり、こうして、被抑圧階級を抑圧し搾取するための新しい手段を手に入れる。例えば、古代国家は、なによりもまず奴隷を抑圧するための奴隷所有者の国家であった。同じように、封建国家は、農奴的農民と隷農を抑圧するための貴族の機関であったし、近代の代議制国家は、資本が賃労働を搾取するための道具である」[33]。『反デューリング論』でのそれを敷衍化した意味をも有する、こうした国家一般論を、われわれは、『経済学批判要綱』序説において、マルクスが生産一般について批評したのと同じように受けとめなければならない。すべての歴史的国家には共通なものがあって、それらは思考によって一般的な規定として固定化される。しかし、このすべての国家に関する一般的規定は、まったく抽象的な契機以外の何物でもないのであって、それによっては現実の歴史的諸国家は決して把握されてはいないのである。ここにまた、エンゲルスの歴史的・論理的方法の非歴史性が集約的に露呈している。それぞれの時代の国家の歴史的な独自性を解消して、時代を選ばずに諸々の歴史的国家に共通性を見るのは、まさに非歴史的だからである。

エンゲルスは、『家族、私有財産および国家の起源』の五、六、八の各章をはじめとして、古代国家を具体的に研究した諸論作をかなり残している。われわれとしては、後期エンゲルスの国家論のなかでは、そうした前近代諸国家についての歴史的な実証的分析を継承すべきであろう。

ところで、エンゲルスは、『反デューリング論』の「理論的概説」の章での、大規模な生産施設や交通通信施設の国家的所有への転化も生産力の資本主義的性質を変化させるものではないことを論じた行において、国家の階級性を強調しつつ、次のように述べていた。「近代国家は、どういう形態をとっているにせよ、本質上は資本家の機関であり、資本家の国家であり、理念上の総資本家である。国家がますます多くの生産力を引きついで自分の所有に移せば移すほど、それはますます現実の総資本家となり、ますます多くの国民を搾取するようになる」[34]。また、『家族、私有財産および国家の起源』の国家一般論のなかでは、「外見上社会のうえに立ってこの〔相争う経済的利害をもつ諸階級の〕衝突を緩和し、それを『秩序』の枠内に引きとめておく権力Macht」[35]とか、「外見上相争う諸階級のうえに立って、彼らの公然たる衝突を抑圧し、階級闘争を、せいぜい経済的な分野で、いわゆる合法的な形態で闘わせる、第三の権力Macht」[36]とか、国家の外見的な超階級性を論示した。こうした国家の理念性と現実性あるいはイデオロギー性と物質性、それに国家と国家権力の区別と関連といった題目を、『フォイエルバッハ論』における国家論的叙述を中心にして検討することへ論圏を移そう。

『フォイエルバッハ論』のなかでの国家に関する叙述は、『反デューリング論』や『家族、私有財産および国家の起源』でのそれとは角度を異にして、「これを印刷にまわす前に、一八四五年から四六年にかけてわれわれが書いた古い原稿をもう一度探しだしてざっと目をとおした」[37]とまえがきで記されているように、『ドイツ・イデオロギー』における論考を粗略化して再現し、唯物史観での土台・上部構造論の解説としておこなわれる。その簡単な論述をめぐって、四点ほどを摘録しよう。

第一点として、「国家という形で、人間を支配する最初のイデオロギー的な権力Machtがわれわれにたいして現われる」[38]。このすぐ後に、国家発生論の検討に際して既に引用した文章が続くのであるが、ここでは、国家が、何故、「イデオロギー的な権力」として数えられるかが問題である。それは、物質的生産にたいする精神的生産の見地において、いわゆる上部構造の諸要素を精神的な生産と交通の諸産物として捉えることによってである。人間生活の社会的生産は物質的生産と精神的生産から成り、物質的な生産をおこない生産関係をとりむすんでいる人間は、同時に意識をもち社会的意識形態を生みだす。この社会的意識諸形態あるいは諸イデオロギーの生産の所産としてかたちづくられる国家、法、宗教、哲学などが、経済的生産諸条件にたいして、「イデオロギー的全上部構造」[39]とか、「イデオロギー諸形態」[40]として規定されるのである。

これに附随し、上部構造に関して、マルクスは唯物史観の公式において、社会の経済的構造を土台とすると「そのうえに一つの法律的、政治的上部構造がそびえ立ち、そしてそれに一定の社会的意識諸形態が対応する」(41)と定言し、エンゲルスは、後にそれを、経済的な土台にたいする「法的および政治的諸制度、ならびに宗教的、哲学的その他の考え方から成る上部構造全体」(42)というように言い換える。これらの述言と上記の「イデオロギー諸形態」という規定とのあいだには、何らかの矛盾があるか。つまり、上部構造についての多様な表現は、いかにして可能とされているか。これを、明らかにしておこう。社会生活の複雑で立体的な構造を建造物に喩えて説明すると、物質的生産においてとりむすばれる生産諸関係の総体を土台とすれば、それに根本的に決定される精神的生産の諸産物は上部構造として規定される。ところで、国家、法、宗教、哲学などによって構成される全上部構造は、高層的な階層構造として捉えられる。この上部構造の諸要素を土台とのつながりで大まかに序列づけるならば、経済的構造によってより直接に制約される国家、法が上部構造の下層に、間接的な制約をうける宗教、哲学などのその他の諸要素はその上層に位置する。「もっと高い、すなわち物質的・経済的基礎から更にもっと遠ざかっているイデオロギーは、哲学および宗教という形をとる」(43)。こうして、上部構造を、「一つの法律的、政治的上部構造」と「一定の社会的意識諸形態」とに、あるいはまた「法的および政治的諸制度」と「宗教的、哲学的その他の考え方」とに、分けて規定することができる。この「一定の社会的意識諸形態」や「宗教的、哲学的その他の考え方」を、国家、法から成る政治的上部構造にたいするイデオロギー的上部構造と呼ぶこともできる。これらの幾とおりかの規定は、「対象をそのつど別の面から捉えているか、または別の言い方で再現している」(44)のであり、それぞれの場合の相関的な概念は、一定の視角から対象を表現した対立規定、対概念をかたちづくる。これを、第二の論点にしよう。

第三点として、精神的生産の理論的見地から「イデオロギー的権力」として捉えられる国家は、政治的イデオロギーがつくりだされ、そのイデオロギーを媒介として諸機関が創出されることによって、制度的に形成される。国家形成の過程としては、経済的に支配する階級が、被支配階級との闘争をつうじて、政治的イデオロギーをつくりだし、この政治的イデオロギーを対象的に実現する形で国家諸機関、その総体としての国家機構を組織する。この政治イデオロギーの物質的な形での実現によって、国家は制度として成立する。この意味では、国家は、イデオロギー的かつ物質的な内部構造をなす。

第四点として、国家は、制度的に定在するや、「ただちにもう一つのイデオロギーを生みだす。[45]」これが、法イデオロギーである。そして、この法イデオロギーを物質化する形で法的諸機関が附随的な国家機関としてまたつくりだされる。以後、国家の形成は絶えず繰り返され、その反復のごとに、国家は、「社会から生まれながら社会のうえに立ち社会にたいして自らをますます疎外していく……権力[46]」として、経済的な土台から相対的に自立した展開を遂げていく。こうした国家の不断の形成過程の継起的諸段階を、国家の第一次的形成、第二次的形成、第三次的形成等々と呼ぶこともできよう。その場合、国家の第二次的形成から、絶えず繰り返される法の形成過程、すなわち立法や法の執行や司法の過程として、国家は法治国家として現われる。したがって、国家のイデオロギー的性格もまた、最初に国家をうちたてる第一次的イデオロギー、一旦制度的にうちたてられた国家が生みだす第二次的イデオロギー、更には絶えず再生産され昇華させられていく第三次的以降のイデオロギーというように、階梯的な重層性をなす。[47]法イデオロギーは、第一次的あるいは本源的な政治的イデオロギーにたいする第二次的あるいは自乗的なイデオロギー以後に属する。かくして、「市民社会の必要も……法律の形で一般的な効力を得るためには、すべて国家意志を通過しなければならない[48]」し、「ブルジョア的法規は、社会生活の諸条件を法律の形式で表現するものにすぎないが、このことは、そのときの事情しだいで、良くも悪くもやれるのである[49]」。

次は、国家と国家権力という題目についてである。しかし、エンゲルスの諸論述から、国家と国家権力の概念的区別を引きだすことは不可能である。国家が国家権力として、国家権力が国家として換言されているにすぎないからである。そこで、国家すなわち国家権力という諸論述に関して、国家権力の属性がいかに解明されているかを探ろう。

エンゲルスは、国家権力について、ある視角からは「イデオロギー的権力」として、他の視角からは「公的強力」として特徴的に摑んできた。また別の機会には、「われわれの意志に他人の意志をおしつける」[50]権威について、小論を書き、権威と政治的権威の区別にも言及している。しかし、それらは、国家権力のイデオロギー的要素や物質的要素についての個々の摘記にとどまっている。エンゲルスによるStaatsmachtとStaatsgewaltの両語の用い方についても、一義的な解釈を取りだすことはできない。MachtとAutorität、それにGewaltの諸概念も未整理だからである。これらの概念の混用について、『家族、私有財産および国家の起源』のなかから例を引いておこう。「例外として、相闘う諸階級の力が互いにほとんど均衡しているため、Staatsgewaltが、外見上の調停者として、一時的に両者にたいしてある程度の自主性を得る時期がある。」[51]この場合には、Staatsmachtを使うのが適当であろう。また、「氏族の内部におけるサケマ〔酋長〕のGewaltは、家父的な、純粋に道徳的な性質のものであった」[52]。このサケマの強制力は、正確にはAutoritätでなければなるまい。要するに、エンゲルスは、この節で引用した文例を振り返っても明らかなように、Staatsmachtとpolitische Autorität, Staatsgewaltを概念的に区別し、国家権力の質的構造の解析を果たしていないのである。

最後に、この題目についてのマルクスの研究を一瞥しておこう。『資本論』のなかで、マルクスは、国家の発生の諸モメントや国家による反作用の諸形態についての論及をおこない、「国家権力Staatsmacht、すなわち社会の集中され組織された強力Gewalt」[53]と、国家権力について簡潔に規定している。この簡単な規定を手がかりに、論点を敷衍しよう。

まず、国家と国家権力について、国家は、社会のなかから発生し、それゆえにまた社会にたいして作用し返すが、この国家の活動する能力が、国家権力であろう。国家権力は、国家のイデオロギー的、物質的な形成を前提にするが、国家は、国家権力の活動によってその存在理由を示すのである。後の『フランスにおける内乱』においては、国家Staatとその物質的構造をかたちづくる諸々の機関Organ、その諸機関の総体としての国家機構Staatsmaschinerieが概念的に明らかにされるとともに、国家と国家権力Staatsmachtも、前者がいわば構造的な概念とすれば後者はいわば機能的な概念として、およそ使い分けられるに至っているのが看取される。そして、この国家と国家権力の区別と連関を、人間と労働力のそれから類推すれば、国家権力とは、国家のイデオロギー的および物理的な諸能力の総体だと規定されよう。この国家のイデオロギー的強制力が政治的権威であるわけだが、その物理的強制力は、政治的強力とでも表現されよう。『哲学の貧困』や『共産党宣言』ではもとより『フランスにおける階級闘争』や『ルイ・ボナパルトのブリュメール一八日』でも、StaatsmachtとStaatsgewaltを同義的に扱っていたマルクスは、『資本論』においては大体において、両語を区別して用いるが、フランス語版『資本論』では、ドイツ語のGewaltをforceとviolenceの二語に分化している。これをも踏まえて、国家の物理的強制力をその発現としての暴力から区別したのが、上に言う政治的強力である。この意味では、国家強力の発動あるいは国家権力の物理的強制機能が、国家暴力である。

次に、国家権力の独自性について、貨幣や資本の強制力は、生産諸手段が私的に所有され、反面では労働力が商品化されていることにもとづくのであり、直接的な物理的な暴力にはよらないところの、資本主義的な諸関係の支配力である。このような経済的強制の性質は、『資本論』のなかの次のような叙述にも窺われる。「完成した資本主義的生産過程の組織はいっさいの抵抗をくじき、相対的過剰人口の生産は労働の需要供給の法則を、したがってまた労賃を資本の増殖欲求に適合する軌道内に保ち、経済的諸関係の無言の強制は労働者にたいする資本家の支配を確定する。経済外的な直接的な暴力も相変わらず用いられはするが、しかし例外的でしかない。事態が普通に進行するかぎり、労働者は『生産の自然法則』に任されたままでよい[54]」。これにたいする国家権力の特質は、「社会の集中され組織された強力」という強力性に、ないしその強力の集中性と組織性にあると言えよう。しかし、これは、経済的な強制力にたいする国家権力の特徴的な把握であって、政治的権威を備えた集中的、組織的強力としての国家権力そのものの規定たりえてはいない。『資本論』においては、資本家が資本の人格化として生産過程でもつ権威、「〔労働者の〕行為を自分の目的にしたがわせようとする他人の意志の支配力 Macht eines fremden Willens[55]」についても論じられているが、政治的権威は、そうした資本家の権威といかなる関係に立っているか。また、通常においては、つまり経済過程が正常に進行している事態を前提すれば、国家権力は法的形態をとって発動されるが、被支配階級の法への の黙従は、いかにして可能ならしめられるか。こうした点をはじめとする国家権力とその発動の内的構造についての分析は、国家論の学問的創造に着手しえなかったマルクスによってもまた、課題として残されているのである。

(1) エンゲルス『反デューリング論』、一八四頁。
(2) 同右、一八五頁。
(3) 同右。
(4) 同右、一八六頁。

(5)同右、一八八頁。
(6)同右、一五三―一五四頁。
(7)エンゲルス『住宅問題』、第一八巻、二七四頁。
(8)エンゲルス『反デューリング論』、二八九頁。
(9)同右。
(10)エンゲルス『家族、私有財産および国家の起源』、二七頁。
(11)同右、一五八頁。
(12)同右、二七頁。
(13)同右、一六八頁。
(14)同右。
(15)同右。
(16)同右。
(17)同右、一二〇頁。
(18)同右、一六九頁。
(19)エンゲルス『フォイエルバッハ論』、三〇七頁。
(20)エンゲルスからシュミットへ、一八九〇年一〇月二七日付けの手紙、第三七巻、四二四頁。他に、「社会は、自分の共同の利益の処理にあたらせるために、初めは簡単な分業によって自分の諸機関をつくりだした。だが、国家権力をその頂点とするこれらの機関は、時がたつにつれて、自分自身の特殊利益に奉仕して、社会の従僕から社会の主人に変わってしまった」(エンゲルス「カール・マルクス『フランスにおける内乱』(一八九一年版)への序文」、第二二巻、二〇三頁)。
(21)『反デューリング論』のなかで述べられた諸階級と支配関係の発生の二とおりの道すじのうちの第一のそれが、『家族、私有財産および国家の起源』の国家論部で姿を消している点について、アジア的生産様式論争と絡んで、見解が対立している。福富正美編訳『アジア的生産様式論争の復活』(未来社、一九六九年)を参照。これに関連して、熊野聰『共同体と国家の歴史理論』(青木書店、一九七六年)第一部第一章は、『反デューリング論』での国家の発生や目的、機能についての二元論は、原始・古代史の研究を媒介とした『家族、私有財産および国家の起源』での国家論上の発展として克服されたとする。『反デューリング論』における国家の第一段階は、国家前の、氏族制の、機構とされ、かくして『起源』以後、すべての国家は、階級的本性をもつのである」(同書、二七頁)。この解釈は、後期エンゲルスの国家(発生)論を、『家族、私有財産および国家の起源』におけるそれの線で一面的に合理化している。

(22) マルクス『経済学批判』、一四頁。

(23) 同右。

(24) エンゲルスは、太古における「公的権力」(『マルクス』、第一九巻、三一七頁)、氏族社会における「公的制度」(『家族、私有財産および国家の起源』、九八頁)というように、原始社会についても「公的」という捉え方を残している。これは、社会の諸階級への分裂とともに、社会的全体とそれを構成する諸個人もまた分裂してそれぞれに公、私という疎外された形姿をとる古代以後、なかんずく近代の事象の過去への投影であるが、社会の共同利益の遂行を超歴史化し超階級化したのと同様の方法論的誤謬にもとづくと言えよう。なお、三浦つとむ『毛沢東思想の系図』(至誠堂新書、一九六六年)第三話、津田道夫『国家と革命の理論』(青木書店、一九六一年)第一部、それに滝村隆一『マルクス主義国家論』第二部では、このエンゲルスの誤謬が「原始(共同体の)公権力」として固定化され、この「原始(共同体の)公権力」からの移行として国家権力の発生が取り扱われる。そしてまた、この国家権力の古代的起源に国家権力の止揚の問題を対応させた歴史哲学が説かれる。

(25) マルクス『資本論』、第二三巻、一九二頁。

(26) エンゲルス『家族、私有財産および国家の起源』、一六九頁。

(27) 同右。

(28) 同右。

(29) 同右、一七〇頁。

(30) 同右、二八頁。

(31) 同右、一六九頁。

(32) 同右、一一一頁。

(33) 同右、一七一頁。

(34) エンゲルス『反デューリング論』、二八七—二八八頁。
(35) エンゲルス『家族、私有財産および国家の起源』、一六九頁。
(36) 同右、一六八頁。
(37) エンゲルス『フォイエルバッハ論』、二六八頁。
(38) 同右、三〇七頁。
(39) マルクス＝エンゲルス『ドイツ・イデオロギー』、第三巻、三九八頁。
(40) マルクス『経済学批判』、七頁。
(41) 同右、六頁。
(42) エンゲルス『反デューリング論』、二五頁。
(43) エンゲルス『フォイエルバッハ論』、三〇八頁。
(44) エンゲルス「『資本論』第三巻への序文」、八頁。
(45) エンゲルス『フォイエルバッハ論』、三〇七頁。
(46) エンゲルス『家族、私有財産および国家の起源』、一六九頁。
(47) 前掲の三浦つとむ『毛沢東思想の系図』第三話、津田道夫『国家と革命の理論』第一部は、国家（権力）のイデオロギー的（権力としての）性格を力説しているが、そのイデオロギー性を国家意志としての法のそれとして論じる。ところで、従来の通説的見解もまた、国家の本質や決定的標識を国家機構に置くだけではなく、国家意志としての法に国家のイデオロギー性を求めている。一九四九年のソ同盟科学アカデミー法研究所編『国家と法の理論』から引証すると、「国家とは、階級社会の機械であり組織である」（上巻、一四一頁）。「国家を通じて支配階級は、自分の意志を社会的な意志に転化せしめる。国家意志としてのこの意志は、すべてのものが服従を強制される当該社会における支配的秩序の公的な、形式的な表現である」（同上、一三一頁）。双方の説は、イデオロギーとしての国家と機構としての国家の成立順序の理解を反対にしながら、国家のイデオロギー的性格を法のそれとしてしか捉えない点では、同じく一面的である。
(48) エンゲルス『フォイエルバッハ論』、三〇五頁。
(49) 同右、三〇七頁。

(50) エンゲルス「権威について」、第一八巻、三〇二頁。
(51) エンゲルス『家族、私有財産および国家の起源』、一七一頁。
(52) 同右、八九頁。
(53) マルクス『資本論』、第二三巻、九八〇頁。
(54) 同右、九六三頁。
(55) 同右、四三五頁。

あとがき

マルクスとエンゲルスの国家論研究を、現在可能なかぎりの批評を加えながら、追思惟してきた。浅薄な解釈は改めて掘りさげ、付着している謬見は訂正して、われわれは、これらの追構成を、今後更に深め充実させなければならない。また、マルクスとエンゲルスの国家論の総体像の理解には、プロレタリアート独裁の国家論考や前近代の諸国家に関する研究の検討を残しているが、なによりも本来の対象たる近代ブルジョア国家についての研究の追認識は、およそ尽くしたと言ってよいだろう。

こうしたマルクスとエンゲルスの国家論的遺産は、マルクス主義国家論の形成にとっていかなる意義を有するであろうか。通常、彼らが残した著論から任意部分を抜き取って好便的に繋ぎあわせ、それらの敷衍的解釈によって国家論を組み立てる手法が跋扈している。ある論者は初期マルクスの論述に、他の論者は後期エンゲルスの著述に依りかかって、それらを固定化する。そうしたなかで、マルクスとエンゲルスの国家論の真髄を最も良くかつ系統的に継承しているマルクス主義国家論としては、やはり、レーニン『国家と革命』を挙げなければならない。この書については、別の機会に批判的再検討をおこなうが、その第一章は、国家一般論として、エンゲルス『家族、私有財産および国家の起源』のそれに、その第二章は、近代ブルジョア国家論として、マルクス『ルイ・ボナパルトのブリュメール一八日』のフランス国家分析に、それぞれ準拠する。

しかし、レーニン『国家と革命』を含め、従来のすべての研究に通貫している根本的な欠陥は、マルクスの、あるいはエンゲルスの国家論を、自足的なものとして扱い、その解釈的な再構成や復元によるマルクス主義国家論の構築を企てていることにある。マルクスやエンゲルスによって残された国家論的成果の教義的な反復に終始している点にある。ところが、マルクスやエンゲルスの国家論は、達成された成果に限界や謬点が所在しているとともに、空白に放置された領域もまた存在しているという二重の意味で、自足的でありえない。なかんずく重大なのは、経済学での『資本論』に相当する国家論作の欠如である。

マルクスにあっては、唯物史観の形成以後、経済学批判と『資本論』の完成が畢生の学問的事業になり、国家論は基本的に経済学のサブ理論として以上に研究されることがなかった。一八四〇年から一八八三年にかけてマルクスが作成した一五九冊の研究ノートのなかで、政治学関係は、初期の〝クロイツナハ・ノート〟や〝パリ・ノート〟を中心に、一割にも達していないであろう。先行の全経済学の革命を遂行した経済学批判とイギリス経済史の綿密周到な調査に匹敵する政治学批判や政治史研究は、見いだされるべくもない。特殊にはフランス国家に関する分析的研究がかなり進められたが、それは、ブルジョア国家の本質論的解明に集成されない、また媒介されない現状分析論にとどまった。マルクスは、近代世界において現に露出している諸問題から遊離して古代や中世の研究に遡行することはなかったが、その近代ブルジョア国家に関する理論的な諸分析は、その学問的創造の下向的研究過程に終わったのである。

後期エンゲルスの国家一般論は、マルクスが仕残した国家論的課題についてのエンゲルスなりの解答であった。しかし、そこで展開されたところのものは、あまりにも理論的難点に満ちている。『反デューリング論』や『家族、私有財産および国家の起源』における国家一般論は、『フォイエルバッハ論』における唯物史観としての国家観の祖述とともに、科学的な国家論の樹立の観点からすると、『資本論』に後続すべく開かれていたマルクスの国家論的地平からの退転であった。しかも悪いことには、エンゲルスは一般的定義の日常的効用を認めながら同時にそれにともなう欠陥を指摘していたが、後継者たちはそうした欠陥を忘れさりがちなものである。科学的には価値の乏しい後期エンゲルスの国家一般論を原型として教典化するマルクス主義国家論が、支配的な傾向として生みだされ、今日まで通説的な位置を占めているのである。特にその後期に関して、マルクスとエンゲルスの国家論上の相異を事実として明らかにし、エンゲルスの国家一般論をむしろ否定的に克服すべきとする論評にたいしては、当分の間、相当の異論が唱えられるであろう。後期エンゲルスの国家一般論をマルクス主義国家論の原像に見たてている所論においては、マルクスとエンゲルスの一体化を前提にしているからである。だが、マルクスとエンゲルスの国家論研究の絶対視を避けるのと同様に、両者の理論的一致を当然視してかかるべきではない。また、『家族、私有財産および国家の起源』の国家論部を原典としたマルクス主義国家論の教科書的な定説化が、マルクスの論理的・歴史的方法の抹殺とあわせ、スターリン主義の確立過程の理論的一環として、一九三〇年代初頭のソ連においてはじまっていることにも、十分な注意を促しておきたい。

こうして、マルクス、あるいはエンゲルスによって、また両者によって与えられているかぎりでの国家論上の研究諸成果を整合して構案される国家論は、その最良作といえども、所詮は偏頗な性格を免れない。マルクスとエンゲルスの国家論の解釈もまた、批判的、主体的でなければならず、それに内在しつつそれを越えていくことなしには、生産的たりえない。そして、マルクスとエンゲルスの国家論的遺産の枠内での解釈的な追構成ではなく、それらが何を解明しているかのみならず何を解明してはいないかをも突き詰め、未達成に残された研究を現在的に遂行することに立脚した補全的な再構成、これが、マルクス主義国家論の構築を追求するうえでの根本的な構えでなければならない。われわれには遥かに遠いことだが、後期のエンゲルスをのりこえ、自らが円熟したマルクスになる、そのための学問的な研鑽の蓄積なしには、国家科学論として揺ぎないマルクス主義国家論は創造されないであろう。

本書の各章を構成する原稿の執筆時期と既発表分の掲載誌は、次のとおりである。但し、既発表分の多くは、都合によって多かれ少なかれ縮小的な変更を余儀なくされたので、本書におさめるにあたって本来の姿にもどし、かつ一部加筆した。

第一章　若きマルクスの国家観の転回（一九七三年七月）、九州大学政治研究室『政治研究』第二二号。
第二章　唯物史観としての国家観の形成（一九七三年一二月）、『現状分析』第五七号。
第三章　『資本論』における国家と法（一九七四年五月）、『国家論研究』第六号。
第四章　マルクス、エンゲルスのイギリス国家論（一九七二年一一月）、同前『政治研究』第二三号。
第五章　マルクスのフランス第二帝制・ボナパルティズム論（一九七四年一一月）、『国家論研究』第一二号。
第六章　マルクス、エンゲルスのドイツ国家論（一九七七年二月）。
第七章　後期エンゲルスの国家論（一九七七年七月）。

本書は、マルクス主義国家論の創造的展開のために通過しなければならない、マルクス、エンゲルスの国家論の解釈論である。はたして、解釈論の水準を越えた理論的創造へと跳躍しうる土台を築く解釈論たりえているであろうか。自問は残るが、他方で着手しているマルクス主義国家論の基本的な諸問題についての積極的な研究の進展に期したい。

著者紹介

大藪龍介（おおやぶ・りゅうすけ）　元福岡教育大学教授

1938年　福岡県三潴郡大木町生まれ
1961年　九州大学法学部卒業
1970年　九州大学大学院法学研究科単位取得退学

単著

『マルクス、エンゲルスの国家論』、現代思潮社、1978年（2024年復刊　本書）
『近代国家の起源と構造』、論創社、1983年
『現代の国家論　レーニン,パシュカーニス,グラムシ,そして"国家論ルネサンス"』、世界書院、1989年
『国家と民主主義　ポスト・マルクスの政治理論』、社会評論社、1992年
『マルクス社会主義像の転換』、御茶の水書房、1996年
『マルクス派の革命論・再読』、社会評論社、2002年
『明治維新の新考察　上からのブルジョア革命をめぐって』、社会評論社、2006年
『明治国家論　近代日本政治体制の原構造』、社会評論社、2010年
『国家とは何か　議会制民主主義国家本質論綱要』、御茶の水書房、2013年
『日本のファシズム　昭和戦争期の国家体制をめぐって』、社会評論社、2020年
『マルクス主義理論のパラダイム転換へ　マルクス・エンゲルス・レーニン国家論の超克』、明石書店、2020年

共編著

『社会主義像の展相』、加藤哲郎、松富弘志、村岡到共編、世界書院、1993年
『エンゲルスと現代』、杉原四郎、降旗節雄共編、御茶の水書房、1995年
『マルクス・カテゴリー事典』、石井伸男、伊藤誠、田畑稔、正木八郎、渡辺憲正共編、青木書店、1998年
『20世紀社会主義の意味を問う』、社会主義理論学会編、御茶の水書房、1998年
『新左翼運動40年の光と影』、渡辺一衛、塩川喜信共編、新泉社、1999年
『アソシエーション革命へ』、田畑稔、白川真澄、松田博共編、社会評論社、2003年
『21世紀のマルクス』、伊藤誠、田畑稔共編、新泉社、2019年

著者ホームページ　マルクス主義理論のパラダイム転換を目指して
https://www5d.biglobe.ne.jp/~oyabu/

マルクス、エンゲルスの国家論

2024年4月30日初版第1刷発行

著　者／大藪龍介

発行者／松田健二

発行所／株式会社 社会評論社

〒113-0033　東京都文京区本郷2-3-10　お茶の水ビル
電話　03（3814）3861　FAX　03（3818）2808

印刷製本／株式会社ミツワ